대학생 필독서

숨겨진
나만의
진로 찾기

Finding the Hidden
Direction of My Career Path

● ▶

심현식

박영사

머리말

　나는 강의하면서 책을 쓰는 작가다. 산업공학 중에서도 4차 산업시대의 자율생산 및 지능형제조 관련된 과목을 강의하고 있다. 그리고 디지털경영 및 자기경영도 관심을 갖고 연구하며 책을 쓰고 있다. 회사에서의 경험과 대학에서 강의한 것들이 모두 내가 책을 쓰는 소중한 재료가 된다. 또한 연구회를 만들어 학생들이 본인의 진로를 찾아가도록 도와주고, 기업체 및 직장인과 학생들을 대상으로 한 아카데미도 진행하고 있다. 나는 뒤늦게 학교에 진입하여 교수가 되었다. 그리고 강의하고 책을 쓰는 것이 내가 좋아하는 것이고, 잘할 수 있는 일이라는 것을 알았다. 나의 천직을 찾은 것이다.

　"내가 좋아하는 일을 하다가 생을 마칠 것이고, 내가 좋아하는 일에 나의 모든 것을 쏟아붓는 삶을 살 것이다. 그것을 통하여 사회에 공헌할 것이다." 이것이 내가 추구하는 인생관이다. 죽을 때까지 내가 좋아하는 일을 하지 못하고 산다면, 그래서 신이 나에게 주신 탤런트를 다 쓰지 못하고 간다면, 그것은 신에 대한 죄를 짓고 가는 것이다. 신이 나에게 맡겨주신 역할을 다하지 못하고 가는 것이다.

　나는 학생들이 본인이 하고 싶고 잘할 수 있는 일을 찾아서 원하는 삶을 살기를 원한다. 더 이상 원하지 않는 곳에서 적성에 맞지 않는 일을 하느라 시간을 낭비하고, 힘든 삶을 사는 것을 바라지 않는다. 그래서 좀 더 일찍 자기경영 계획을 세우고 그것을 실천해서 원하는 삶을 살라고 권하고 있고, 이 책을 쓰고 있는 이유이기도 하다.

　이 책의 내용은 다음과 같이 구성되어 있다.
　1부에서는 왜 하고 싶은 일을 해야 하는가에 대하여 다룬다. 내가 진정 하고 싶은 일은 무엇이고, 또 나는 무엇으로 유명해질 것인가에 대하여 살펴본다.

2부에서는 자기경영이 왜 필요한지, 자기경영 계획을 왜 세워야 하는지를 살펴본다. 우리가 한 분야의 대가가 되기 위하여 반드시 거쳐야 하는 일만시간의 법칙이란 무엇인지 살펴보고, 그 법칙을 실천한 사례들을 살펴본다. 그리고 자기경영 계획을 수립하여 작성하는 방법에 대하여 자세히 기술하였다.

3부 숨겨진 나만의 진로 찾기에서는 나는 무엇을 잘할 수 있는지, 나에게 맞는 적성을 이해하고, 적성을 찾는 방법에 대하여 기술하였다. 그리고 나의 적성과 강점을 살리고 극대화하여 나만의 필살기를 만드는 방법에 대하여 집중적으로 다루었다.

4부 자기경영 사례연구에서는 다양한 학과/전공의 학생들이 작성한 자기경영 계획 작성 사례와, 좀 더 디테일하게 작성된 연구회 회원들의 사례를 같이 공유한다.

2024년 여름 기후 온난화로 몇십 년 만의 무더위가 기승을 부리더니, 올 겨울은 다시 혹독한 추위가 휘몰아치고 있다. 12월이 되면 수많은 직장인들이 희망퇴직, 명예퇴직, 계약만료 등의 명목으로 눈보라 몰아치는 벌판으로 내몰리고 있다. 그것은 내 뜻과 전혀 상관없이 갑자기 밀려오는 일이다. 기업은 실적이 좋을 때나 나쁠 때나 관계없이 매년 연말이 되면 일상적으로 구조조정을 하고, 그 결과 많은 직장인들이 타의에 의해 온실 밖으로 나오게 된다. 그러나 이것은 내가 내 분야의 전문가, 즉 나만의 필살기를 갖고 있지 않을 때 필연적으로 일어나게 되어있는 일이다. 우리 모두가 부딪치게 되는 현실적인 문제이고, 또 예측 가능한 일이다.

나는 학생들이 매달 나오는 급여에 매달려 적성에 맞지 않는 일을 하다가, 때가 되면 가차 없이 내침을 당하는 그런 삶을 사는 것을 원치 않는다. 그들이 조금이라도 일찍 자기 진로에 대하여 고민해 보고, 내가 하고 싶고 잘할 수 있는 것을 찾아 준비해서 졸업할 때에 그 분야로 진입하라고 권한다. 그리고 그곳에서 승부를 걸라고 말한다. 일만시간 또는 그 이상의 시간을 지속적으로 투자하여 전문가로, 대가로 올라서라고 말한다.

우리는 신이 나에게 부여한 탤런트를 모두 소진하고 가야 한다. 내가 생을 끝내는 날 아쉬워하고 후회해 본들 소용없는 일이다. 그러려면 내 적성에 맞는 곳에서 내가 가진 모두를 쏟아 부을 수 있어야 한다. 물론 그 과정 중간중간에 어렵고 힘든 일들이 많이 생길 것이다. 그렇지만 그 과정을 이겨내고 앞으로 나아가야 한다. 나의 사명과 목표를 향해서 앞으로 나아가야 한다. 그리고 나만의 필살기로 무장하여 그 분야의 전문가로 올라서야 한다.

오늘날 우리가 살아가고 있는 세상은 무서운 속도로 변화하고 있다. 4차 산업혁명이 몰고 온 인공지능(AI), 빅데이터(Big Data), 사물인터넷(IoT), 스마트팩토리(Smart Factory), 디지털전환(DX), 생성형 AI, 자율생산(AM), 피지컬(Physical) AI로 대표되는 기술의 변화가 빠르게 몰려오고 있다. 지금 시대를 모두가 위기라고 얘기한다. 그러나 뒤집어 보면 위기는 곧 기회이다. 그만큼 새로운 산업, 새로운 기술에 맞추어 새로운 일자리가 많이 필요해지기 때문이다. 새로운 기술 트렌드에 맞추어 나의 적성에 맞고 하고 싶은 일을 찾아 그것에 나의 에너지를 집중한다면 새로운 기회가 주어질 것이다. 이러한 시대의 흐름에 맞추어 자기경영 계획을 세우고 그것을 지속적으로 실천해 나간다면, 그 분야의 전문가, 즉 대가로 올라설 수 있다.

이 책은 학생들을 위한 자기경영 계획 지침서이다.

왜 나의 적성을 찾아야 하고, 진로 설정을 해야 하는지, 어떻게 찾을 것인지, 또 자기경영 계획은 어떻게 만들고, 전문가로 성장해 나가는지를 중점적으로 다룬다. 이 책에서는 이론적인 내용과 방법 및 다양한 사례들이 기술되었다. 이를 통하여 학생들이 본인의 탤런트를 찾아 그에 맞는 비전과 사명을 만들고, 자기경영 계획을 세우는 데 많은 도움이 되리라 믿는다. 그것에 일만시간 법칙을 적용하여 집중적으로 시간을 투자하고 계획을 실천해 나간다면, 그 분야의 전문가로 올라서고 본인이 원하는 삶을 살아갈 수 있을 것으로 믿어 의심치 않는다. 이 책을 읽는 독자들 모두 본인의 적성에 맞는 원하는 삶을 살면서, 사회에 기여하는 이타적인 삶을 살기를 기대해 본다.

마지막으로 주어진 시간에 맞추어 출간하다 보니 그 내용이 다소 미약하고 일부 순서가 맞지 않는 부분들이 있을 수 있다는 것을 미리 말씀드리며, 앞으로 빠른 시일 내에 더 나은 내용, 새로운 내용으로 독자들에게 보답할 것을 약속한다.

　본 저서를 출간할 수 있기까지 저의 영원한 스승이신 사랑하는 부모님, 그리고 가정에서 많은 응원과 지원을 아끼지 않은 사랑하는 가족이 있기에 이 책이 나오게 되었다. 그리고 물심양면으로 지원을 해주신 경기대 산업경영공학과 교수님과 강의를 수강하면서 자기경영 계획에 적극 참여해 준 연세대학교 정경대 학생들, 경기대학교 연구회 학생들과 집필 과정에 처음부터 함께 해준 양지윤 양에게도 진심으로 감사의 말씀을 드린다. 끝으로 본 도서가 나오기까지 많은 도움을 주신 박영사 안종만 회장님과 안상준 대표님, 마케팅부 정연환 과장, 부족한 원고를 편집하느라 끝까지 수고를 아끼지 않으신 편집부 조보나 편집위원께도 진심으로 감사의 말씀을 드린다.

2025년 2월

玄岩　沈 賢 植

목차

PART 3 | 숨겨진 나만의 진로 찾기

PART 4 | 자기경영 사례 연구

PART 1

왜 하고 싶은
일을 해야 하는가

이 세상에 재능이 없는 사람은 없다.
문제는 재능을 찾기까지 행동할 수
있느냐는 것이다.

-조지 루카스-

1

내가 하고 싶은 일은 무엇인가

내가 진정으로 하고 싶은 일은 무엇인가

내가 진정으로 잘할 수 있는 일은 무엇인가

우리는 이 두 가지 질문에 답할 수 있어야 한다.

만약 첫 번째 질문에 대하여 노트에 10가지를 기술하라고 한다면 누구나 쉽게 쓸 수 있을 것이다. 그러나 두 번째 질문, 잘할 수 있는 것을 찾아서 쓰라고 하면 대부분은 망설이게 된다. 한 걸음 더 나아가 내가 무슨 일을 하면서 먹고 살 것인가, 내가 어떤 분야의 전문가가 될 것인가 써보라고 하면 앞이 막막해질 것이다. 지금부터 해야 할 일은 내가 하고 싶고, 잘할 수 있는 것을 찾는 것이다. 이제 종이를 꺼내 놓고 그 위에 하고 싶은 일과, 잘할 수 있는 것을 구체적으로 써서 목록을 만들어 본다.

먼저 하고 싶고 좋아하는 것을 적는다. 책을 읽는 것, 글을 쓰는 것, 그림 그리기, 운동하는 것, 영화 보는 것, 게임 하기, 물건 만들기, 음식 만들기 등을 적어 본다.

그리고 다음은 내가 잘할 수 있는 것을 찾아서 적는다.

내가 무엇을 잘할 수 있는가를 찾는 것은 쉽지 않은 일이다. 대부분은 부모가 어릴 때부터 관심을 갖고 지켜보다가 소질이 있는 것을 찾아서 학원에 보내주거나, 학교에서 방과후 활동을 통하여 발견하기도 한다. 그러나 대부분 학생들은 자신의 재능을 일찍 찾지 못하고 남들이 가는 평범한 길을 가게 된다. 다음에 소개하는 지능의 종류들을 참고하여 나에게 강한 지능의 목록을 만들어 본다. 내가 하고 싶고 잘할 수 있는 것과, 나에게 강한 지능을 연결하여 내가 진정 하고 싶은 일을 찾아 본다.

하버드대학의 교육학과 교수이자 심리학자인 하워드 가드너(Howard Gardner)는 다중지능 이론(Multiple Intelligences Theory)을 창시하였다. 이 이론은 인간 지능이 단일한 능력으로 구성된 것이 아니라, 다양한 독립적인 지능으로 구성되어 있다고 주장한다. 가드너는 처음에 7가지 지능을 제안했으나, 나중에 2가지를 추가하여 모두 9가지 지능을 정의했다. 다음에 나열한 가드너의 지능들은 비교적 나의 지능을 손쉽게 발견할 수 있는 좋은 사례이다. 나에게만 주어진 재능과 능력이 있다는 것을 인식하고, 그것을 찾아내고 발전시키는 노력이 필요하다.

① 언어 지능(Linguistic Intelligence)

언어를 잘 다루고, 구사하며, 언어를 통해 생각을 표현하는 능력이다. 특징은 뛰어난 언어 능력을 가지고 있어 글쓰기, 이야기 하기, 읽기, 언어 배우기에 능숙하고, 작가, 기자, 변호사, 교사, 연설가 등의 직업이 적합하다.

② 논리-수학 지능(Logical-Mathematical Intelligence)

논리적 사고와 수리 능력을 사용하여 문제를 해결하고 분석하는 능력이다. 특징은 논리적 추론, 패턴 인식, 과학적 사고에 능숙하고, 수학과 과학 문제 해결에 뛰어나며, 과학자, 수학자, 엔지니어, 프로그래머 등의 직업이 적합하다.

③ 공간 지능(Spatial Intelligence)

시각적 이미지를 정확하게 인지하고 조작하며 공간적인 세계를 이해하는 능력이다. 특징은 그림 그리기, 퍼즐 맞추기, 지도를 읽고 이해하는 데 능숙하며, 화가, 건축가, 디자이너, 조각가, 파일럿 등의 직업이 적합하다.

④ 음악 지능(Musical Intelligence)

리듬, 음색, 음정을 이해하고 음악을 작곡, 연주, 감상하는 능력이다. 특징은 음악적 패턴을 쉽게 인식하고, 음악을 통해 감정을 표현하며, 악기 연주에 능숙하다. 관련 직업으로는 음악가, 작곡가, 지휘자, 음향 엔지니어 등이 적합하다.

⑤ 신체-운동 지능(Bodily-Kinesthetic Intelligence)

신체를 효과적으로 사용하여 문제를 해결하거나 제품을 제작하는 능력이다. 특징은 신체 조정 능력이 뛰어나고, 운동 기술을 잘 발휘하며, 손재주가 좋다. 관련 직업으로는 운동선수, 무용가, 외과의사, 배우 등이 적합하다.

⑥ 대인관계 지능(Interpersonal Intelligence)

다른 사람의 감정, 동기, 의도를 이해하고 대인관계를 잘 맺는 능력이다. 특징은 사람들과의 소통과 협력이 뛰어나며, 다른 사람의 감정을 잘 읽고 공감하는 능력이 탁월하다. 관련 직업으로는 교사, 상담사, 정치가, 관리자 등이 적합하다.

⑦ 내성 지능(Intrapersonal Intelligence)

자신의 감정, 생각, 목표를 깊이 이해하고 이를 기반으로 행동하는 능력이다. 특징은 자기 인식이 뛰어나고, 자신의 감정과 생각을 잘 이해하며, 자기 반성 능력이 강하다. 관련 직업으로는 철학자, 심리학자, 작가, 예술가 등이 적합하다.

⑧ 자연 지능(Naturalistic Intelligence)

자연환경과 자연계의 생물, 사물에 대한 이해와 구분하는 능력이다. 특징은 동식물과 자연 현상을 잘 이해하고, 이를 잘 분류하며, 자연과의 상호작용에 능숙하다. 관련 직업으로는 생물학자, 환경운동가, 농부, 정원사 등이 적합하다.

⑨ 실존 지능(Existential Intelligence)

인간 존재, 생명, 죽음, 궁극적인 실재 등 심오한 질문에 대한 능력이다. 특징은 철학적이고 형이상학적인 질문에 관심을 가지고, 삶의 의미와 목적을 탐구하며, 철학자, 신학자, 작가, 예술가 등의 직업이 적합하다.

가드너의 다중지능 이론은 인간의 지능을 보다 다양하고 다각도로 이해할 수 있도록 돕는 이론으로, 교육과 개인 발전에 있어 각 개인의 강점을 발견하고 개발하는 데 유용한 지침을 제공하고 있다. 각 지능은 독립적이면서도 상호 보완적일 수 있으며, 개인은 여러 지능을 조합하여 다양한 분야에서 뛰어난 성과를 이룰 수 있다.

우리나라의 교육 제도는 학생들에게 사회, 문화, 예술, 체육활동이나 체험학습 등 다양한 학습의 기회나, 학생들이 다양한 분야를 접해볼 수 있는 기회가 거의 없다고 보아야 한다. 학생들이 정규과정의 수업 외에 다양한 분야의 관심 있는 학습활동에 직접 참여하고 체험해 봄으로써 내가 하고 싶은 일과, 잘할 수 있는 것을 어느 정도는 알아갈 수 있다. 또한 다양한 취미활동과 동아리 활동의 참여를 통해서도 알아갈 수 있다.

그러나 우리의 학교 교육은 오로지 수도권의 상위권 대학 들어가는 것에 맞추어져 있고, 수능성적을 어떻게 잘 받을 것인가, 상위권 대학에 어떻게 들어갈 것인가에 맞추어져 있다. 모든 학교 교육의 과정은 수능시험에 맞추어져 있고, 학업 성취도는 대학입시를 위한 점수에 맞추어져 있다고 할 수 있다. 그리고 내가 인생을 살아가는 데 중요한 대학이나 학과(전공) 선택은 나의 적성이나 재능이 아닌 수능점수에 따라서 결정된다. 나의 수능점수에 따라서 그 점수에 맞는 대학과 학과(전공) 리스트가 나오고, 치열한 눈치 싸움을 통하여 그중에서 하나가 선택된다.

그러나 그렇게 어려운 관문들을 통해서 대학에 들어갔다고 해도 그것이 끝이 아니다. 내가 원하는 않는 대학(학과)에 입학해서 1, 2학년을 다니다 보면 그때부터 고민이 시작된다. 전공과목을 수강해보고 동기, 선배, 친구들과 만나면서 학교생활에 대하여 많은 정보를 듣게 되고 얘기해보면 내가 생각했던 것하고는 너무나 많은 차이가 있다는 것을 비로소 느끼게 된다. 현실과 이상 사이에서 고민하게 되고, 그 중의 극히 일부는 2, 3학년 올라가면서 현실적으로 가능한 전과를 선택하여 내가 원하는 학과로 진입한다. 또 다른 학생은 1학년을 다니면서 휴학하거나, 반수 또는 재수를 선택하여 원하는 대학과 학과(전공)를 찾아가고, 남학생들은 대부분 군입대를 지원하여 현실에서 도피할 수 있는 시간이 주어진다. 실제로 많은 남학생들이 1학년 과정을 마치고 군입대를 지원하고 있다.

또 주어진 환경에 충실한 학생은 전공을 열심히 수강하고 그럭저럭 학점을 취득하며 학년이 올라가지만, 고학년이 될수록 뚜렷한 목표가 없으니 졸업 후 진로에 대하여 많이 고민하게 된다. 대부분의 학생들은 남들이 하는 대로 주어진 전공과목을 모두 수강하고 졸업요건을 다 채워서 그 분야의 기업에 취업하는 것을 목표로 삼아 열심히 학교생활을 한다. 토익점수나 자격증을 취득하고, 공모전이나 경진대회 출전 등 나름대로 스펙을 쌓는 활동들을 열심히 찾아서 한다. 그러나 졸업하는 것보다 사회로 진출하는 것은 더욱 큰 장벽이 기다리고 있다. 모든 학생들이 선호하는 공기업, 공무원, 대기업 입사는 하늘의 별 따기로 그 경쟁률은 보통 수십 대 일에서 수백 대 일에 달한다. 취업 재수, 삼수는 기본으로 도전해보고, 그래도 도저히 안 되면 중견기업, 중소기업, 자영업 순으로 점점 기대치를 낮추어 가능한 곳에 입사하게 되고, 그곳에서 사회의 첫 발을 내디딘다.

저자는 오랫동안 대학에서 학생들을 가르치고 상담하면서 이러한 과정을 수도 없이 많이 접하게 되었다. 그리고 이러한 문제가 어느 한 고등학교나 대학의 문제가 아니라, 우리나라 교육제도의 실상을 그대로 보여주는 현실적인 문제라는 것을 잘 알고 있다. 그리고 이러한 문제는 당장 쉽게 해결될 수 있는 문제가 아니고, 국가의 장기적인 교육정책, 즉 백년대계의 계획이 수립되어 한 단계 한 단계 해결되어야 한다는 것도 잘 알고 있다. 그러나 국가의 위정자들은 어느 누구도 그러한 어렵고 힘들지만 중요한 국가적 과제에 대하여 선뜻 나서지 못하고 있는 것이 작금의 현실이다. 그리고 대학의 수많은 학생들은 지금 이 시간도 본인의 진로에 대한 명확한 설정이나 계획 없이, 준비가 안 된 채로 사회로 나아가고 있다.

이것이 저자가 이 책을 저술하는 가장 큰 이유이다.

다음은 괴테의 『파우스트』에 나오는 가장 유명한 명대사 장면이다.

그 안락과 평화! 어느 것도 바라지 않아
내가 만일 이것으로 족해
게으름의 자리 위에 길게 드러눕는다면
내 생명의 끝이 되어 그렇게 누워 쉬게 되리라
네가 그럴싸하게
나를 부추겨 스스로 만족하게 하고
쾌락으로 내 혼을 빼앗아 간다면
그것이 내 최후의 날이다.
내기를 하자
....
이렇게 한 이상 다른 말은 있을 수 없다.

내가 순간을 향해 말하노니
"멈추어라 너는 참으로 아름답구나"라고 말하면
네가 나를 사슬로 칭칭 묶어도 좋다.
나는 기꺼이 멸망해 주마
장송의 종이 울려 퍼지고
너는 종자의 임무로부터 해방된다.
시계는 멈추고 바늘은 떨어진다.
나의 모든 것은 끝나는 것이다.

이 대사는 괴테의 『파우스트』 중 파우스트와 악마 메피스토펠레스 사이에 계약이 체결되는 장면이다. 이 내기에서 극의 주연을 맡은 인간은 신과 악마 사이에서 고뇌하고 쓰라린 시련을 겪게 된다. 이 신화적 이야기는 적당히 단념하고 손쉽게 사는 것이 인간의 길이 아님을 보여준다.

자기경영은 내가 내 삶의 주인이 되는 것이다. 신이 나에게 주신 내 안의 탤런트를 찾아서 개발하고, 그것을 아낌없이 사용하여 나에게 맡겨진 사명과 비전을 온전히 해내는 것이다. 어떤 불리한 역경이 있더라도 끊임없이 도전하고 또 도전하여 반드시 이루어 내겠다는 결심과 고집이다. 자기경영은 내가 내 인생의 주인공이 되는 것이며, 나의 뜻대로 온전히 사는 것이다.

그리하여 자신의 삶을 향해 외치는 것이다. "멈추어라 순간아 너는 참으로 아름답구나"

왜 내가 하고 싶은 일을 해야 하는가? 내가 하고 싶고 잘할 수 있는 일을 했을 때 비로소 내 삶을 변화시킬 수 있고, 다음과 같은 것들을 얻을 수 있다.

• 만족감과 충족감: 내가 하고 있는 일에 만족감을 느끼고 그 일을 통해 성취감을 느끼는 것은 일생을 살아가는 데 매우 중요하다. 이것은 나의 역량을 발휘하고 목표를 하나씩 이루어나갈 때 성취감을 얻을 수 있기 때문이다.

- 자기계발: 내가 하고 싶은 일을 하면 계속해서 새로운 것을 배우고, 개인적으로 더욱 성장해나갈 수 있다. 이는 자기 자신을 발전시키고 더 나은 사람이 되기 위한 기회를 제공한다.

- 열정과 동기부여: 자신이 하고 싶은 일을 하면 그 일에 대한 열정과 동기부여를 유지할 수 있다. 열정과 동기는 우리가 살아가면서 성장하고 성취해 나가는 데 매우 중요한 역할을 한다. 이는 과정의 어려움을 극복하고 계속해서 앞으로 나아갈 수 있는 힘을 제공해 주기 때문이다.

- 자유와 자기결정권: 내가 하고 싶은 일을 선택하고 그것을 추구함으로써 자유롭고 자율적인 삶을 살 수 있다. 나 스스로 결정권을 가지고 나의 삶을 주도적으로 살 수 있는 것은 인간만이 갖는 매우 중요한 가치이다.

- 창의성과 혁신: 내가 하고 싶은 일을 해 나가야 그 분야에서 창의성을 발휘하고 혁신적인 아이디어를 실현할 수 있다. 이는 내가 하는 일에 새로운 가치를 창출하고, 더 나아가 사회에 긍정적인 영향을 미칠 수 있다.

- 관계 형성: 내가 관심 있는 분야에서 일을 하게 되면, 그 분야의 전문가들과 관계를 맺고 의미 있는 교류를 해 나갈 수 있다. 사람은 누구나 나 혼자 살아가는 존재가 아니고, 사회공동체 속에서 살고 있으며 사람들과의 교류를 통하여 행복한 삶을 영위해 나갈 수 있기 때문이다.

- 긍정적 영향력: 내가 하는 일을 통해 주위 사람들에게 긍정적인 영향을 미치고 도움을 줄 수 있으며, 사회에 기여하는 것에도 즐거움을 느낄 수 있다. 다른 사람에게 긍정적인 영향을 미치고 도움을 줄 수 있을 때 인간은 만족을 느끼고 자아 성취감을 높일 수 있다.

- 경제적 보상: 하고 싶은 일을 성공적으로 해나가면서 경제적 보상을 받을 수 있다. 우리가 살아가는 데 있어서 경제적 보상은 삶의 질을 결정하는 중요한 수단이며 필수 요소이다.

우리가 살아가면서 인간다운 삶을 영위하기 위해서는 돈이 필요하며, 사람은 누구나 돈을 벌고 싶어 한다. 그러나 내가 돈을 벌고 싶다고 해서 돈이 따라오는 것은 결코 아니다. 내가 한 분야의 전문가가 돼서 나만의 차별화된 경쟁력을 가질 때 비로소 경제적 보상이 따라온다. 그리고 그 분야의 전문가가 되려면 내가 하고 싶고, 잘할 수 있는 일을 해야 전문가가 될 확률이 높아진다. 그것은 장기간의 지속적인 노력과 열정이 수반되어야 가능하기 때문이다. 즉 내가 한 분야에서 다른 사람과 차별화된 전문가가 되면 그에 따른 경제적인 보상은 물론이고, 내가 원하는 삶을 영위해 나갈 수 있다.

CHAPTER 2

나는 무엇으로 유명해질 것인가

나는 강의하면서 책을 쓰고 있다. 산업공학 중에서도 4차 산업시대의 자율생산 및 지능형제조 관련된 과목을 강의하면서, 경영에도 관심을 갖고 연구하고 책을 쓰고 있다. 회사에서의 경험과 대학에서 강의한 것들이 모두 내가 책을 쓰는 소중한 재료가 된다. 그리고 지능형제조경영 전문가로 연구회를 만들어 학생들이 본인의 진로를 찾아가도록 도와주고, 기업체 및 학생들을 대상으로 아카데미를 진행하고 있다.

나는 남들보다 늦은 나이에 교수가 되었다. 그리고 학교에서 강의하고 책을 쓰게 되면서, 그 길이 나에게 주어진 천직이자 사명이라는 것을 깨닫게 되었다. 학교에서 강의하고 내가 가진 지식을 나누고, 학생들이 자기가 하고 싶은 일을 하면서 살아가도록, 그길로 나아가도록 도와주는 것이 나의 일이다. 그것은 내가 살아오면서 많은 시행착오를 겪은 후에 뒤늦게야 내가 원하는 길로 들어섰기에 누구보다도 잘 알고 있다고 자신 있게 말할 수 있다.

처음에는 교수가 되려면 어떤 과정을 거쳐야 하는지, 무엇을 공부해야 하는지 알지 못했다. 지금 대학에 와서 보니 대학생일 때 진로를 설정하고, 대학원에 들어가 박사학위를 받고, 시간강사나 박사후 연구원으로 일정 기간 경력을 쌓은 후에 교수로 임용되는 것이 바람직한 코스라는 것을 알게 되었다. 비록 소수이지만 남들이 쉽게 가는 그 길을 나는 돌고 돌아서 많은 시행착오를 거치고 나서야 뒤늦게 진입한 것이다. 그러나 나는 내가 돌아온 길이 결코 잘못되었다는 생각은 하지 않는다. 나는 내가 몸 담은 기업이 새로운 분야에 진입하여 초일류 기업으로 성장해 나가는 그 과정에 함께 하였고, 그 속에서 치열한 경쟁을 하면서 열정과 자부심, 최고를 향한 끊임없는 도전정신을 배웠다. 기업이 어떻게 하면 초일류 기업으로 성장해 가는지 직접 부딪쳐가면서 보고 배우는 소중한 경험을 하였다. 사람이나 기업이 어떤 목표를 갖고, 어떤 마음가짐으로 어떻게 살아야 하고, 또 어떻게 해야 최고가 되는지 배우는 좋은 기회가 되었다. 그러나 나는 내가 하는 일을 잘하기 위하여 필요한 지식이 무엇인지, 나의 재능과 잘할 수 있는 것이 무엇인지, 또 내가 하고 싶은 일이 무엇인지 알지 못했고 생각할 여력도 없었다. 하루하루 처리해야 할 일들이 쌓여 있었고 매일은 전쟁의 연속이었다. 그렇게 25년 회사 생활을 하고 나서야 나는 진로를 수정하였다.

또한 나는 작가다. 처음에는 전공과 관련된 책을 주로 쓰다가, 4차 산업시대의 기업경영과 자기경영에 관심을 갖고 해당 분야의 책들을 쓰고 있다. 나는 내가 겪은 시행착오를 학생들이 겪기를 원하지 않는다. 만약 내가 가야 할 길을 좀 더 일찍 깨달았다면, 그래서 오랜 기간의 시행착오를 거치지 않고 일찍 학교로 진입했다면, 나는 좀 더 일찍 나의 재능을 발현하여 이 분야에서 더 많은 성과를 내고 기여를 할 수 있었을 것이기 때문이다. 그만큼 대학 시절의 진로 설정과 자기경영은 중요한 문제이기에 나의 책은 더 설득력을 갖는다.

학생들에게 조금이라도 일찍 자기경영계획을 만들어보고 그 방향에 맞추어 대학생활을 하고, 졸업하기 전에 준비해서 본인이 가고 싶은 분야로 진출하라고 권한다. 많은 학생들이 본인의 재능이 무엇인지도 모른 채 자신의 의지와 상관없이 학교(전공)가 선택되고, 또 기업에서 요구하는 스펙에 맞추어 사회로 진출하고 있는 작금의 현실은 우리에게 많은 시사점을 던져주고 있다. 그렇게 들어간 직장 생활이 얼마나 행복할 수 있을까, 얼마나 버티어 낼 수 있을까, 그 결과는 어떻게 될 것인가 하는 문제는 보지 않아도 어렵지 않게 예측할 수 있다.

마지막으로 나는 지능형제조경영 전문가다. 그것도 학생들과 직장인을 위한 지능형제조경영 전문가로 활동하고 있다. 그것은 내가 뒤늦게 대학에서 학생들을 가르치면서 찾은 나에게 맡겨진 또 하나의 역할이다. 직장인들과 학생들을 대상으로 4차 산업혁명시대에 필요한 자율생산과 관련된 아카데미를 진행한다. 특별히 학생들을 위해서 자기경영 과정을 진행하고 있다.

"나는 좋아하는 일을 할 것이고, 삶의 마지막까지 그 일을 할 것이다. 그리고 그것을 통하여 세상에 공헌한다." 이것이 내가 추구하는 직업관이다. 죽을 때까지 자신이 좋아하는 일을 하지 못하고 간다면 자신의 삶에 대한 방관이자 모독이다. 그것은 어떤 변명도 있을 수 없다.

같은 일을 비슷한 기간 동안 하더라도 어떤 사람은 그 일을 아주 잘하고, 또 어떤 사람은 평이한 수준에 머물고 만다. 어떤 사람은 그 일에 통달한 달인이 되어 그것으로 인생의 후반기를 가득 채운다. 마치 오래 기다리던 꽃이 그때 막 터지듯 그렇게 피어난다. 그러나 어떤 사람들은 그 긴 세월을 그날그날 주어진 일을 열심히 하고 충실히 해내는 평범한 월급쟁이와 단순한 업무에 머물고 만다. 그리고 나이를 먹고 세월이 가면 그들은 마침내 직장에서 사라지고, 이내 잊히고 만다. 인생을 겨우 반밖에 살지 못했지만 자의든 타의든 황량한 벌판으로 나오게 되고, 다시 직장을 구할 가능성은 별로 없다. 무엇이 이런 차이를 만들어 내는가. 나는 직장에서 연말 정기인사 시즌이 되면 많은 선배와 동료들이 어느 날 갑자기 짐을 싸고 황량한 벌판으로 내몰리는 상황을 수도 없이 많이 접하곤 하였다. 그들은 가족들의 생계를 걱정하고, 앞으로 무엇을 해서 먹고 살 것인지 막막한 상황에 내몰리곤 하였다. 나는 많은 시행착오를 거치고 힘든 시간을 보내서 나서야 내 길을 찾았다. 그리고 어느 날 그것이 무엇인지 깨닫게 되었다.

> 참을 수 없이 하고 싶은 일이 있다면 두려워 말고 그 일을 따라나서라. 그 일 속에서 내가 살아 있음을 느낀다면, 그 일이 곧 나의 천직임을 알게 될 것이다. 그러나 아직 그런 떨림을 얻지 못했다면, 지금 주어진 일을 잘 해낼 수 있는 방식을 찾아야 한다. 그 방법을 알아내면 매일 매일 힘들게 하고 있는 일상의 일들 중에서 어떤 것들이 나의 타고난 적성에 잘 어울리는 것인지 알게 될 것이다. 나는 그 일이 내 천직을 찾는 첫걸음이라고 생각한다. 그 일에 통달하게 되면 죽을 때까지 먹고 살 수 있는 평생의 직업으로 갖고 일할 수 있을 것이다.
>
> [구본형, 『필살기』, 20p]

이 책은 바로 자기경영의 이야기를 다룬다. 나의 천직을 찾는 첫걸음은 바로 자기경영계획을 만들어 보는 것에서 시작한다. 그 작업이 대학생이든 직장인이든 그것은 중요하지 않다. 하지만 자기경영은 일찍 시작할수록 우리는 더 많은 시행착오를 거쳐야 하는 수고를 덜 수 있다. 그래서 나는 학생들에게 대학 시절 자기경영계획을 반드시 만들어 보라고 권한다. 자기의 진로에 대하여 진지하게 고민하는 시간을 가져야 한다. 그것이 신이 우리에게 주신 우주적 떨림을 찾는 첫걸음이다. 내가 하고 싶은 일을 찾아서 10가지를 적어보라고 하면 대부분 학생들이 쉽게 적는다. 그러나 그중에서 내가 잘할 수 있는 일 한두 가지를 찾아서 적어보라고 하면 거의 모두가 망설이게 된다. 한 달을 고민하고 주위의 많은 사람들과 얘기해서 자기경영계획을 작성해 봐도 미완의 상태에 머무르고, 최소한 6개월은 더 고민하고 정성을 들여야 어느 정도 완성할 수 있다. 나는 학생들에게 평생 내가 먹고 살 것을 찾는데 하루, 이틀이 아니라 일주일 또는 한 달이라도 밤새워 고민하는 수고는 아끼지 말아야 한다고 조언한다. 신이 우리에게 주신 우주적 떨림을 찾는 첫 번째 작업이 바로 나만의 자기경영계획이며, 내가 하고 싶은 일과, 잘할 수 있는 일을 찾는 것이다. 이 자기경영계획을 만드는 방법에 대하여 이 책에서 다룬다.

두 번째는 직장인들이 조직으로부터 받은 일을 버리지 않고, 그 경험을 활용하고 살려서 차별적 전문성으로 다듬어가는 것이다. 즉 남들과 차별화된 나만의 전문성으로 만드는 것이다. 여기서 말하는 전문성은 내가 어려움에 처했을 때 나를 구해줄 수 있는, 다른 사람과 차별화된 나만의 무기, 즉 나의 필살기라고 말할 수 있다. 바다 한가운데서 배가 조난을 당했을 때, 내가 몸 담고 있는 기업이 어려움에 처했을 때 누구를 버리고 누구를 끝까지 남길 것인가. 이때의 선택 기준은 나만의 차별화된 전문성을 갖고 있느냐가 될 것이다. 즉 필살기는 특별히 나만이 가장 잘할 수 있는 차별화된 전문성이다. 이 전문성은 독보적일수록 제값을 가진다. 다른 사람들이 접근할 수 없도록 진입장벽이 높은 것이 가치 있는 것이다. 따라서 전문성의 창조는 반드시 나에게 주어진 고유한 능력을 찾아 활용해야 한다.

1. 자기경영계획을 작성한다.

현재 시점에서 나의 과거와 현재, 미래를 통찰해 보고 자기경영계획을 작성한다. 비록 늦었지만 지금이라도 내가 하고 싶은 일과, 내가 잘할 수 있는 일을 찾는다. 그리고 나의 비전과 미션, 목표를 만들어 본다. 비전과 목표를 만들려면 내가 현재 하는 일에서 승부를 걸 것인지. 아니면 그것을 바탕으로 새로운 분야로 나갈 것인지 방향을 결정해야 한다. 가장 좋은 방법은 지금까지 내가 해왔고 지금 하고 있는 일 중에서 찾는 것이지만, 도저히 아니다 싶으면 그때는 방향을 전환해야 한다. 지금까지 해왔던 일에서 새로운 분야로 방향을 전환하는 일은 쉽지 않다. 그러나 내가 차별화된 전문성을 갖고 나만의 필살기를 갖기 위해서는 더 늦기 전에 결단을 내려야 한다. 내 의사와 상관없이 그저 그렇게 하루하루를 보내기에는 우리 인생은 너무나도 짧고 소중하기 때문이다. 그리고 그 방향에 맞추어 새롭게 자기경영계획을 작성한다.

자기경영계획을 작성하는 방법은 5장에서 자세히 기술하였다.

2. 나의 핵심가치를 찾는다.

여기서 나의 핵심가치는 남들과 차별화된 나만의 전문성이다. 즉 나의 적성에 맞고 잘할 수 있는 일을 의미한다. 현재 하고 있는 일에서 승부를 걸려면 내가 하고 있는 일들을 분석하여 앞으로 가져갈 나의 핵심가치를 찾아야 한다. 내가 경험을 했거나, 지금 하고 있는 일 중에서 찾으려면 현재의 직무를 '해야 할 숙제'로 보지 않고, '팔아야 할 비즈니스'로 인식하는 것이다. 팔아야 할 비즈니스로 보고 접근하게 되면 내가 해야 할 일을 보다 구체화할 수 있다. 즉 무엇을 상품화하고, 무엇을 팔 것인가가 보다 명확해진다. 보는 시각을 바꾸면 지금까지 보이지 않았던 것들이 좋은 상품이 되고, 나만의 전문성을 가질 수 있다. 다음과 같은 방법으로 만들어 보자.

1) 내 업무의 중요도가 높고, 적성점수가 높은 것을 찾는다.

내가 하고 있는 업무를 세분화하여 목록을 작성해 보자. 그리고 각 업무별로 적성과 중요도를 점수화해서 그중에서 나에게 맞는 일을 찾아보자. 여기서 적성점수가 높다는 것은 나의 재능과 연결되어 내가 잘할 수 있는 강점이 될 것이다. [표 2-1]은 현재 제조기업에서 품질관리 팀장 업무를 수행하는 사람이 작성한 평가표 사례이다.

▌ 표 2-1 ▌ 품질관리팀장의 적성/중요도 평가표

세부업무	필요한 적성	적성점수	중요도점수
회사의 품질관리 방향을 설정한다.	개념화하기	2	5
품질관리 체계, 시스템을 만든다.	개념설정	1	4
제품별, 공정별 평가지표를 만든다(기획).	기획력	−1	3
품질향상을 위한 교육프로그램을 만든다.	창의성	3	2
연간 계획에 따라 교육을 실시한다(강의).	실행력	5	3

위의 세부업무 중에서 교육하는(강의) 것은 내 적성에 잘 맞고, 업무도 비교적 중요한 일이라는 것을 알 수 있다.

2) 나의 과제(강점이 있고 중요한 것)를 찾는다.

위의 표에서 작성한 점수를 바탕으로 다음의 중요도/강점 매트릭스를 작성해 보자. 그리고 이 표를 참조하여 내가 하고 있는 일 중에서 앞으로 갖고 갈 핵심가치를 찾는다.

▌ 표 2-2 ▌ 중요도/강점 매트릭스

중요도 점수	스트레스 평가지표 만들기	과제 교육/강의하기
0		
	버릴 것	취미
	0	적성점수

분류된 업무들을 중요도와 적성을 기준으로 사분위에 나누어 작성한다. 여기서 과제는 업무의 중요도도 높고, 적성점수도 높은 일이다. 즉 내가 상대적으로 잘할 수 있는 일이다. 취미는 업무 중에서 중요도는 낮지만, 내가 좋아하는 일이다. 그리고 스트레스는 업무 중요도는 높지만, 나의 적성에 잘 맞지 않는 일을 의미한다. 즉 회사에서는 중요한 일로 잘 해내야 하지만, 내가 많은 시간과 노력을 투자해도 성과가 잘나지 않는 일이다. 그리고 버릴 것은 중요하지도 않고 적성에도 맞지 않는 일을 뜻하며, 쓰레기 같은 일이라고 할 수 있다. 이 중에서 과제에 들어온 영역, 즉 내가 집중해야 할 일(나의 전문성 후보)을 골라낸다. 과제영역에 있으면서 나의 관심사와 밀접한 관련이 있어 열정을 쏟고 싶은 것, 서로 시너지를 낼 수 있는 일을 찾는다.

3) 자신의 직무에 대한 ERRC 모델을 작성한다.

위에서 작성한 중요도/강점 매트릭스를 참고하여, 태스크들 중에서 새롭게 창조할 것(Create), 증가하거나(Raise) 또는 감소할 것(Reduce), 제거할 것(Eliminate)으로 구분하여 태스크들을 정리해 보자. 적성이나 중요도가 낮은 태스크들은 제거(E)나 감소(R)영역으로 갈 것이고, 과제나 취미 영역에 있는 것들은 창조(C) 혹은 증가(R)영역으로 들어갈 것이다.

▌표 2-3 ▌ ERRC Model

〈Reduce〉 평가지표	〈Create〉 교육/강의
〈Eliminate〉	〈Raise〉

위의 표에서 창조(C)와 증가(R)에 속하는 태스크들은 나의 적성과 일치하기 때문에 맡은 일 중에서 가장 재미있게 할만한 일들일 가능성이 높다. 그리고 감소(R)나 제거(E)에 속하는 태스크들은 대부분 재미없는 일들일 것이다. 재미없는 일들은 제거하거나 감소하고, 거기서 생긴 투자 여력은 재미있는 일(C, R)에 집중 투자한다. 그 일들 중에서 내가 갖고 갈 나의 과제를 찾고, 그 과제에 대하여 실천계획(Action plan)을 작성한다. 그리고 그것에 지속적인 투자와 노력이 들어간다면, 몇 년 안에 회사 내에서 현재의 직무를 통해 나만의 전문성을 확보할 수 있을 것이다. 위에서 기술한 중요도/강점 매트리스나 ERRC Model은 5장에서 기술한 자기경영계획 작성 방법을 참조하기 바란다.

3. 차별화된 전문가로 거듭난다.

실천계획(Action Plan)을 만들어서 실천해 나간다. 전략을 실천으로 전환시키는 것이다. 방향이 정해지면 달리면 된다. 달리는 사람에게는 지루함이 없다. 새로운 습관이 실천을 만들어 내고, 상사의 지시가 아니라 스스로 부여한 습관이 행동의 고삐를 쥐게 하는 것이다. 그러면 정해진 시간이 되면 빵이 익듯이, 일만 시간이 지나면 전문성이 완성될 것이다. 물론 집중적이고도 정교한 훈련과, 벼랑 끝에 서 있는 절박함이 같이 녹아 들어가야 한다.

지금은 차별적 전문성을 만들어 낼 때다. 평이한 직장인의 임계치를 넘어서야 할 시기다. 차원이 다른 통달의 경지에 이르려면 먼저 내가 절실함을 느껴야 한다. 배가 고프고 목마르고 눈보라 치는 벌판에서 먹을 것을 찾듯이 '나는 이 일로 유명해질 것이다.'라는 뜻을 먼저 세워야 한다. 그렇게 뜻을 세우고 나면 방법은 따라온다. 회사 내에서 차별적 전문성을 만들 때도 현재의 업무를 멀리 떠나서는 안 된다. 현재의 업무를 잘 활용하지 않고서는 매일 연습하고 수련할 공간도 과제도 주어지지 않기 때문이다. 내가 회사에 입사해서 지금까지 하고 있는 일들 중에서 잘할 수 있는 것을 찾아내는 것이 가장 바람직하다. 승부를 걸만한 전략적 태스크들을 찾아내 '이 일로 유명해질 것이다.'라는 뜻을 세워야 한다. 그리고 어느 누구도 너처럼 그렇게 잘할 수 없다는 평을 들을 때까지 나의 모두를 쏟아부어야 한다.

미국 건국의 주역인 토마스 제퍼슨은 "노력하는 자에게 행운이 따른다."라고 말했다. 뜻을 세우고 그 일에 노력하고 최선을 다할 때 행운의 문이 열린다는 것이다.

차별화된 전문가

작은 변화가 일어날 때
진정한 삶을 얻게 된다.
-레프 톨스토이-

습관의 힘

신이 나에게 주신 탤런트를 찾아내어 다 쓰고 가려면, 먼저 내가 가진 나만의 탤런트를 찾아내어 차별화된 전문가가 되어야 한다. 그러면 어떻게 차별화된 전문가가 될 것인가?

그 첫 번째 방법이 습관의 힘을 빌리는 것이다. 습관의 힘을 빌리는 것은 우리가 잊고 있었던 가장 평범한 진리를 활용하는 것이다. 즉 매일 똑같은 시간대에 똑같은 시간의 양을 확보하여 똑같은 일에 집중 투자함으로써 가시적인 성과를 만들어내는 것이다.

여기서 중요한 것은 실천이다(Just di it!). 실천은 내일 죽을 것처럼 오늘을 사는 것이다. 오늘 새로운 습관 하나를 만들고 그것을 필사적으로 실행하는 것이다. 매일의 힘을 빌리지 못하면 누구도 원하는 꿈을 이룰 수 없다.

매일 그리지 않는 화가는 화가가 아니다. 매일 연습하지 않는 연주가는 연주가가 아니다. 매일 쓰지 않는 작가는 작가가 아니다. 연습을 거른 그날, 그들은 화가도 연주가도 작가도 아닌 것이다. 뛰어난 연주가가 여든이 넘어서까지 최고의 연주를 해낼 수 있는 것은 매일의 힘이다. 80대의 아마추어 골퍼가 80대 타수를 유지하는 것도 매일의 힘이다. 그것은 힘이나 체력이 좋아서가 아니라 매일 연습을 하고, 그 루틴을 두뇌가 인지하고 있기 때문이다. 매일의 힘을 살릴 수 있으면 우리는 나아질 수 있다. 그러나 매일의 힘을 빌려올 수 없다면, 그날 쓰지 못한 만큼 과거에 머물 수밖에 없다. 앞으로 나아가기 어렵다는 뜻이다.

우리가 나만의 필살기를 장착하고 전문가로 우뚝 서기 위해서는 매일의 힘을 사용해야 하고, 필사적으로 그것을 실천해야 한다. 여기서 실천은 매일 일정한 시간을 쏟아붓는 집중력과 반복 훈련을 의미한다.

다음과 같은 우스운 얘기인 것 같지만 진실인 이야기가 있다. "어떤 사람이 처음에 작은 습관 하나를 만들어 끌고 다녔다. 작은 습관은 점점 자라서 큰 습관이 되었다. 그 사람은 이제 그 습관에 끌려다닌다." 이 이야기는 사람이 좋은 습관이든 나쁜 습관이든 작은 습관 하나를 만들어 매일매일 반복해서 실천하다 보면, 나중에는 그 습관에 익숙해져서 자연스럽게 따라하게 된다는 이야기다. 물론 좋은 습관으로 매일 일정한 시간을 쏟아서 집중력과 반복 훈련을 해야 한다.

다음 사례는 매일매일 습관의 힘을 실천하여 목표를 이루어 나가고 자기 분야에서 최고의 자리에 오른 사람의 성공한 사례이다.

1. 노장이 써 내려가는 스포츠 신화

① 축구계를 대표하는 대표적인 노장은 이탈리아의 레전드 거미손, 골키퍼 '잔루이지 부폰'이다. 그는 2011년 국제축구역사통계재단(IFFHS)이 선정한 21세기 최고의 골키퍼 1위에 선정되었다. 그는 무려 45세까지 현역으로 뛰다가 2023년 현역 생활을 마감한다. 그동안 통산 975경기 출전하여, 505경기의 세리에 A 역대 최다 클린시트(무실점) 기록을 남겼다. 골키퍼의 수명은 다른 포지션에 비해 긴 편이지만 그가 보여준 퍼포밍은 여전히 톱 클래스다.

② 농구계에서는 '빈스 카터'가 대표적인 노장 선수다. 빈스 카터는 전 NBA의 농구 선수로, 전성기 시절 덩크 숏의 달인으로 공중에서 예술을 했던 사나이다. 별명은 토론토 시절에 '에어 캐나다' 그 외에 'Vinsanity', 'Half-Man/Half-Amazing' 등이 있다. 2019~20시즌 NBA 역사상 처음으로 22번째 시즌을 맞았고, 2020년 1월 5일 경기에 출전하면서 NBA 역사상 처음으로 10년 대를 4번(1990년대, 2000년대, 2010년대, 2020년대) 맞이한 NBA 선수라는 엄청난 타이틀을 얻게 되었다. 은퇴를 1년 앞뒀던 2018~19시즌 애틀랜타 호크스 소속으로 통산 25,000득점을 완성하였는데, 당시 그의 나이는 한국 나이 기준으로 무려 43세이었다. 25,000득점을 완성한 플레이는 다름 아닌 투핸드 덩크, 그야말로 역사에 길이 남을 덩커라는 걸 스스로 증명한 셈이다. 그는 2019~20시즌 기준으로 NBA 최고령 선수였으며(유일한 40대), 그가 얼마나 나이가 많냐면 77년 1월생이라 2020년 3월 기준 43세인데, 팀 동료 트레이 영의 아버지가 77년 11월생이라 아직 생일이 지나지 않아 42세로 카터보다 어리다. 문자 그대로 아들뻘과 같이 뛰는 셈이다.

③ 다음 기사는 사람이 갖는 습관의 힘을 가장 잘 실천한 우리나라 과천경마장 최고의 기수 박태종씨 사례를 소개한다.

스포츠 선수의 전성기는 대개 '신체 능력'이 좌우한다. 자잘한 부상으로 인해 기량이 떨어지는 시점부터 은퇴의 시기는 점차 가까워지기 시작한다. 경마인 경우를 보면 판(경마장)을 떠나는 나이는 많이 잡아도 40세 전후다. 그러나 이들 중에서도 경기에 10,000회 이상 참여한 선수는 어디에도 없다. 박태종 기수는 데뷔 이후 총 13,614회 출전한 경마계의 살아 있는 전설이다. 2017년 기준 만 51세로 29년 동안 현역 생활을 유지하고 있고, 2,000승이라는 대기록을 작성했다. 경마는 기수 본인보다 약 10~11배가량 무거운 말을 제어하며 1~2분 안에 선두를 탈환해야 하는 스포츠다. 덕분에 조금이라도 하락세가 찾아오면 더는 기수 생활을 유지하기가 어려워진다. 은퇴 시기가 다른 종목에 비해 빠른 이유도 그 때문이다. 그러나 박태종 기수는 50대 노장임에도 불구하고 그러한 메커니즘을 파괴하고 출중한 기량을 선보이고 있다.

전설의 시작은 의외로 소박하다. 중장비 기사나 택시 기사를 꿈꾸던 그가 '기수 후보생' 문구를 본 건 운명적이었다. 말 안장에 앉는 순간, 기수는 천직이자 숙명임을 깨달았다. 하나 둘 이겨나간 것이 어느덧 통산전적은 1만 회를 훌쩍 넘겼고, 2천 번을 이겼다. 그중에서도 기수들의 생산지표로서 매우 중요하고 최우수 말 선발을 위한 대상 경주에서 무려 39회나 우승했다. 대상 경주는 모든 경마인이 꿈꾸는 최고의 무대다. 그러한 그도 경마 인생 매 순간이 찬란했던 건 아니다. 2016년 2,000승 달성과 동시에 경기 중 낙마해 무릎을 심하게 다쳤다. 이 사고 전에도 이미 3차례 무릎 수술을 받았고 최소 10개월에서 1년을 회복해야 한다는 선고를 받아 사실상 은퇴로 가닥이 잡히는가 했다. 그러나 절망은 경마 외길 인생에 한 줌 재에 불과했다. 피나는 재활을 통해 6개월 만에 트랙에 복귀한 그는 출전 2주 만에 도착점 200m를 남겨두고 매서운 추입을 선보이며, 종반 반전 승부를 통해 짜릿한 우승을 차지했다.

▌그림 3-1▌ 경마기수 박태종의 경주 모습

[2017.7.8 렛츠런파크서울 제10경주(마명: 우승하우스)]

지천명(知天命)의 나이인 2015년, 박 기수는 그 한 해에만 77번 우승을 하며 전체 기수 톱 3에 들었다. 1, 2위 기수는 30대 중반 정도로 그에 비하면 한참 젊은 수준이었다. 매일 새벽 4시에 출근하여 5시부터 경주마에 오르는 그는 평소 술, 담배 등을 멀리하고 9시에 잠드는 등 철저한 자기관리로 유명하다. 대부분 나이가 들면 배가 나오고 몸이 무거워지기 마련인데, 박태종 기수는 오십이 넘은 나이에도 좋은 말을 많이 타기 위해 늘 50kg 내외의 체중을 그대로 유지하고 있다. 박 기수가 전한 "선배지만 자신을 후배들과 마찬가지로 함께 경쟁하는 기수"라는 이 한마디에서 겸손함과 더불어 그의 강인한 의지를 알 수 있다. 쉼 없이 후배의 기승술뿐만 아니라 매 경주에서 함께 달리는 경주마의 영상을 보며 공부하는 그는 '최초'라는 타이틀이 부끄럽지 않은 천상의 '기수' 그 자체였다. 인천상륙작전을 이끌었던 사령관 더글러스 맥아더는 "노병은 죽지 않고 사라진다."고 말했다. 언젠가 그가 안장에서 내려오게 되더라도 말 위에 '기수 박태종'은 영원히 살아 숨 쉴 것이다.

2. 매일 새벽 4시에 일어나 글을 쓰는, 구본형

　　변화경영 전문가 구본형은 매일 새벽 4시에 일어나 글을 쓰고, 1년에 한 권씩 책을 내는 사람으로 유명하다. 그는 비가 오나 눈이 오나 하루도 빠짐없이 글을 쓴다고 얘기한다. 구본형이 제일 좋아하는 말 중의 하나는 "춤쟁이는 매일 춤춰야 하고, 환쟁이는 매일 그려야 하고, 글쟁이는 매일 써야 한다. 마치 검객이 매일 수련하지 않으면 목숨이 위태롭듯이 매일 수련해야 한다."이다. 그가 얼마나 절박하고도 치열한 마음으로 글을 쓰고 있는지 잘 알 수 있다. 구본형은 한국IBM에서 경영혁신전문가로 일하다가 뒤늦은 40세 후반에서야 자기가 원하는 삶을 살기 위하여 회사를 때려치우고 스스로 1인 기업가가 되었다. 그리고 그때부터 1년에 1권씩 책을 출간한다는 목표로 매일 새벽에 일어나 집필하기 시작하였다. 스스로 변화경영 전문가로서 1인 기업가, 칼럼니스트, 작가로 활동하며 구본형 변화경영연구소를 만들어 운영하고 있다. 매년

10명의 연구원을 선발하여 남들과 차별화된 나만의 전문가가 되고, 평생직업을 찾는 과정을 만들어 운영하였다.

그는 연구원들에게 책을 쓰는 각오와 자세에 대하여 다음과 같이 얘기하였다. "책은 세상에 자신의 삶의 체험과 지혜를 나누는 것이다. 책을 통해 세상에 공헌하는 것이다. 이것이 연구원으로서 우리의 약속이다. 어려운 과정을 거쳐 선발되어 공부하고 수업을 받고도 책으로 세상에 공헌하지 못한다면 이 약속은 지켜지지 않은 것이다." 삶의 혁명을 통해 연구원은 자신의 첫 책을 출간한다. 책 속에 자신의 삶을 담고, 이 책이 또한 나의 삶을 바꾼다. 연구원은 자신의 삶과 책으로 세상에 공헌한다. 연구원 수련 기간은 총 2년으로, 연구원들은 처음 1년 동안 약 50권의 책을 읽고 정해진 틀에 맞춰 글로 정리해야 한다. 동시에 읽은 책과 자신의 관심사를 연결하여 50개의 칼럼을 써야 하고, 매주 1권의 독서와 리뷰 작성, 1개의 칼럼 집필은 1년간 모든 연구원이 수행해야 할 필수 과제이다.

그는 회사에서 20년간 변화경영 분야에서 일을 하며, 그 분야에서 일한 지식과 경험과 관찰을 분류하고 정리하여 책을 내고 싶다는 욕망을 갖고 있다가 마흔세 살에서야 실행에 옮긴다. 그리고 미친 듯이 일 년에 한 권씩 책을 내기 시작한다. "나는 사는 듯싶게 살고 싶었다. 모든 것을 다 바칠만한 것을 찾고 싶었다. 관성에 따라 굴러가는 하루 말고 전혀 새로운 뜨거운 하루를 갖고 싶었다."라고 말한다. 그리고 회사를 그만두고 1인 기업가로 변신하게 된다.

그의 대표적인 저서인 『익숙한 것과의 결별』 외 40여 권의 책을 출간하였으며, 『익숙한 것과의 결별』은 전문가가 뽑은 '90년대의 책 100선'에 선정되기도 하였다.

반복 훈련으로 성공 습관을 만든다

차별화된 전문가가 되기 위한 두 번째 방법은 반복 훈련의 힘을 빌리는 것이다. 인간의 머리는 반복 훈련을 통하여 성공한 것을 기억하고 있고, 성공에 대한 강한 동기부여를 해준다.

반복 훈련을 하는 동안 인간의 두뇌 속에서 어떤 일들이 일어나는지 연구해 온 사례들을 살펴보자.

미국 국립정신건강연구소의 뇌 인지연구 책임자인 레슬리 언거라이더(Leslie G. Ungerleider) 박사는 실험 심리학 및 뇌 과학자로 사람의 반복 훈련에 관한 중요한 연구들을 수행하였다. 그의 연구에 따르면

- 반복 훈련은 뇌의 신경가소성을 촉진한다. 여기서 신경가소성은 뇌가 새로운 경험이나 학습을 통해 변화하고 적응하는 능력을 말하는데, 반복적인 자극을 통해 신경 회로가 재구성되고 강화되며, 이는 특정 작업이나 기술을 더 잘 수행할 수 있게 해준다고 주장한다.
- 반복 훈련은 신경 효율성을 높인다. 특정 작업을 반복적으로 수행하면 뇌는 그 작업을 더 효율적으로 처리할 수 있는 경로를 개발한다. 이는 작업을 수행하는 데 필요한 에너지와 자원을 줄이고, 반응 시간을 단축시키며 정확성을 높이는 데 도움이 된다.
- 반복 훈련은 신경세포 간의 연결을 강화한다. 반복적인 자극을 통해 신경세포 간의 시냅스가 강화되며, 이는 신경 신호가 더 원활하게 전달될 수 있도록 해준다. 이러한 과정은 학습과 기억 형성에 중요한 역할을 한다.

결론적으로, 반복 훈련은 뇌의 효율성을 높이고, 신경 가소성을 촉진하며, 신경 연결을 강화하는 데 중요한 역할을 하는데, 이러한 과정은 학습, 기억, 운동, 기능 회복 등 다양한 측면에서 뇌의 기능을 향상하는 데 도움이 된다고 주장한다.

미국의 신경과학자인 리처드 레스탁(Richard Restak) 조지워싱턴대 교수는 『새로운 뇌』에서 반복적인 훈련이 신경 네트워크를 강화하는 과정을 신경가소성의 핵심 원리로 설명한다.

> "특정한 훈련을 진행하면 새로운 신경세포들이 특정 행동을 담당하는 신경 네트워크로 보강된다. 처음에는 지극히 소수의 신경세포만이 이 과정에 포함되지만, 훈련이 강화됨에 따라 그 수는 계속 늘어난다. 무엇보다 흥미로운 사실은 이런 뇌의 변화가 일년 후에도, 심지어 더 이상 훈련을 하지 않을 때도 발견된다는 점이다."
>
> [리처드 레스탁, 『새로운 뇌』, 18p]

그는 인간의 뇌가 고정된 구조가 아니라 학습과 경험을 통해 지속적으로 변화하고 적응할 수 있다고 강조하는데, 특히, 반복적인 훈련과 활동이 어떻게 특정 신경 회로를 강화하는지에 대한 통찰을 제공한다. 신경 네트워크가 강화되는 과정은 반복적인 훈련을 하면 신경세포(뉴런) 간의 연결(시냅스)이 점점 강화되면서, 신경 네트워크가 더 효율적으로 작동하게 되는데, 이 과정을 단계별로 살펴보면 다음과 같다.

① 새로운 자극과 학습이 신경 회로를 활성화한다.

새로운 기술(예: 악기, 외국어, 스포츠 등)을 배우기 시작하면, 관련된 신경세포들이 처음에는 약하게 연결된다. 처음에는 동작이 서툴고 어렵지만, 연습을 반복하면서 해당 뉴런들이 점점 더 자주 활성화된다.

② 시냅스 강화와 롱텀 포텐시에이션(LTP)

특정 신경 회로가 반복적으로 활성화되면, 시냅스의 연결이 강화되는 장기 강화(Long-Term Potentiation) 현상이 발생한다. 즉, 뉴런들이 더 자주 함께 발화할수록, 신호전달이 더 강력하고 빠르게 이루어진다는 것이다. "함께 발화하는 뉴런은 함께 연결된다."라는 헤브의 법칙(Hebb's Rule)이 이를 설명하는 대표적인 원리다. 여기서 헤브의 법칙은 신경심리학자 도널드 헵(Donald Hebb)이 제안한 신경 가소성 이론으로, 이 법칙의 핵심 개념은 "함께 활성화되는 뉴런은 서로 연결이 강화된다."는 것이다. 즉, 특정 뉴런들이 동시에 활성화될수록, 이들 사이의 시냅스 연결이 강화된다는 원리인데, 이를 통해 학습과 기억 형성이 이루어진다고 설명한다.

③ 신경가소성이 구조적 변화를 일으킨다.

반복된 훈련으로 인해 뉴런 간의 연결이 강해지고, 심지어 새로운 시냅스가 생성되기도 한다. 신경세포가 더 많은 수상돌기를 만들거나, 기존의 시냅스를 더 단단하게 결합시켜 신호전달이 더 원활해진다.

④ 신경망의 최적화

숙련된 단계에 이르면, 뇌는 불필요한 연결을 제거(시냅스 가지치기)하고, 가장 효율적인 신경 네트워크만 남겨둔다. 이를 통해 해당 기술을 수행할 때 더 적은 에너지로 더 빠르고 정확하게 동작할 수 있다. 예를 들어, 처음에는 피아노를 칠 때 손가락이 서툴지만, 반복적인 연습 후에는 자연스럽게 움직이는 것과 같은 원리로 설명할 수 있다.

결론적으로 반복 훈련의 중요성에 대하여 리처드 레스탁은 인간 뇌의 신경 네트워크는 우리가 반복하는 활동에 의해 변화하고 최적화된다고 강조하고 있다. 즉 꾸준한 연습과 경험이 쌓이면, 해당 신경 회로가 자동화되어 더 적은 노력으로도 원하는 결과를 얻을 수 있다고 주장한다. 여기서 관심을 끄는 부분은 특정한 행동을 담당하는 신경 네트워크가 반복적인 훈련을 통해서 보강되는 과정이다. 신경 네트워크가 강화되는 과정은 반복적인 훈련을 하면 신경세포(뉴런) 간의 연결(시냅스)이 점점 강화되면서, 신경 네트워크가 더 효율적으로 작동하게 된다.

우선 신경 네트워크가 보강되는 과정을 이해하기 위해서 신경세포의 특징 및 구조를 알아보자.

① 신경세포의 주요 특징은

- 정보전달 기능: 전기적 신호(활동전위)와 화학적 신호(신경전달물질)를 통해 정보를 전달한다.
- 일방향성 신호전달: 신호는 수상돌기 → 세포체 → 축삭 → 축삭 말단 → 시냅스를 거쳐서 전달된다.
- 흥분성과 전도성: 신경세포는 외부자극을 받아 전기신호를 생성하는 기능(흥분성)과, 생성된 신호를 축삭을 따라 다른 세포로 전달하는 기능(전도성)을 갖는다.
- 신경가소성: 학습과 경험을 통해 시냅스가 강화되거나 새로 생겨날 수 있다.
- 비분열성(재생능력 제한): 대부분의 신경세포는 성인이 되면 더 이상 분열하지 않는다.

② 신경세포의 기본 구조는

- 수상돌기(Dendrite): 다른 신경세포로부터 신호를 받아들이는 부분으로, 나뭇가지처럼 퍼져있다.
- 신경세포체(Soma): 뉴런의 중심으로 신경세포의 핵이 위치하며, 생명유지 기능을 담당하고 신호를 처리하는 중심 부분이다.
- 축삭(Axon): 신호를 다른 신경세포나 기관으로 전달하는 긴 구조이다.
- 축삭 말단(Axon Terminals): 신호를 전달하는 끝 부분, 신호를 다음 신경세포 또는 기관으로 전달하는 부분이다.

• 시냅스(Synapse): 신경세포 간 정보가 전달되는 연결 지점이다.

　신경세포는 생명체 유지에 필요한 대사와 합성을 진행하는 기관으로 '대사체', '수상돌기', '축삭', '시냅스'로 이루어져 있다. 신경세포의 중심에 해당하는 '대사체'는 핵과 유전자(DNA), 미토콘드리아를 가진 세포로 다수의 신경돌기와 한 개의 축삭을 갖고 있다.

　신경세포를 특정짓는 뚜렷한 특징은 '신경돌기(신경섬유)'라는 독특한 구조에 있다. 세포에서 실처럼 늘어진 섬유인 신경돌기는 두 가지 종류로 이루어져 있다. 하나는 정보를 받아들이는 기능을 담당하는 '수상돌기(가지돌기)'이고, 다른 하나는 정보를 전달하는 기능을 담당하는 '축삭'이다. 수상돌기는 튼튼하고 두꺼우며 나뭇가지처럼 여러 개로 이루어져 있는 반면, 축삭은 가늘고 약한 하나의 줄기다.

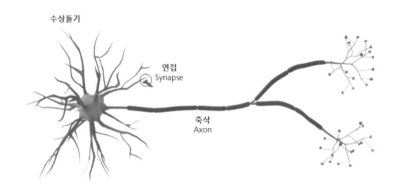

┃그림 3-2 ┃ 신경세포의 모습

[존 놀테, 안의태 외 번역, 『임상신경해부학』, 3p]

　신경세포 사이의 연결고리는 시냅스가 담당하고 있다. 신경세포들은 서로 연결된 회로처럼 보이지만, 각 신경세포 사이에는 미세한 간격이 존재하며 이를 '시냅스 간격'이라고도 한다. 신경 회로를 흐르는 정보인 전기신호, 즉 '활동전위'는 혼자 힘만으로 이 미세한 간격을 뛰어넘을 수 없기 때문에 시냅스에서 방출되는 신경전달물질의 도움을 받아서 화학물질로 바뀐 다음 건너편 시냅스의 하나인 '수용체 채널'을 통해 다시 한번 전기신호로 바뀐다. 도쿄대에서 두뇌를 연구하는 이케가야 유우지(池谷裕二) 박사는 이렇게 말한다.

> "시냅스란 전기신호 → 화학신호 → 전기신호라는 변환을 수행하기 위한 작은 공장이다. 이러한 변환의 전체 과정은 1,000분의 1초라는 놀랄 만큼 짧은 순간에 이루어진다. 생물은 이런 엄청난 메커니즘을 획득했기 때문에 지금까지 진화해 올 수 있었을 것이다. 시냅스의 전달구조는 수많은 생명 현상 중에서도 가장 아름답게 완성된 구조다. 동물은 모든 사고와 행동에서 신경세포의 지배를 받는다. 즉 '신경활동'이야말로 생명의 근원이라 할 수 있다. 따라서 그 신경세포 내에 이렇게 정교한 장치가 갖추어져 있다는 사실은 생각할수록 놀랍다."
>
> [이케가야 유우지, 『뇌, 기억력을 키우다』, 111p]

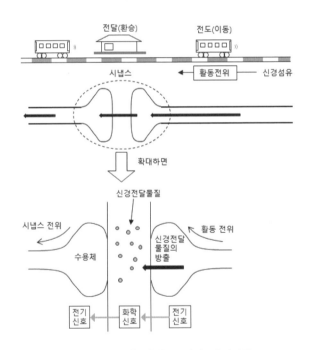

┃그림 3-3┃ 시냅스 전달 메커니즘

[이케가야 유우지, 『뇌, 기억력을 키우다』, 104p]

③ 시냅스 전달 과정은

- 활동전위 도착: 축색돌기를 따라 내려온 활동전위(전기신호)가 시냅스 말단에 도착한다.
- 칼슘이온 유입: 전압 개폐성 칼슘 채널이 열려 Ca^{2+} 이온이 뉴런 안으로 들어온다.
- 신경전달 물질 방출: 시냅스 소포에 저장된 신경전달물질이 시냅스 틈으로 분비된다.
- 수용체 결합: 신경전달 물질이 다음 뉴런(수용 뉴런)의 수용체와 결합하여 이온 채널을 열어 새로운 신호를 생성한다.
- 신호전달 종료: 신경전달 물질이 효소에 의해 분해되거나 재흡수되어 신호가 종료된다.

신경세포의 특징에 대한 기초 지식을 바탕으로 반복 훈련과 두뇌 회로망 사이의 관계를 살펴볼 필요가 있다. 여기서 반복 훈련이란 직업 세계에서 사람들이 저마다 전문가가 되기 위해서 들이는 노력을 뜻한다. 음악가나 운동선수, 예술가뿐 아니라, 직장인 등 대다수 사람들이 반복 훈련이 두뇌 회로망에 어떤 변화를 가져오는지에 대한 사전 지식을 갖고 있다면, 직업인으로서 어떻게 살아야 하는지에 대한 유익한 도움을 받을 수 있다.[1]

우리가 어떤 새로운 기술을 배울 때도 처음엔 어렵지만 반복할수록 자연스러워지는 것은 관련 신경망이 강화되고 최적화되면서 더 효율적으로 수행할 수 있다는 것을 의미한다. 꾸준한 연습과 경험이 쌓이면, 해당 신경 회로가 자동화되어 더 적은 노력으로도 원하는 결과를 얻을 수 있다. "연습이 곧 신경망을 만든다!"라는 말이 과학적으로도 맞는다고 할 수 있는 것이다.

---

[1] 공병호, 『10년 법칙』, 76p.

CHAPTER 3 차별화된 전문가 43

이것은 직업 세계를 살아가는 사람들에게 큰 의미를 지니고 있는 부분이다. 각 분야의 전문가로서 성공 여부가 바로 이 부분과 깊이 연결되어 있기 때문이다. 우리 인간의 뇌는 매 순간 자신이 기울이는 노력과 자신이 처한 환경에 따라 계속 재창조되고 적응해 나가고 있다는 것을 잘 알 수 있다.

앞 장의 사례에서도 보았듯이 내가 어느 한 분야의 탁월한 전문가가 되기 위해서는 반복 훈련이 반드시 선행되어야 가능하다.

PART 2

자기경영이 왜 필요한가

시간이 언제나 당신을 기다리고 있다고 생각하지 말라!
게을리 걸어도 결국 목적지에 도달할 날이 있을
것이라는 생각은 잘못이다.
하루하루 전력을 다하지 않고는
그날의 보람은 없을 것이며,
최후의 목표에 도달하지 못할 것이다.

-요한 볼프강 괴테-

2

CHAPTER 4

일만시간의 법칙

우리가 자기경영계획을 세우는 목적은 내가 하고 싶고 잘할 수 있는 분야에서 남들과 차별화된 전문가가 되는 것이다. 그리고 그것을 통하여 신이 나에게 주신 사명을 다해나가는 것이다. 앞 장에서는 내가 하고 싶고 잘할 수 있는 것을 어떻게 찾고, 어떻게 하면 전문가가 되는지 사례를 살펴보았다. 4장에서 어느 한 분야의 전문가가 되기 위하여 필수적인 일만시간의 법칙과 사례를 살펴보고, 5장에서는 자기경영계획을 세우는 방법에 대하여 다루고자 한다.

일만시간의 법칙이란 무엇이고 왜 필요한가? 어떤 분야에서 10년 전후의 지속적이고 집중적인 노력을 한다면, 그 분야에서 뛰어난 사람(대가)이 될 수 있다는 것이다. 물론 그 분야는 나의 탤런트가 있는 분야이거나, 내가 하는 일 중에서 잘할 수 있는 것을 찾아 그것에 집중적으로 투자한다는 것이 전제되어야 가능하다. 즉 내가 하고 싶은 잘할 수 있는 일을 찾아서 자기경영계획을 세우고, 일만시간의 법칙을 적용하여 꾸준히 노력하고 실천한다면, 그 분야의 전문가가 될 수 있다는 의미이다.

일만시간의 법칙이란?

일만시간의 법칙은 1993년 스웨덴의 심리학자인 안데르스 에릭슨(Anders Ericsson) 박사의 연구 논문에서 처음 제시되었다. 그 뒤를 이어서 앤드류 카슨(Andrew D. Carson) 박사가 직업인의 성공에 대한 연구를 통하여 더욱 발전시켰고, 말콤 글래드웰의 책 『Outliers』를 통하여 일반에게 널리 알려지고 보급되었다. 그리고 신경과학자 다니엘 레비틴은 뇌의 학습과 적응 과정에 대한 연구 및 사례를 통하여 일만시간의 법칙을 뒷받침하고 있다.

이 분야에서 선구자적인 연구를 이끌어 온 스톡홀름 대학교의 안데르스 에릭슨(Anders Ericsson) 교수는 일만시간의 법칙(The 10,000 Hours Rule)을 "어떤 분야에서 최고 수준의 성과와 성취에 도달하려면 최소 일만시간 정도의 집중적인 정교한 훈련을 해야 한다."고 정의한다. 안데르스 에릭슨은 1993년에 발표한 '재능논쟁의 사례 A'라는 연구에서 바이올린을 배우는 베를린 음악 아카데미 학생들을 대상으로 연습시간과 실력 사이의 관계를 분석하였다. 그는 베를린 음악 아카데미의 바이올린을 배우는 학생들을 세 그룹으로 나누었다. 첫 번째 그룹은 세계적인 연주자가 될 가능성이 있는 학생들, 두 번째는 훌륭한 연주자가 될 가능성이 있는 학생들, 세 번째는 음악 교사가 될 가능성이 있는 학생들로 나누었다. 그리고 학생들이 연습에 얼마나 많은 시간을 투자했는지 연습시간을 기록하고, 실력을 평가하여 분석했다.

각 그룹의 20세까지의 총연습 시간을 분석한 결과, 첫 번째 그룹은 약 일만시간, 두 번째 그룹은 약 8,000시간, 세 번째 그룹은 약 4,000시간이었다. 이 연구는 재능보다는 꾸준한 연습이 성취에 더 중요한 역할을 한다는 결론을 내리고 있으며, 에릭슨은 이를 통해 "재능"이 아닌 "사려 깊은 연습(Deliberate practice)"이 전문가가 되는 핵심이라고 강조한다. 그는 재능이 아무리 뛰어나다고 해서 전문가가 될 수 없으며, 꾸준한 연습과 피드백을 통해 실력을 향상시키는 것이 중요하다고 주장한다. 즉 재능보다는 꾸준한 노력과 체계적인 연습이 전문가가 되는 데 더 중요한 요소라는 의미이다.

에릭슨 박사의 연구에 바탕을 두고 직업인의 성공을 연구해 온 앤드류 카슨(Andrew D. Carson) 박사는 2012년 발간된 『Expertise』라는 책에서 '10년 법칙'을 다음과 같이 주장하고 있다.

> "어떤 분야에서 세계적인 수준으로 자신을 자리매김하기를 원하는 사람이라면, 그 분야에서 지속적이고 정교한 훈련을 최소한 10년 정도 해야 한다."
>
> [Andrew D. Carson, 『Expertise』]

이 책에서 그는 전문성과 성공을 달성하기 위한 시간적 기간을 강조하며, 어떤 분야에서 최고 수준의 성과와 성취를 이루려면 최소 10년 정도의 집중적인 사전 준비와 훈련이 필요하다고 주장한다. 그는 꾸준한 연습(단순한 반복 연습이 아니라 목표 지향적이고 체계적인 연습), 피드백(지속적인 피드백을 통해 자신의 기술을 개선해 나가는 과정), 시간의 투자(10년 동안 꾸준한 노력)를 통하여 전문가가 될 수 있다는 점을 강조하고 있다. 예를 들어, 음악가가 새로운 곡을 연습할 때, 단순히 반복해서 연주하는 것이 아니라, 어려운 부분을 집중적으로 연습하고, 피드백을 받아 개선하는 과정을 거친다는 것이다. 앤드류 카슨 박사는 한 분야에서의 지속적이고 정교한 훈련을 통해 세계적인 수준으로 자리매김하는 것이 가능하다고 강조한다.

신경과학자 다니엘 레비틴(Daniel Levitin)은 특정 분야에서 세계적인 전문가가 되기 위해서는 최소 일만시간의 연습이 필요하다고 주장한다. 레비틴이 작곡가, 야구선수, 소설가, 피아니스트 등 다양한 분야를 조사해 보니, 어느 분야에서든 일만시간보다 적은 시간을 연습하고 세계수준의 전문가가 된 경우는 찾아볼 수 없었다. 인간의 두뇌가 진정한 숙련자의 경지에 도달할 때까지는 일만시간 정도의 시간을 요구하는 것인지도 모른다고 그는 해석했다. 일만시간은 하루에 3시간, 주 20시간씩 10년 동안 연습해야 나오는 분량이다.

한 시대를 풍미했던 전설적인 밴드 비틀즈, 그들도 알고 보면 타고난 천재는 아니었다. 그들을 세계적인 밴드로 만든 것은 함부르크 시절의 연습량이었다. 비틀즈가 고교 록밴드에 불과했던 1960년, 그들은 독일 함부르크로 초대를 받았다. 그리고 그곳의 여러 클럽에서 엄청난 시간을 연주하였다. 일주일에 7일을 하루에 8시간 이상씩 무대에 서서 연주하였다. 매일 연습이 아닌 연주를 한 것이다. 함부르크에서 돌아온 비틀즈는 달라져 있었다. 그리고 1964년부터 성공가도를 달리기 시작했다. 비틀즈의 함부르크 시절과 일만시간의 법칙은, 노력이 필요 없는 타고난 천재는 없으며 모든 일류들은 각자 자신만의 함부르크 시절을 보낸다는 것을 확인할 수 있다.

빌 게이츠는 중학교 시절부터 컴퓨터 프로그래밍에 많은 시간을 투자했으며, 일만시간 이상의 연습을 통해 마이크로소프트를 창업하고 성공적인 사업가가 될 수 있었다.

다니엘 레비틴은 뇌의 학습과 적응 과정을 설명하면서 일만시간의 법칙을 뒷받침한다. 꾸준한 연습과 체계적인 훈련을 통해 뇌는 새로운 기술을 습득하고, 이에 적응하면서 성과를 극대화할 수 있다는 것이다. 여기서 체계적인 연습은 단순한 반복이 아니라 명확한 목표와 피드백을 통해 이루어져야 한다.

저자는 얼마 전 한 유명한 연주가의 피아노 독주회에 갈 기회가 있었다(임현정의 세계 최초 라흐마니노프 콘체르토 독주회, 2024.4). 연주가는 거의 3시간 동안 러시아 작곡가 라흐마니노프의 전곡을 쉼 없이 연주했다. 그것도 악보를 보지 않고 때로는 미친 듯이 강하고 약하게, 때로는 높은 음과 낮은 음으로, 또 짧고 길게, 건반 위에서 두 손은 격정적으로 건반을 두드려 댔다. 악보의 수많은 그 음 하나하나에 온몸으로 느끼고 반응하는 것을 보았다.

3시간의 연주를 직접 보면서 아 저것이 세계적인 연주가의 연주구나, 자기만의 차별화된 전문가라는 생각이 들면서, 여기서 말하는 일만시간의 법칙이 적용된 것을 직접 느낄 수 있었다. 그 연주자는 아마도 매일 6시간 이상을 눈이 오나 비가 오나 하루도 빼먹지 않고 연주했을 것이다. 매일 쉼 없이 건반을 두드린다는 것이 얼마나 힘든 작업인가. 연습하는 중간중간에 하기 싫고 지루하고 힘들고, 수없이 어려운 순간이 많았을 것이다. 그는 아마도 그 작업을 연주가라면 매일 해야 하는 육체노동이라고 표현할 것이다. 그러나 그 과정을 온전히 이겨내고 자기만의 음악 세계를 스스로 만들어 내고, 그리고 그것을 객석에서 청중 앞에 거침없이 연주해 낸 것이다. 그 연주가는 본인이 갖고 있는 우주적 떨림을 피아노를 통하여 온전히 표출해내고 전달한 것이다.

우리가 전문가로 인정을 받는 박사(Ph.D)의 경우를 예로 들어보자. 대학원에서 정상적으로 박사학위를 받기 위해서는 4년에서 5년 정도의 수학기간이 필요하다. 이는 연구실에 틀어박혀서 하루에 6시간이나 8시간씩, 5년이나 4년을 공부해야 한다는 의미이다. 즉 박사학위를 받으려면 자기의 전공 분야와 관련하여 최소 하루에 8시간 이상을 연구실 내 책상에 붙어 앉아서 집중적인 학습을 해야만 가능한 것이다. 물론 박사학위를 받고도 회사에 입사하면 추가로 현장의 실무지식(domain knowledge)을 익히는 데 집중적인 투자를 해야만 그 분야의 진정한 전문가로 성장해 나갈 수 있다.

이와 관련하여 『아웃라이어』의 저자 말콤 글래드웰(Malcolm Gladwell)은 성공에 대한 잘못된 신화를 깨뜨려야 한다고 주장한다. 그는 제일 똑똑한 사람이 성공한다는 생각은 그릇된 신화에 불과하며, 실제로는 재능에 더해진 '연습'이 가장 중요하다고 주장한다.

다중지능 이론의 창시자인 교육심리학자 하워드 가드너(Howard Gardner)는 『Creating Minds(열정과 기질)』이라는 책에서 창의적 인물의 삶을 깊이 있게 분석하였다. 대표적으로 일곱 명의 창의적 인물(지그문트 프로이트, 알베르트 아인슈타인, 파블로 피카소, 이지 프르스트, T.S. 엘리엇, 마사 그레이엄, 마하트마 간디)들의 삶을 통해 창의적 성과를 이루기 위해 필요한 다양한 요소를 탐구하였다. 여기에는 열정, 헌신, 지적인 호기심, 사회적 환경 등이 포함된다. 가드너는 이들이 창조적 성과를 이루기 위해 필요한 것을 10년 법칙과 파우스트적 거래라는 개념으로 소개하고 있다. 여기서 파우스트적 거래는 가드너가 창의적 성취를 이루기 위해 큰 개인적 희생을 치르는 과정을 설명하기 위해 사용한 개념이다. 창의적인 성취는 일상적 삶의 많은 부분을 희생하는 것을 요구할 수 있으며, 이러한 거래는 결과적으로 큰 성공을 가져다준다고 보았다. 그들이 높은 성취를 이루기 위해서는, 개인적인 시간을 포기하거나, 때로는 인간관계에서 희생을 감수하는 것을 의미한다.

10년 법칙은 최고 수준의 전문성을 달성하기 위해서는 최소 10년간의 집중적이고 의도적인 연습이 필요하다는 개념이다. 이 법칙은 창의적 성취를 이루기 위해 지속적이고 체계적인 훈련이 필요함을 강조하고 있으며, 이 과정에서 개인적인 시간과 노력이 투입되고 이는 파우스트적 거래와 연결될 수 있다. 즉 성취를 위해 긴 시간 동안의 노력과 개인적 희생이 필요하다는 점에서 두 개념은 서로 유사하다고 볼 수 있다. 파우스트적 거래와 10년 법칙은 성취를 위해 필요한 지속적인 노력과 희생을 설명한다. 즉 창의적 성과를 이루기 위해서는 긴 시간 동안의 집중적인 훈련과 노력이 필요하며, 이는 일상적인 삶의 많은 부분을 포기해야 한다는 것을 의미하고 있다.

가드너가 주장하는 다중지능 이론은 인간에게는 여러 종류의 독립적인 지능이 존재한다는 것이다. 이는 곧 사람들이 다양한 지능을 결합하여 창의적인 성과를 이룰 수 있음을 시사하는 것으로, 개인의 강점을 이해하고 이를 기반으로 자신을 발전시키는 것이 중요하다는 점을 강조한다. 10년 법칙과 다중지능 이론의 관계를 보면 10년 법칙은 전문성을 개발하기 위해 필요한 시간을 강조하는 반면, 다중지능 이론은 개인이 가진 다양한 지능을 이해하고 이를 통해 성장할 수 있다는 점을 강조한다. 따라서, 다양한 지능을 바탕으로 한 집중적인 훈련이 창의적 성취를 이루는 데 중요한 역할을 한다고 말하고 있다.[2]

가드너가 언급한 창의적 인물들의 활동은 우선 두뇌의 특정 영역에서 이루어지는 혁명과 가까운 움직임이 없다면 있을 수 없었다. 세계사에 큰 획을 그은 인물들의 활동과 직업인으로서 이루는 큰 성공에는 뚜렷한 공통점이 있다. 특정 인물이 모든 분야에서 두각을 나타낼 수는 없다. 마찬가지로 직업인 역시 모든 분야에서 성과를 거둘 수 없다. 아주 제한적인 분야에서 성취와 업적이 뛰어난 사람이 성공을 거둘 수 있는 것이다. 세일즈 업계에서 성공을 거두는 일이나, 현장 최고의 엔지니어로 남들보다 뛰어난 성과를 내는 일, 훌륭한 작가나 음악가, 화가로 두각을 나타내는 일, 뛰어난 운동선수로 활약하는 일, 이 모든 것은 두뇌에서 일어나는 특정 영역(specific domain)과 관련된 결과다.

두뇌의 특정 영역에서 혁명적인 변화를 일으킬 수 있는 비법은 무엇일까.

10년 법칙은 우수한 지능을 타고난 사람이 아니라도 얼마든지 특정 영역에서 발군의 실력을 발휘할 수 있다는 사실을 말해 준다. 아무리 평범한 직장인이라도 내가 하는 일 중에서 내가 잘하는 일을 찾아내어 그 분야에 집중적이고 정교한 훈련을 한다면 뛰어난 전문가가 될 수 있다는 의미이다. 즉 직업인으로서의 성공은 타고난 능력의 차이보다는 일만시간의 의도적인 노력 여하에 따라 달려 있다고 할 수 있다. 물론 그러한 노력과 성취를 위하여는 그 과정에 개인적인 희생이 뒤따르는 것 또한 감내해야 할 것이다.

---

2) 하워드 가드너, 『열정과 기질』, 79p.

일만시간의 집중적인 연습이 전문가로 만든다

이츠하크 펄먼(Itzhak Perlman)은 1945년 이스라엘에서 태어난 이스라엘계 미국인 바이올린 연주가로서 20세기 후반의 가장 뛰어난 바이올린 연주가 중 한 명으로 손꼽힌다. 그는 바이올린 연주와 교육에서 전설적인 인물로, 그의 연습 방법은 많은 음악가들에게 영감을 주고 있다. 펄먼은 4살 때 소아마비로 왼쪽 다리가 불편했지만, 5세부터 바이올린을 시작하여 줄리어드 음악 학교에서 공부하며 실력을 쌓았고, 모든 어려움에도 불구하고 꿈을 이루어냈다. 이츠하크 펄먼(Itzhak Perlman)의 성공 비결은 그의 타고난 재능, 끈기, 체계적인 연습 방법, 그리고 음악에 대한 깊은 열정에 있으며, 특히 체계적이고 꾸준한 연습(practice)을 한 것으로 잘 알려져 있다. 그는 매일 꾸준히 연습하며, 체계적으로 자신의 기술을 향상시켰다. 그의 끈기와 인내, 그리고 연습 방법은 그의 성공에 중요한 역할을 하는데, 그는 느린 속도로 연습하는 것을 강조하여, 정확한 기술과 세밀한 표현을 연마했다.

그에게 연습이란 양이 문제가 아니라 정교하게 이루어지는, 질과 양이 결합된 연습만이 진정한 연습이라고 말한다. 참나무 판에 한 자 한 자 조각하듯이 두뇌 속에 한 음 한 음 새기듯이 연습해야만 자신이 원하는 전문가로 성공할 수 있다는 뜻이다. 다음 그의 이야기는 직업 세계에서 성공하기를 바라는 모든 사람이 깊이 새겨들어야 할 조언이다. 어떻게 일하고 경험해야 하는지 그는 다음과 같이 말하고 있다.

내가 평생토록 제자들에게 강조한 것 역시 '연습'이라는 단어다. 사소해 보이지만 연주자에게 연습만큼 중요한 것은 없다. 리브카 골드가르트 부인(이츠하크 펄만에게 13년 동안 바이올린을 가르친 음악학교 교사로, 펄만에게 늘 연습을 강조함)과 마찬가지로 내게도 젊은 음악도들을 연습시킬 때 특별한 규칙이 있다. 반드시 박자를 지켜 가며 천천히 연습해야 한다는 것이다. 아무리 많은 시간을 연습에 투자해도 전혀 실력이 나아지지 않는다며 불평하는 학생들이 있다. 이런 경우 어떤 식으로 연습했는지 보여 달라고 하면 십중팔구 지나치게 빠른 박자로 연습한 경우가 많다. 그 이유를 알기 위해선 손가락으로 미세한 음을 반복할 때 뇌의 움직임을 살펴볼 필요가 있다. 예를 들어 파가니니(N.Paganini)의 복잡한 악절처럼 복합적인 정보를 습득하기 위해 뇌는 반드시 확실하고 정교한 입력을 요구한다. 그런데 바이올리니스트가 복잡한 악절을 미친 듯 내달리며 연습할 경우 뇌는 필요한 정보를 정확히 받아들이지 못해 결국 제대로 된 정보를 손가락으로 전달할 수가 없다. 학생들에게 느린 박자로 연습하라고 하는 건 이 같은 이유 때문이다. 연습이란 음악가의 실력을 키워 주는 것 외에도 궁극적으로 음악가 자신과 맺은 중요한 약속이다. 음악이든 수학이든, 혹은 테니스의 백핸드 기술이든, 자신이 관심을 갖고 있는 일에서 진정한 실력자가 되고 싶다면 최고가 되겠다는 목표를 세우고 아낌없이 시간을 투자할 수 있어야 한다.

[말로 토마스, 『나를 바꾼 그때 그 한마디』, 356~357p]

이츠하크 펄먼(Itzhak Perlman)의 연습 방법을 보면 첫째, 의도적 연습으로, 단순히 반복하는 것이 아니라 목표를 가지고 체계적으로 접근하는 연습을 강조한다. 이는 일만시간의 법칙의 핵심 요소인 의도적 연습과 일치한다.

둘째, 지속적인 노력이다. 펄먼의 연습 방법은 매일 꾸준히 연습하는 것을 중요시한다. 일만시간의 법칙 역시 장기간의 꾸준한 노력을 통해 전문성을 쌓는 것을 강조한다.

셋째, 피드백과 개선이다. 펄먼은 연습 과정에서 피드백을 받고 이를 바탕으로 자신의 연주를 개선한다. 이는 일만시간의 법칙에서 강조하는 피드백의 중요성과도 깊은 연관이 있다.

넷째는 기술적 능력 향상이다. 펄먼의 연습 방법은 기술적 능력을 극대화하는 것을 목표로 한다. 일만시간의 법칙 역시 특정 기술을 연마하고 발전시키는 데 필요한 시간을 강조하고 있다.

이츠하크 펄먼(Itzhak Perlman)의 연습 방법과 다니엘 레비틴(Daniel Levitin)의 일만시간의 법칙은 모두 장기적이고 집중적인 연습을 통해 최고의 성과를 이루는 것을 목표로 한다. 펄먼은 그의 연습 방법을 통해 세계적인 바이올리니스트로서의 명성을 쌓았으며, 이는 일만시간의 법칙이 주장하는 꾸준한 연습과 노력의 중요성을 잘 보여준다. 즉 어떤 분야에서 최고 수준의 전문성을 달성하려면 최소 일만시간의 의도적 연습이 필요하다는 잘 알 수 있다. 이 두 개념은 전문성과 성취를 이루기 위해 필요한 지속적인 노력과 체계적인 연습의 중요성을 강조하며, 많은 사람들에게 영감을 주고 있다.

나는 교수이면서 작가로 활동하고 있다. 그러나 그중에서도 작가로서의 능력과 강연가로서의 능력 배양에 가장 많은 시간을 쏟는다.

작가로서의 능력은 그야말로 연습의 산물이다. 다른 사람들처럼 학창 시절 특별한 훈련을 받은 것은 아니다. 논술이나 글짓기, 작문에 대해 특별 교육을 받은 적은 없다. 내가 처음으로 책을 내게 된 것은 강단에서 강의하면서 저자 직강을 하기 위한 목적이었다. 내가 관심 있는 경영학을 강의하고 학생들 가르치면서 수많은 사례들을 수집하고 교재를 참조하여 강의자료를 만들어 강의하였다. 그러나 강의교재는 내가 저술한 교재가 아니었다. 내가 강의하고 싶은 내용들이 들어가 있는 교재를 찾을 수가 없었다. 나는 내가 직접 저술한 교재를 사용하여 강의하고 싶었다. 그렇게 몇 년을 준비하여 나는 책을 쓰기 시작하였다. 강의하는 주제에 맞추어 사례를 수집하여 스토리를 구성하고, 쓰는 작업을 수없이 반복하였다. 그리고 3년 만에 내 책을 들고 강의를 할 수 있었다. 나는 그날을 잊을 수가 없다. 2017년 겨울방학, 계절학기를 막 시작하는 날짜에 맞추어 빠듯한 일정으로 책을 만들어 내었다. 강의 시작하던 날 이번 학기 강의는 내 책을 주교재를 사용하여 강의한다고 공지하고, 새로 나온 책을 학생들에게 보여주며 강의를 시작하였다.

내 책은 이론적으로 깊이 있는 어떤 새로운 학설을 만들기보다, 기본적으로 알아야 하는 이론과 기업을 경영하면서 발생하는 실제 사례 위주로 구성되었다. 경영학은 대부분 기업 활동과 맞물려서 태동되었다고 봐야 하고, 기업을 경영하는 데 가장 많이 적용되어 왔다. 내 책은 경영학을 처음 접하게 되는 비전공 학생들이나 직장인들에게 쉽게 다가갈 수 있고, 많은 인기를 얻게 되었다. 나는 그곳에서 4년을 강의하고 나오면서 내가 생애 처음으로 만든 책 한 권을 들고 나왔다.

지금도 나는 거의 하루도 거르지 않고 아침에 일어나면 책을 쓰는 작업을 한다. 내가 회사에서 경험한 내용과 학교에서 강의하고 연구한 자료들, 그리고 새로 나오는 최신의 기술과 기업사례들이 내 책의 소재가 된다. 나는 그 자료들을 정리하여 가다듬고, 그것에 내 생각을 더하여 책을 쓰는 시간이 즐겁다. 많은 사람들에게 새로운 정보를 알려주고 지식을 공유하는 작업은 또 하나의 사회적 공헌이자 나의 소명이다. 그것이 내가 하고 싶고, 또 잘할 수 있는 일이기 때문이다.

강의도 마찬가지다. 수없이 강의를 반복하면서 수강생들의 니즈와 수준을 파악하고, 이들에게 맞는 적절한 콘텐츠를 구성하고, 이해될 수 있도록 전달하는 능력 또한 또 다른 지적 프레임워크에 해당한다. 내가 강의를 처음 시작할 때는 그날그날 해야 할 분량을 정해놓고 진도를 나가기에 급급했다. 그것은 배우는 학생들을 배려하지 않은 일방적인 주입식 교육이었다. 학생들이 어려워하고 진도를 따라오기 힘든 것은 당연한 일이었다. 어느 해인가 한번은 학생들의 강의평가를 받아보고 나는 큰 충격을 받았다. 그러고 나서 나는 그전까지 해오던 강의방식을 바꾸었다. 주입식 교육이 아니라 학생의 눈높이에 맞추어 진도를 나가고, 핵심내용 위주로 최대한 알기 쉽게 설명하였다. 항상 수강생의 수준을 파악하려 노력하고, 그에 맞추어 강의 내용과 분량을 조절하였다, 그날 해야 할 강의량보다 강의 후에 학생들이 얼마나 이해하느냐를 가장 우선적으로 고려하였다, 그리고 어려운 내용들은 사례를 사용하여 최대한 알기 쉽게 설명하였다. 강의를 요청받으면 나는 반드시 필요한 정보를 사전에 알려달라고 요구한다. 그러면 대상이 어떤 사람이며 무엇을 원하는지, 눈높이를 어디에 맞출 것인지, 내가 어떤 내용을 들려주면 효용 가치가 가장 높은 강의가 될 수 있는지 추측할 수 있다. 이 모든 능력은 횟수가 반복되면서 훨씬 더 정교해지고 다듬어지고 있다는 느낌을 받는다.

앞 장에서 살펴본 구본형의 경험이나, 나의 경험은 모두 보편적으로 직업인의 성공에 필수적인 과정이고 거쳐야 하는 절차라고 생각한다. 성공한 이들은 모두 자기 분야의 전문가로서 집중적이고도 정교한 반복적 훈련을 통하여 두뇌를 그 분야에 특화되도록 세뇌화시키고, 이를 통해서 최고의 성과를 이루어 낸 것이다.

선형함수적인 성장과 지수함수적인 성장

대학을 졸업한 두 젊은이가 같은 회사에 신입사원으로 입사했다. 두 사람이 입사는 같지만 이후 10여 년이라는 기간을 어떤 마음으로, 어떤 방법으로 일하느냐에 따라 직업인으로서의 성공 여부가 달라질 것이다.

먼저 A는 대부분의 직장인들과 마찬가지로 수동적인 자세로 일한다. 자기에게 주어진 최소한의 의무만 다하는 방법으로 일한 것이다. 물론 그 바탕에는 대학을 졸업하고 어려운 관문을 뚫고 회사에 입사했으니, 이제는 좀 즐기자는 심리도 작용할 것이다. 일에 대한 열정보다는 많은 모임이 기다리고 있다 보니, 퇴근 시간만 되면 총알같이 퇴근하기 바쁘다. 부서 회식, 동기 모임, 친구, 선후배 모임 등 일주일간 스케줄이 꽉 차 있다. 바쁘게 한 주, 한 달, 일 년이 후딱 지나간다. A에게는 지금의 직무가 내 적성에 맞는지, 그 일을 잘하려면 더 필요한 지식이 무엇인지 생각해 볼 여력도 관심도 없다. 그에게 일이란 그저 급여를 받는 것에 대한 의무일 뿐, 내가 받은 만큼만 하면 되는 것이다. 나에게 주어진 일을 기간 내에 충실히 하면 되는 것이다. 이따금 미래가 불안하기도 하지만 그것도 잠시뿐, 그로 인한 어떤 자극이나 변화도 일어나지 않는다. 업무에 대한 만족보다는 사적인 모임과 여가 생활을 하는 것에 더 보람과 즐거움을 느끼곤 한다. A의 두뇌에서는 어떤 변화가 일어날까? 세월이 가고 경험이 쌓이면서 업무 관련 지식이 조금씩 축적되고 나아질 것이다. A와 같은 사람은 평범한 샐러리맨으로 선형함수적인 성장을 한다고 말할 수 있다.

한편, B는 다수의 직장인들이 내리는 선택과 다른 길을 가기로 결심했다. 처음부터 무엇을 해야겠다는 목표가 있었던 것은 아니지만, 우선 닥치는 대로 열심히 일했다. 이것저것 직장에서 제공되는 각종 교육이나 세미나, 전시회 등 참여할 수 있는 모든 일에 적극 참여해 본다. 그는 적극적이고 진취적으로 일을 찾아서 하는 스타일이다. 결코 현실에 안주해서는 안 되며, 꾸준히 자기개발도 같이 해 나간다. 담당하는 업무에 대한 실무지식 습득 및 어학 공부도 게을리하지 않는다. 물론 그도 역시 회사 내 많은 회식과 모임에 노출되지만, 그는 그것들을 적절히 제어할 줄 안다. 공과 사를 구분하여 꼭 필요한 모임에만 참석하고, 그것도 다음날 일하는 데 지장이 없는 범위 내에서만 참석한다. 그는 지금의 직장이 자신의 미래를 만들어가는 데 큰 도움을 주는 장소라고 생각한다. 미래가 불확실하지만 B는 계속 자신의 강점을 발휘할 수 있는 분야가 무엇인지, 무엇을 더 배워야 하는지, 앞으로 무엇을 하며 살아야 하는지 끊임없이 모색하면서 하루하루 열정을 다해 생활한다. 그러다 보니 그의 퇴근 시간은 다른 사람들에 비해 현저히 늦다. 그러나 그는 어느 누구에게도 불평하지 않는다. 근로 시간은 회사를 위한 것이기도 하지만, 동시에 자신을 위한 투자라고도 생각하기 때문이다. 일을 하나씩 마무리하면 그 자신이 또 다른 일을 찾아내든지, 아니면 위에서 더 많은 수명 업무가 주어지고 폭넓은 경험을 하게 된다. 그 스스로 하나의 목표를 달성하면 한 단계 더 높은 목표를 설정하고 도전해 나간다. 무엇보다도 중요한 것은, B에게는 내 분야의 전문가가 되고, '꼭 성공하겠다'는 강한 목표와 성취감이 자리 잡고 있다. 입사 초기에는 B도 의무감에서 일하기 시작했지만, 점점 일하는 재미뿐 아니라 성과를 내게 되고, 자기 능력도 커지고 있음을 알게 된다. 그래서 더 열심히 하는 일에 전력을 다한다. 나는 B와 같은 삶을 사는 사람들을 지수함수적인 성장을 한다고 표현한다.

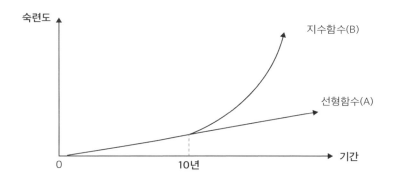

■ **그림 4-1** ■ 입사 10년 후의 성장 곡선

　A의 두뇌 속에서 업무와 직간접으로 관련된 지식은 점진적인 축적, 즉 개선 정도에 머물고 만다. 그러나 B의 두뇌 속에 있는 관련 지식은 지수함수적으로 급속하게 증가한다. 일만시간의 법칙에 따르면 10년을 전후한 시기를 중심으로 급속히 증가하는 현상이 일어나게 된다. A와 B의 성장 곡선을 비교해 보자. 처음 두 사람의 능력 차이가 있을지 모르지만, 10년까지는 커다란 격차를 보이지 않을 것이다. 그러나 일단 변곡점에 해당하는 10년이 되면, A와 B의 차이는 기하급수적으로 크게 벌어질 것이다. 한 사람은 평범함의 길을, 다른 사람은 비범함의 길을 걸어가게 되는 것이다. 두 사람 중 B는 자기가 원하는 인생을 만들어 낼 수 있다. 그는 직장 내에서 전문가로서 인정받게 되고, 그에 걸맞은 지위와 역할이 주어지며, 경제적인 보상이 뒤따를 것이다. 물론 일에 대한 즐거움과 성취욕, 그리고 행복감이 함께하게 된다.[3]

　그러나 안타깝게도 대부분의 직장인들은 A와 같은 인생을 살고 있다. 그것은 사회생활을 시작하면서 직업이나 직장을 선택할 때 내 의사와 상관없이 선택되는 구조적 문제에서 출발한다고 봐야 할 것이다. 한발 더 나아가 대학이나 전공을 선택할 때 나의 적성이나 잘하는 것을 찾기보다는 당시의 수능성적에 따라 선택되어 진다는 것이 더 큰 문제의 시발점이라고 할 수도 있다. 그

---

3) 공병호, 『10년 법칙』, 51p 재편집.

래서 나는 '사회구조가 문제다', '개천에서 용 난다', '금수저 집안에서 금수저 나고, 흙수저 집안에서 흙수저 난다' 등과 같은, 판에 박힌 주장을 신봉하지 않는다.

여기서 10년이라는 그 각성의 순간은 언제 찾아오는가, 그 각성의 순간은 사람마다 다르게 발현될 수 있다. 어떤 사람은 일찍부터 자신의 재능을 찾아 그 분야의 전문적인 교육을 받는가 하면, 어떤 사람은 40대, 50대가 되어서야 뒤늦게 찾는 사람도 있다. 그러나 늦었다고 아쉬워할 필요가 없다. 인생의 어떤 시점에서든지 '일만시간의 법칙'은 의미가 있기 때문이다. 늦게 깨우쳤다면 그때부터 시작하면 되는 것이다. 중요한 것은 각성의 순간 이후 10년을 어떻게 보내느냐는 문제로 해석하면 된다.

변화경영 전문가인 구본형씨는 40대 후반에서야 회사를 때려치우고 1인 기업가의 길로 들어섰다. 나 또한 40대 후반에서야 내가 하고 싶은 전공을 찾아 학교의 문을 두드리고 박사과정에 들어갔다. 그리고 뒤늦게서야 그 분야의 공부를 계속하였다.

그러면 우리가 직업인으로서 성공하려면 초기 10년 동안 무엇을 해야 할까? 안데르스 에릭슨 교수의 주장을 한마디로 요약하면 '정교한 연습(deliberate practice)'이다. 최소한 10년 전후의 집중적이고 정교한 연습을 해야만 전문가로서 성공할 수 있다는 말이다. 여기서 말하는 강도 높은 정교한 훈련은 직무 분야별로 직업별로 획일적으로 같을 수는 없다. 그러나 반복적인 습관의 힘을 이용하고, 끊임없이 배우는 자세와 치열한 자기관리는 가장 기본적인 덕목이라 할 수 있다.

앞의 사례에서 보았던 최고의 기수 박태종씨는 매일 새벽 4시에 기상하여 말을 타고, 본인의 경주와 다른 기수의 경주 장면 그리고 실패한 사례를 끊임없이 학습하였다. 매일 반복적인 체력훈련을 하고 술과 담배를 입에 대지 않음은 물론이고, 9시 전에 잠자리에 드는 치열한 자기관리를 해온 덕분에 50세가 넘어서까지 그 자리를 유지할 수 있었다.

변화경영 전문가로 잘 알려진 구본형씨 또한 매일 새벽 4시에 일어나서 2시간 이상 글을 쓴 것으로 유명하다. 매일 4시에 일어나려면 대부분의 사람들이 누리는 저녁이 있는 삶은 포기해야 가능할 것이다. 그러나 그는 "글쟁이는 쉼 없이 글을 써야 한다."라고 말하며, 매일 습관의 힘으로 글을 쓰고 일 년에 한 권씩 책을 출간하였다. 그리고 그 중의 일부는 베스트셀러가 되어 많은 독자의 사랑을 받고 있다.

이들은 공통점은 다른 사람들이 볼 때는 지독하다고 말할 정도로 자기만의 방식으로 하는 정교한 훈련을 반복적으로 실행하고 또 실행한 사람들이다. 물론 대부분의 사람들이 일반적으로 누리고 살아가는 일상의 소소한 행복들은 모두 포기하고 철저한 자기관리가 뒤따랐음은 두말할 필요가 없다.

직업적 성공에 필요한 요소는 특정 능력과 깊은 관련이 있다. 이런 능력들은 두뇌의 특정 부분과 연결되어 있기 때문에 '정교한 연습'이 반복적이고 지속적으로 이루어지면, 특정 부분과 직간접으로 연결된 두뇌 회로가 연습하지 않을 때에 비해 특정 기능을 더욱 잘 수행할 수 있도록 재구성된다. 연습하지 않을 때의 두뇌 회로가 성글게 이루어져 있었다면, 집중적인 연습 이후에는 회로가 점점 더 세밀하게 바뀌어 가는 것이다.

직업적 성공을 연구하는 학자들은 특정 분야에서 축적하는 양적인 경험이나 지식은 그다지 중요하지 않다고 주장한다. 단지 특정 분야에서 몇 년간 일했다는 것이 직업적 성과와는 그다지 관련이 없으며, 중요한 것은 일의 방향성과 성과를 내기 위해 들어간 과정의 정성과 정교한 노력이라고 말하고 있다.

일본의 장인정신

오늘날 세계 최고의 기술력과 경제대국을 자랑하는 일본의 저력은 장인정신에서 시작되었다고 볼 수 있다. 일본의 장인정신, 또는 "타쿠미(匠の精神)"는 깊은 역사적 뿌리와 문화적 배경을 가지고 있는데, 장인정신은 수 세기 동안 전통적으로 이어져 오며, 현대에 이르기까지도 그 중요성과 영향력을 잃지 않고 있다. 일본 장인정신의 특징과 원동력, 그리고 사례를 살펴보자.

1. 한 우물만 판다.

일본에는 한 분야에서 최고의 기술력을 갖춘 중소기업은 물론 장인들이 많은 것으로 잘 알려져 있다. 우리가 잘 아는 음식점만 해도 몇 대째 그들만의 노하우를 보존하며 수백 년을 이어져 내려오는 음식점들이 많이 있다. 그 배경을 살펴보면 그들의 혈연보다 가업을 중시하는 문화와 장인정신이 있었기에 가능하다고 할 수 있다. 100년 이상 된 기업이 약 33,000개이고, 200년 이상 된 기업이 약 3,100개, 500년 이상 된 기업이 약 200개, 그리고 1,000년 이상 된 기업도 8개나 된다.

대표적인 1,000년 이상 된 기업을 보면
- 곤고구미(Kongō Gumi, 578년 설립): 세계에서 가장 오래된 기업이다. 일본 오사카에 위치한 건설회사로 주로 불교 사원을 건설해 왔다.
- 호시 료칸(Hoshi Ryokan, 718년 설립): 이시카와 현에 위치한 온천 여관으로 1,300년 이상의 역사를 자랑하며, 현재 46대째 가족이 운영하고 있다.

- 게이힌카쿠(Koman, 717년 설립): 교토의 이 여관은 46대째 가족이 운영하는 또 다른 오래된 숙박업체이다.

그들이 그렇게 오랫동안 장수할 수 있는 이유는 한눈팔지 않고 오로지 한 우물만 판다는 것이다. 모든 것을 바쳐서 죽으라고 한다. 그리고 될 때까지 끝까지 하는 정신이 오늘날까지 최고의 경쟁력을 가질 수 있는 원동력이라고 할 수 있다.

우리나라의 삼성반도체(메모리)가 일본기업을 따라잡고 반도체 일등이 될 수 있었던 것도, 그들은 매일 아침조회에서 "안 된다는 생각을 버려라", "한번 시작하면 끝까지 물고 늘어져라" 등 반도체인의 신조 10개를 만들어서 복창했는데, 그러한 정신은 일본에서 배워 왔음은 두말할 나위가 없다. 이러한 것들은 앞 장에서 설명한 10년 법칙을 통하여 그 분야의 대가가 될 수 있다는 것과도 일맥상통한다고 볼 수 있다.

장인정신의 핵심가치와 원칙을 살펴보면
- 완벽을 향한 끊임없는 노력: 일본의 장인들은 완벽을 향하여 끝없는 노력을 기울인다. 이는 단순히 제품을 만드는 것이 아니라, 예술 작품을 창조하는 과정으로까지 여겨진다.
- 장기적인 몰입과 훈련: 장인이 되기 위해서는 오랜 시간 동안의 훈련과 경험이 필요하다. 일본에서는 한 분야에 평생을 바치는 장인들이 많으며, 이러한 몰입이 높은 기술 수준을 가능하게 하였다.
- 세심함과 정밀함: 장인들은 작업의 모든 사항에 세심한 주의를 기울인다. 작은 부분까지 완벽하게 만들어야 전체가 완성된다고 믿는다.
- 전통과 혁신의 조화: 일본의 장인정신은 전통을 존중하면서도 혁신을 추구한다. 전통적인 기술을 바탕으로 현대적인 감각과 필요에 맞게 발전시켜 나가는 것이 중요하다.

2. 기초과학(bio) 분야에서 세계 최고의 기술력 보유

일본은 기초과학 및 생화학 분야에서 세계적인 기술력을 보유하고 있는 나라 중 하나이다.

① 생화학 분야의 경쟁력

일본은 제2차 세계대전을 통하여 동남아시아 여러 국가를 침략했으며, 그 전쟁을 통하여 많은 생체 실험을 한 것으로 잘 알려져 있다. 이 생체 실험에는 생화학 분야 전문가들이 참여했으며, 특히 일본 교토대학 교수도 참여하여 많은 실험을 진행하였다. 이때 확보한 원천 기술들은 모두 교토대학이 보유하고 있으며 그들은 이 기술을 바탕으로 줄기세포 및 기초과학 분야에서 세계 최고의 기술력을 보유하게 되었다.

② 노벨상 수상자 배출

일본은 노벨상 과학 분야에서 다수의 수상자를 배출했다. 특히 물리학, 화학, 생리학/의학 분야에서 일본 출신 과학자들이 많은 노벨상을 수상했으며, 그들의 연구가 세계적으로 인정받고 있다. 일본은 현재까지 노벨상 수상자를 29명 배출했는데, 그중에서도 기초과학 분야는 25명에 달할 정도로 뛰어난 기술력을 갖고 있다. 그들은 더 나아가 2050년까지 노벨상 수상자를 50명 배출한다는 목표를 설정해놓고 국가적으로 야심차게 추진하고 있다.

③ 연구기관 및 대학

도쿄대학교, 교토대학교, 오사카대학교 등 일본의 주요 대학들은 세계적인 연구기관으로 평가받고 있다. 이들 대학은 기초과학 연구에 많은 자원을 투입하고 있으며, 뛰어난 연구 성과를 내고 있다. 특히 리켄(RIKEN), 일본과학기술연구원(JST) 등의 연구기관은 기초과학 분야에서 선도적인 연구를 수행하고 있다.

3. 장인정신이 발전되어 온 원동력

① 전통의 존중

일본 사회는 전통을 매우 중시하며, 이를 보존하고 계승하려는 강한 의지를 가지고 있다. 전통적인 기술과 예술은 문화유산으로 여겨지며, 이를 보호하기 위한 다양한 제도가 마련되어 있다.

② 교육과 훈련

장인정신은 체계적인 교육과 훈련을 통해 전수된다. 많은 전통 공예 분야에서 도제시스템을 유지하고 있으며, 이는 경험과 기술을 세대 간에 전달하는 중요한 수단으로 활용되고 있다.

③ 문화적 자부심

일본인들은 자신의 전통과 문화에 대해 강한 자부심을 가지고 있다. 이는 장인정신이 단순한 기술 이상의 문화적 가치를 지니게 하며, 이를 계승하려는 동기를 부여하게 되었다.

④ 현대적 적용과 혁신

일본의 장인정신은 전통적인 기술을 바탕으로 현대적인 제품을 만들거나, 새로운 재료와 기술을 도입하여 혁신을 이루고 있다. 예를 들어, 전통 도자기 기법을 활용한 현대적인 디자인의 도자기 제품 등이 있다.

4. 일본의 대표적인 장인 사례

① 스시 셰프 지로 오노

다큐멘터리 "지로 드림스 오브 스시"로 유명한 지로 오노는 스시를 예술로 승화시킨 장인으로, 그의 철학과 노력은 장인정신의 전형을 보여준다. 지로 오노의 스시를 만드는 철학은 첫째, 스시를 만드는 과정에서 완벽을 추구한다.

그는 매일 아침 일찍 일어나 최고의 재료를 선정하고, 각 재료의 상태에 맞춘 최적의 조리법을 적용한다. 둘째, 그의 스시 스타일은 단순함과 정밀함을 강조한다. 불필요한 장식을 피하고, 재료 본연의 맛을 극대화하는 데 중점을 둔다. 셋째, 항상 자신의 기술을 개선하려는 노력을 멈추지 않는다. 그는 90세가 넘어서도 매일 같은 작업을 반복하며, 작은 디테일까지 완벽하게 다듬는 것을 중요시 한다.

② 사카이 칼 장인

사카이 지역의 칼 장인들은 전통적인 방법을 고수하면서도 현대적인 요구에 맞춰 칼을 제작한다. 그들의 칼은 요리사들 사이에서 최고의 제품으로 인정받고 있다. 사카이 칼의 역사는 14세기 무로마치 시대에 시작되었다. 사카이 칼은 뛰어난 날카로움과 내구성으로 유명한데, 이는 고품질의 재료와 장인의 정교한 제작 기술 덕분이라고 볼 수 있다. 사카이 칼 장인들은 오랜 기간의 수련과 경험을 통해 기술을 연마하는데, 이들은 정교한 기술과 세심한 주의가 필요한 단조, 연마, 조립 과정을 거쳐 최고 품질의 칼을 만들어 낸다. 장인들은 각 칼에 자신의 명성을 걸고 작업하며, 이는 칼의 품질을 보증하는 중요한 요소가 되었다.

③ 야마나카 라카(漆器) 장인

야마나카 지역의 칠기 장인들은 고도의 기술로 아름다운 칠기 제품을 만든다. 이들은 전통적인 기법을 현대적으로 재해석하여 새로운 작품을 창조하고 있다. 야마나카 라카의 특성은 높은 품질의 옻칠과 정교한 조각 기술로 유명한데, 특히, 이 지역의 장인들은 나무를 깎고 조각하는 기술이 뛰어나며, 이를 통해 다양한 형태와 디자인의 칠기 제품을 만들어 내었다. 야마나카 라카 장인들은 오랜 기간의 수련과 경험을 통해 기술을 연마한다. 이들은 제품의 품질을 보증하기 위해 모든 과정을 세밀하게 관리하며, 전통적인 기술과 현대적인 감각을 조화롭게 결합한다. 장인들은 각 제품에 자신의 명성을 걸고 작업하며, 이는 칠기의 품질과 예술성을 보증하는 중요한 요소가 되었다.

　이와 같이 먼저 내가 집중할 분야를 찾고 일만시간의 법칙을 적용한 나의 자기경영계획을 작성해 본다. 나이가 20대든 40대, 50대든 그것은 그다지 중요하지 않다. 내가 변화의 필요성을 절감하고 각성한 시점에 작성하면 된다. 그리고 작성된 실천계획에 따라서 일만시간의 집중적이고 반복적인 시간을 투자한다면 누구나 그 분야의 전문가, 즉 대가로 올라설 수 있다.

CHAPTER 5

자기경영계획

나도, 어느 누구도 당신의 길을 대신 가줄 수 없다.
그 길은 스스로 가야 할 길이기에.

-월트 휘트만-

　본 장에서는 그동안 학교에서 학생들과 연구회를 하면서 다루었던 자기경영 계획을 작성하는 방법에 대하여 살펴보기로 한다. 자기경영이란 평범한 개인 이 자신을 비범함의 자리, 위대함의 자리로 이끄는 리더십이다. 그것은 평범한 사람의 평이함 속에 감추어진 위대함의 씨앗을 발아시키는 것이다. 모든 사람 은 각자 신이 부여한 자기만의 탤런트를 가지고 있지만, 우리가 그것을 찾아 내지 못하고 발현되지 않았을 뿐이다. 자기경영은 신이 나에게 주신 탤런트, 즉 내가 하고 싶고 잘할 수 있는 숨겨진 나만의 탤런트를 찾아내고, 그 분야 에서 최고의 전문가가 되어 신이 나에게 주신 소명을 다하는 것이다. 즉 내가 내 삶의 주인공이 되어 내가 하고 싶고, 또 잘할 수 있는 일에 나의 모든 것 을 다 쏟아붓는 것이다. 그렇게 신이 나에게 주신 탤런트를 발현하여 다 쓰고 후회 없이 가는 것이다. 본 장에서는 내 삶의 가치관 정립, 비전과 목표에 대 해 살펴보고 자기경영계획을 작성하는 방법에 대하여 자세히 소개하고자 한다.

내 삶의 가치관 정립

1. 가치(value)와 미션(mission)

먼저 가치(value)와 미션(mission), 비전(vision)에 대한 개념을 살펴보고, 각각의 중요성과 그 관계에 대하여 살펴보기로 한다.

① 가치(value)의 의미

가치관은 개인이 살아가면서 가장 중요하게 여기는 신념이나 원칙, 그리고 우선순위를 의미한다. 가치관은 자신의 내면을 이해하고 "나는 어떤 삶을 살고 싶은가?"에 대한 답을 제공해 준다. 이를 통해 삶의 목표를 설정하고, 방향성과 의미를 제공하며, 의사결정과 행동의 기준을 제공한다. 우리는 살아가면서 많은 중요한 것들이 있다. 집이나 재산과 같이 물질적인 것도 있고, 사랑하는 사람이나 목숨보다도 중요한 명예 같은 것도 있다. 또 사랑하는 가족과 함께 살아간다. 자신에게 가장 소중한 것은 절대적인 상황에서 극단적으로 드러나기도 한다. 개인뿐만 아니라 어떤 조직이나 집단에서 중요하다고 여겨지는 신념과 원칙을 가치(value)라고 부른다.

② 가치의 중요성

가치는 사람이나 조직의 방향을 결정한다. 그리고 이러한 가치를 가지고 있으면 살아가는 데에 있어서 가장 중요한 기준과 행동의 원칙이 된다. 어린 시절에는 이러한 도덕적 기준이 없어서 헤매다가 가치관을 명확하게 정립하게 되면, 자신의 행동이나 생활에서 흔들리지 않는 명확한 원칙과 기준을 삼을 수 있고, 일관성 있는 삶을 살아갈 수 있기 때문에 젊은 시절의 가치관 정립은 무엇보다도 중요하다.

③ 사명(mission)의 의미

개인이 삶에서 이루고자 하는 목표와 목적을 의미한다. 즉 "나는 왜 존재하며 무엇을 이루고자 하는가?"에 대한 답변으로 자신의 존재 이유와 세상에 어떤 기여를 하고자 하는지를 정의한다. 현재와 미래를 위한 목적과 역할에 대한 방향성을 제공하고 동기를 부여해준다. 사명(mission)은 가치와 함께 사람이 살아가는 방향을 결정하여 주는 좌표가 된다. 미션은 원래 종교적인 사명의 의미에서 시작하였지만, 사람이나 조직의 운명적인 역할이나 소명, 책임의 역할을 의미하기도 한다. 사명은 리더로서 자신의 궁극적인 방향을 결정하기도 하고, 자기인식과 자부심의 근원이 되기도 한다. 그리고 삶의 가이드라인이 되는 가치와 함께 자기비전 설정의 방향축을 설정하여 준다. 직업을 영어로 콜링(calling)이라고도 하는데 그것은 하나님이 부르심이란 뜻의 소명(召命), 다시 말해서 천직(天職)과 같은 뜻으로 사용되기도 한다.

2. 가치와 미션, 비전의 관계

가치와 미션, 비전과의 관계를 살펴보면 가치(value)와 미션(mission)이 결합하여 비전의 기준이 된다. 즉 내가 궁극적으로 되고 싶은 모습(vision)은 내가 추구하는 가치(value)와 미션(mission)에 의하여 결정된다고 할 수 있다. 미션(misssion)은 비전(vision)을 이루기 위해 수행되는 구체적인 실행 계획과 행동 과정을 의미한다.

우리가 자기경영계획을 세울 때 가장 먼저 할 일은 내가 하고 싶고 잘할 수 있는 일을 찾는 것이다. 그리고 그것에 맞추어 나의 비전과 미션을 만들어야 한다. 즉 내가 그 일을 통해서 어떤 사람이 되고, 어떤 미션을 수행할 것인지 만드는 작업이다. 흔히 비전, 즉 내가 궁극적으로 되고 싶은 모습은 잘 그려 내지만, 사명이 없는 비전을 만드는 경우를 많이 볼 수 있다. 그러나 사명이 없는 비전은 제대로 이루어지기 어렵다. 내가 이루고 싶은 궁극적인 목표를 통해서 어떤 역할, 즉 소명을 할 수 있을 때 비전은 더욱 힘이 실리게 되고 이루어질 가능성이 높아지기 때문이다.

3. 가치경매게임

다음은 가치경매게임을 통하여 나에게 소중한 가치를 찾아보는 게임을 해보자. 내가 인생을 살아가는 데 어떤 가치가 소중한 것인지, 어떤 가치를 갖고 살아갈 것인지 생각해 보고 찾는 작업이다.

- 나에게 경매 입찰을 위해 1억 원의 금액이 주어졌다고 하자
- 내가 가장 소중하게 생각하는 것을 중심으로 입찰계획을 세운다(백만 원 단위).
- 적어도 3가지 이상 가치를 꼭 구입한다.

▌표 5-1▌ 가치경매

번호	경매상품	희망 구매액	낙찰 액수
1	자신감 넘치는 성격을 갖는 것	백만 원	백만 원
2	인생을 똑바로 살 수 있는 지혜와 통찰력을 갖는 것	백만 원	백만 원
3	남을 도와주고 봉사하는 삶	백만 원	백만 원
4	영원히 변치 않는 사랑을 하는 사람	백만 원	백만 원
5	안정적인 직장에서 정년퇴직하는 것	백만 원	백만 원
6	많은 사람들에게 존경받는 인품을 갖는 것	백만 원	백만 원
7	적어도 90살까지 무병장수하기	백만 원	백만 원
8	사회적으로 성공한 딸과 아들 키우기	백만 원	백만 원
9	행복이 넘치는 가정 만들기	백만 원	백만 원
10	경제적으로 넉넉한 재산 갖기	백만 원	백만 원
11	영원한 우정을 나누는 진정한 친구들 갖기	백만 원	백만 원
12	내 삶에서의 사명/비전 만들기	백만 원	백만 원
계			

① 가치경매게임 돌아보기

- 내가 원하는 것을 구입했습니까?
- 원하는 것을 구입하지 못했을 때 어떠한 마음이었습니까?
- 다른 것을 포기하더라도 꼭 갖기를 원하는 것은 무엇입니까?
- 내 삶에서 가장 소중하게 여겨야 할 것이 있다면 무엇입니까?

② 내 삶의 가장 소중한 것을 위하여

- 자신의 가장 소중한 가치를 위하여 많은 것을 포기한 사람들의 이야기가 있다. 이분들의 이야기는 우리에게 늘 감동으로 다가온다. 운명적인 소명과 자신의 가치를 마음속에 간직한 사람은 언제나 당당하게 자신이 삶을 개척하고 운명을 만들어 나간다.
- 다음은 우리에게 많은 감동을 주고 떠난 고 이태석 신부의 이야기다.

2010년 2월, 아프리카 수단 남쪽의 작은 마을 톤즈. 남 수단의 자랑인 톤즈 브라스 밴드가 마을을 행진했다. 선두에선 소년들은 한 남자의 사진을 들고 있었다. 환하게 웃고 있는 사진 속 한 남자……, 마을 사람들은 톤즈의 아버지였던 그의 죽음이 믿기지 않는다며 눈물을 흘렸다. 그들은 세계에서 가장 키가 큰 딩카족이다. 남과 북으로 나뉜 수단의 오랜 내전 속에서 그들의 삶은 분노와 증오 그리고 가난과 질병으로 얼룩졌다. 목숨을 걸고 가족과 소를 지키기 위해 싸우는 딩카족. 강인함과 용맹함의 상징인 종족 딩카족에게 눈물은 가장 큰 수치다. 무슨 일이 있어도 눈물을 보이지 않던 그들이 울고 말았다. 모든 것이 메마른 땅 톤즈에서 눈물의 배웅을 받으며 이 세상 마지막 길을 떠난 사람, 마흔여덟의 나이로 짧은 생을 마감한 故 이태석 신부. 톤즈의 아버지이자, 의사였고, 선생님, 지휘자, 건축가였던 쫄리 신부님, 이태석… 자신의 모든 것을 바쳐 온몸 다해 그들을 사랑했던 헌신적인 그의 삶이 스크린에서 펼쳐진다.

[네이버 '울지마 톤즈' 영화 줄거리 소개]

목표 및 비전 설계

1. 좋은 비전과 목표란

본 장에서는 비전과 목표에 대하여 좀 더 자세히 살펴보고 본인의 비전과 목표를 설계해보자.

① 비전(vision)이란 무엇인가

사람들은 누구나 자기가 가지고 싶은 것과, 되고 싶은 모습을 갖고 있다. 다만 그것이 얼마나 간절한지, 그리고 그러한 소망에 대해서 진정으로 원하고 있는지, 그렇지 않은지에 대해서 차이가 있을 뿐이다. 자기 자신이 되고 싶은 모습이나 열망하는 것들을 모아서 비전(vision)이라고 한다. 비전은 눈에 보이지 않지만, 내 삶이 가고자 하는 바람직한 방향이며, 내가 꿈꾸는 미래의 모습이기도 하다. 비전은 우리 삶에서 어두운 밤하늘에 빛나는 북극성 혹은 나침판에 비유되기도 한다.

어느 사막 한가운데 오아시스가 있는 작은 마을이 있었다. 이 마을에서 사막을 완전히 빠져나가려면 나흘 정도 걸렸다. 하지만 한 외부인이 이 마을을 방문할 때까지 이 마을 사람들은 마을을 벗어나 본 적이 없었다. 그 마을의 북쪽 끝으로 북쪽 방향으로 계속 걸어가면 나흘이면 사막을 벗어날 수 있었다. 그럼에도 불구하고 마을 사람들이 오랫동안 사막을 벗어나지 못하는 이유는 무엇일까. 한 원주민이 마을을 떠나 사막을 벗어나기 위해 계속해서 걷다가 열흘이 넘어서 다시 마을로 돌아왔다. 그 이유는 그가 북극성을 몰랐기 때문이다. 사막에서 어떠한 표시도 없이 그냥 계속 걷기만 하다가 다시 제자리로 돌아왔던 것이다. 그 외부인이 마을을 떠나기 전에 한 원주민에게 알려 주었다. 낮에는 쉬고 밤에 가장 밝은 별만 따라가게 되면 나흘이면 사막을 벗어날 수 있다고 알려주었고, 원주민은 그 말을 따라 사막을 벗어날 수 있었다.

　우리 삶에서 비전은 이러한 북극성과 같은 것이다. 비전은 자신이 어디로 가야 할지 알려주는 것이고, 막막하고 어두운 밤과 같은 삶의 어려움을 헤쳐 나갈 수 있게 해주는 것이다. 비전이 없는 사람은 망망대해에서 방향을 잃고 표류하는 배와 같다고 할 수 있다. 목적지가 있어 그곳을 향해 항해하는 배는 바다 위에서 풍랑을 만나더라도 굳건하게 이겨내고 자신이 계획한 목적지를 향해 나아간다. 이것이 표류하는 배와 항해하는 배와의 차이점이다. 이는 비전이 있는 사람과 없는 사람의 삶에 비유할 수 있다. 비전을 가지고 있다는 것은 자신이 누구이고 어디로 가고 있으며, 무엇이 그 여정을 인도하는지를 아는 것이다. 비전은 자신이 바라는 미래의 청사진을 눈앞에 그리는 것으로 매일매일의 결정을 내릴 수 있도록 지침을 준다. 또 비전은 우리의 마음을 희망으로 채우고 설레게 만들어 준다.[4]

　② 자기목표 설정하기

　비전이 큰 그림이라고 한다면, 특정한 기간 동안에 해야 할 일들을 정리한 것을 목표라고 한다. 목표는 자기 자신에게 방향을 설정하게 하고, 달성할 때 성취감을 주어서 다음 단계로 도약하는 출발점이 된다. 목표는 단기, 중기, 장기로 구분하여 구체적으로 작성하되, 목표수준은 도전적(aggressive)으로 설정하는 것이 바람직하다. 예를 들어서 내가 어학공부를 하고 토익점수를 취득한다고 하면, 목표수준을 현재 수준보다 도전적으로 잡는 것이다. 현재 수준이 600점대라면 목표를 700점보다는 800점대로 설정하는 것이 바람직한 목표이다. 자기경영계획에서 목표는 실행계획(action plan) 단계에서 수립한다.

---

4) 박윤희, 『진로탐색 및 직업선택』, 103p.

- 내가 목표를 위해 일할 뿐만 아니라, 목표 또한 나를 위해 일한다.
- 목표는 의식에만 영향을 미치는 것이 아니라, 무의식에도 영향을 미친다.
- 개인 운명의 깊이와 범위는 스스로 설정한 목표에 의해서 정해진다.

③ 왜 비전과 목표가 중요한가

다음 장(5-3)에 기술한 하버드 경영대학원 졸업생의 사례를 보면, 비전과 목표가 분명한 사람은 어떤 어려움 속에서도 흔들리지 않고 목표를 향해 나아간다. 그리고 더 많은 성과와 가치를 이루어 낼 수 있다. 또한 비전과 목표를 가지고 있는 사람은 주변 사람들에게 신뢰감을 주고, 더 많은 기회를 만나게 된다.

- 기준을 제시하며, 자기조절을 가능하게 해준다.
- 강한 내적 동기의 원천이 된다.
- 달성했을 때 성취감을 느끼게 해주며, 새로운 도전의 원동력이 된다.
- 자기 자신에 대한 자신감과 자기효능감을 높여준다.

④ 목표 설정 원리

미국 메릴랜드 대학의 에드윈 A. 록(Edwin A. Locke) 교수는 목표설정 이론(Goal-Setting Theory)의 창시자로 잘 알려져 있으며, 1960년대 후반부터 목표설정과 동기부여의 관계 및 리더십에 대한 다수의 연구 결과를 발표하였다. 에드윈 A. 록의 연구에서는 다음과 같은 실험 결과를 통해 목표설정 이론이 검증되었다. 구체적이고 도전적인 목표를 설정한 집단은 일반적인 목표를 설정한 집단보다 성과가 11~25% 더 향상되었고, 목표에 대한 피드백을 받은 경우 그렇지 않은 경우보다 성과가 더 높게 나왔다. 록의 목표설정 이론은 조직 및 개인의 성과를 향상시키는 강력한 도구로 사용되며, 구체적이고 도전적인 목표 설정, 목표에 대한 피드백 제공, 목표에 대한 몰입과 전략적 접근 이 세 가지 요소를 잘 조합하면 개인과 조직의 성과를 극대화할 수 있다고 잘 알려져 있다.

- 비전은 크게 어렵게, 대담하게, 생생하게 설정한다.
- 목표는 성취 가능한 범위 내에서 어렵고 도전적으로 설정한다.
- 목표는 기한과 결과(성과)를 정량화하여 구체적으로 설정한다.
- 자신의 목표는 반드시 스스로 설정한다.
- 자신의 목표에 대한 피드백을 제공한다.

2. 자기비전 설정하기

① 5년 후에 내가 되고 싶은 나의 모습은 무엇인가?

-
-
-

② 10년 후에 내가 되고 싶은 나의 모습은 무엇인가?

-
-
-

③ 대학 4년 동안에 해야 할 나의 구체적인 목표를 작성해본다.
   (예: 전공과목 수강, 동아리 활동, 봉사활동, 자격증 취득, 어학 자격증 취득, 공모전 참가, 배낭여행 등)

-
-
-

자기경영계획 작성

일반적으로 경영을 크게 나누어 보면 국가경영, 기업경영, 가정경영, 자기경영으로 나눌 수 있다. 학문적으로 경영을 말할 때는 기업경영을 그 대상으로 다루고 있으며, 이때의 경영(Management)은 "조직이 특정한 목적을 갖고 그 목적을 효율적으로 달성하기 위한 계획을 세워서 실행해 나가고, 그 결과를 평가하는 과정"이라고 정의할 수 있다. 그러나 현대 지식사회로 오면서 1인기업 또는 자기경영의 중요성이 점점 증대되고 있고, 이에 대한 다양한 연구가 이루어지고 있다. 자기경영(Self management)은 "나의 비전과 목표를 설정하고, 그 목표를 달성하기 위한 계획을 세워서 실행해 나가고, 그 결과를 평가하는 과정"이라고 정의할 수 있다. 여기서 중요한 것은 더 이상 내가 원하지 않는 곳에서 적성에 맞지 않는 일을 하느라 시간을 낭비하지 않고, 내 삶의 주인공으로 살겠다는 명확한 목표와 의지가 수반되어야 한다.

본 장에서는 자기경영을 왜 세워야 하는지, 그리고 목적의 중요성과 작성하는 방법에 대하여 살펴보도록 한다.

1. 인생의 목적

로버트 번(Robert Byme)은 "인생의 목적은 목적 있는 삶을 사는 것이다."라고 말한다. 번은 우리에게 삶을 단순히 흘러가게 내버려두지 말고, 우리의 목표와 꿈을 향해 힘차게 전진하라고 말하고 있다. 목적 있는 삶은 우리가 자유롭게 선택한 길을 따라가며 존재의 이유를 발견하고 자아를 발견하는 과정이다. 즉 우리가 인생을 살아가는 것은 목표를 세우고 그 목표를 달성해 나가는 과정의 연속이고, 여기서 목표는 우리에게 어떤 어려운 상황에서도 앞으로 나아갈 수 있는 힘과 용기를 주는 원천이라고 할 수 있다.

1) 매슬로우의 욕구 5단계

미국의 심리학자 에이브러햄 매슬로우(A. H. Maslow)는 인간에게는 동기를 부여할 수 있는 욕구가 계층을 형성하고 있으며, 상위단계의 욕구는 하위단계의 욕구가 충족되어야만 동기부여가 된다고 주장하였다. 매슬로우는 인간의 욕구를 다섯 단계의 계층으로 나누어 설명하고 있다.

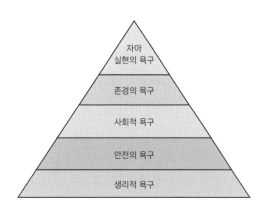

┃ **그림 5-1** ┃ 매슬로우의 욕구 5단계

① 생리적 욕구

생리적 욕구란 의·식·주 등 인간의 기본적인 생활과 관계된 욕구로써 누구에게나 존재하며, 가장 본능적인 욕구이다. 즉 인간은 생명을 유지하기 위하여 이 욕구를 절대적으로 충족시켜야 하는데, 기본적으로 이 욕구가 충족되어야 그 다음 상위의 욕구를 느끼게 된다.

② 안전(안정)의 욕구

두 번째 단계인 안전(안정)의 욕구는 신체적, 심리적 위험으로부터 보호되고 안전이나 안정을 찾으려는 욕구이다. 이와 같은 욕구에는 고통이나, 질병의 위협, 그리고 직장의 해고 등으로부터 회피 등이 포함되며, 욕구 충족을 위한 대안으로는 정규직 취업, 생명보험 가입, 개인연금 가입, 안전한 승용차의 구입, 작업 안전수칙의 준수, 사내 헬스클럽의 운영 등을 들 수 있다.

③ 사회적(소속) 욕구

세 번째 사회적 욕구는 인간은 혼자서 존재하기보다는, 어떤 형태로든 사회의 한 구성원으로 존재하고자 하는 욕구이다. 소속 및 애정에 관한 욕구로써 집단을 만들고 싶다거나, 동료들로부터 받아들여지기를 원하는 욕구 등이 이에 해당된다. 따라서 재산을 많이 소유하고 있어도 어딘가에 소속이 되어 사회적 존재감을 드러내기를 원한다거나, 회사에 근무하는 개인은 직장 내의 비공식 조직을 포함한 여러 그룹에 참여하고자 하는 동기를 가진다. 대상을 필요로 하는 사랑의 행위도 여기에 해당한다고 볼 수 있다.

④ 존경(인정)의 욕구

인간은 소속의 욕구가 어느 정도 충족이 되고 나면 그 집단에서 구성원 이상의 욕구를 추구하게 된다. 내적으로 자존감을 성취하려 하거나(내적 존경욕구), 타인으로부터 인정받고 지위를 확보하려는 욕구(외적 존경욕구)가 나타난다. 즉 자존심을 지키고 동시에 다른 사람에게 인정받고 싶어 하는 욕구이다. 조직에서는 조직에 기여도가 높은 직원을 선발하여 포상한다거나, 목표설정 및 의사결정 과정에 참여, 책임과 권한 부여 등을 통하여 이와 같은 욕구를 충족시킬 수 있다. 인간은 단지 사회의 일원이 되는 것만으로는 만족하지 못하고, 사회의 일원으로서 타인에게 자신의 능력을 인정받기를 바라는 것이다.

⑤ 자아실현의 욕구

매슬로우의 욕구단계 중 최상위에 해당하는 욕구로 자기가 지니고 있는 잠재적인 능력을 최대한 발휘하여 성취감을 충족시키고자 하는 것이다. 네 번째 욕구를 달성한 사람은 그다음으로 최고의 존재가 되고 싶다는 소망을 갖는 것을 의미한다. 이 욕구는 쉽게 충족될 수 없는 연속적인 것으로 성취, 잠재력 실현, 재능과 능력의 발휘 욕구 등이 포함된다. 자아실현의 욕구는 자기가 가진 재능(talent)을 발휘하여 한 분야의 최고가 되고, 그것을 이웃과 사회를 위하여 도움을 준다는 것을 포함하고 있다.

매슬로우의 욕구단계 이론을 구분해보면 크게 하위단계 욕구, 상위단계 욕구로 나눌 수 있다. 1980년대 우리나라의 국민소득이 낮고 경제적으로 가난했을 때는 개인의 안전이나 안정의 욕구보다는 가장 기본적으로 의식주를 충족하기 위한 일들이 가장 우선시되었다. 오늘날 우리의 소득수준이 올라가고 개인의 삶의 질이 많이 향상되었다고는 하지만, 대부분의 직장인들은 하위단계 욕구의 다음 계층인 사회적 욕구, 또는 그 윗 단계인 존경(인정)의 욕구까지만 이르는 것이 대다수라고 할 수 있다. 인간으로서 진정 자기 삶의 가치를 부여하고 자기가 원하는 삶을 살아가려면, 자기경영계획을 수립하여 개인의 비전과 미션, 목표를 설정하고 이를 달성하기 위한 실천계획을 세워서 실행해 나가는 것이 중요하다고 할 수 있다.

매슬로우의 욕구단계 이론은 인간의 욕구에 대한 체계적인 인식을 최초로 갖게 해준 이론이다. 이 이론에 의하면 일단 만족된 욕구는 더 이상 동기부여 요인이 될 수 없으며, 하위욕구가 충족되어야 상위욕구에 대한 동기부여가 이루어진다는 것이다. 따라서 경영자는 종업원들의 욕구 수준을 파악하고 상위욕구를 충족시켜 줄 수 있는 조직 분위기나 문화를 조성함으로써, 종업원들이 지속적으로 동기를 갖고 상위욕구를 성취해 나갈 수 있도록 지원해 주는 것이 바람직하다.

우리가 욕구단계의 맨 마지막 단계로 나아가려면 자기의 비전과 목표를 설정하고. 그에 맞추어 자기경영계획을 세우고 실천함으로써 자아실현의 목표를 이루어 나갈 수 있을 것이다.

2) 목적의 위대함

스포츠 마케팅의 선구자 마크 매코맥은 하버드 경영대학원(MBA)의 졸업생을 대상으로 추적 조사를 실시하고 졸업 후에 그들이 받는 연봉을 비교하였다.

a. 재학시절 자기의 목표가 뚜렷하고, 글로 써서 실천한 학생은 평균보다 10배 정도 높은 연봉을 받고 있고,

b. 막연하지만 그래도 목표가 있는 학생(생각만)은 2~3배 높은 연봉을 받으며,

c. 뚜렷한 목표가 없고 하루하루 최선을 다하는 학생(대부분)은 평균 연봉을 받는 것으로 조사되었다.

스포츠 마케팅의 선구자이자 세계적인 매니지먼트 그룹인 IMG의 설립자 마크 매코맥은 『하버드 경영대학원에서도 가르쳐주지 않는 것들(What They Don't Teach You at Harvard Business School)』이라는 책에서 1979년과 1989년 사이에 행해진 하버드 교육에 대해 이야기하고 있다. 1979년 하버드 경영대학원 졸업생들에게 "명확한 장래 목표를 설정하고 기록한 다음 그것을 성취하기 위해 계획을 세웠는가?"라는 질문을 해보았더니 졸업생의 3%만이 목표와 계획을 세운 것으로 밝혀졌다. 13%는 목표는 있었지만 그것을 종이에 직접 기록하지는 않았고, 나머지 84%는 학교를 졸업하고 여름을 즐기겠다는 것 외에는 구체적인 목표가 전혀 없었다. 10년 후인 1989년에 연구자들은 그 질문 대상자들을 다시 인터뷰 했다. 목표는 있었지만 그것을 기록하지 않았던 13%는 목표가 전혀 없었던 84%의 학생들보다 평균적으로 2배의 수입을 올리고 있었다. 그리고 너무나 놀랍게도 명확한 목표를 기록했던 3%의 졸업생은 나머지 97%의 졸업생보다 평균적으로 10배의 높은 수입을 올리고 있었다. 그 그룹들 사이의 유일한 차이는 졸업할 때 얼마나 명료한 목표를 세워두었는가 하는 점이었다.

[브라이언 트레이시, 목표, 『그 성취의 기술』]

2. 자기경영계획 작성

1) 비전 및 미션

① 비전/미션 만들기

a. 자신이 되고 싶은 모습이나 열망하는 것, 내가 미래에 되고 싶은 바람직
   한 모습을 작성한다.

- 내가 되고 싶은 장래의 모습, 이상, 전망
- 간절한 신념에 찬 행동을 통해서 존재하는 미래의 세계, 미래에 되고 싶은 나의 바람직한
  모습
- 비전은 자기 변화의 출발점이 되어, 어려움 속에서도 흔들리지 않게 한다.

비전이 단순한 꿈(dream)과 다른 것은, 단순한 꿈에 머무르는 것이 아니라
가능하다고 굳게 믿는 신념을 바탕으로 그려진 꿈이라는 것이다. 그래서 비전
을 설정할 때는 달성 가능하다고 믿으면서, 가급적이면 구체적이고 명확하게
기한을 포함하여 만드는 것이 훨씬 효과적이다. 앞에서 내가 어떤 가치와 미
션을 갖고 살아갈 것인지 가치와 미션을 만드는 과정을 설명하였다. 그 가치
와 미션을 통해서 내가 어떤 사람이 될 것인지 나의 비전을 만들어보고, 그
비전을 달성하기 위한 목표를 설정한다.

b. 목표 설정하기

비전이 큰 그림이라고 한다면, 특정한 기간 동안에 해야 할 일들을 정리한
것을 목표라고 한다. 목표는 자기 자신에게 나아갈 방향을 설정하게 하고, 달
성했을 때 성취감을 주어서 새로운 도전의 출발점이 된다. 이처럼 목표는 비
전과 달리, 적절하게 어려운 강도로, 단기·중기·장기로 나누어 구체적으로
작성하는 것이 바람직하다.

c. 왜 비전과 목표가 중요한가

위에서 하버드 경영대학원 졸업생의 사례에서 보았던 것처럼, 비전과 목표
가 분명한 사람은 어려움 속에서도 자신을 흔들리지 않고 목표를 향해 나아갈

수 있다. 또한 비전과 목표를 가지고 있는 사람은 주변 사람들에게 신뢰감을 주어서 더 많은 기회를 만나게 된다.

② 비전(vision) 사례

나는 교수이자 학자로 강의하고 책을 쓴다. 학생들이 인성과 실력을 갖춘 전문가로 성장하도록 도와주고, 관련 기업이 지속적인 발전과 경쟁력을 갖추는 데 기여한다. 또한 작가로서 자율생산 및 디지털경영/자기경영에 대하여 책을 쓰고 이를 통하여 사회에 공헌한다,

③ 미션(mission) 사례_개인

자율생산 및 자기경영 전문가로서 지속적으로 공부하고 강의하며 책을 쓴다. 작가로서 4차 산업시대의 자율생산 및 디지털경영, 자기경영에 대하여 책을 쓰고, 이를 통하여 사회에 공헌한다. 연구회 및 아카데미를 통하여 기술과 경영을 접목시켜 4차 산업시대에 기업이 나아갈 방향을 제시하고, 학생과 직장인들이 자기경영을 설계하고 차별화된 전문가로 성장해 나가도록 도와준다.

④ 미션(mission) 사례_삼성전자

- Vision: 인재와 기술을 바탕으로 최고의 제품과 서비스를 창출하여 인류사회에 공헌한다.
- Mission: Digital e-Company/산업을 주도하는 제품, 서비스 창출/최고의 생산성을 가진 경영 프로세스/고객의 사랑과 신뢰를 받는 기업
- 주력사업: 반도체(메모리, 파운드리, SYS-LSI), Display(QLED/OLED), MC(Mobile Communications), CE(Consumer Electronics), Display(QLED/OLED), 전장
- 6대 경영혁신: 제품, 마케팅, Global 경영, 기술, 프로세스, 사람과 조직문화

2) Role Model 설정

내가 존경하거나 닮고 싶은 사람을 국내·외 1명씩 찾아서 나의 롤 모델을 설정한다.

① Role Model_국내

- 내가 닮고 싶은 사람과 그 사람의 가치관/인생관은
- 내가 닮고 싶은 사람의 업적(과정) 또는 배울 점은
- 내가 닮고 싶은 점은 무엇인가
- 롤 모델 선정 사유는
- 내가 되고 싶은 모습, 하고 싶은 일과 어떻게 매칭할 건지 기술

② Role Model_해외

- 내가 닮고 싶은 사람과 그 사람의 가치관/인생관은
- 내가 닮고 싶은 사람의 업적(과정)과 배울 점은
- 내가 닮고 싶은 점은 무엇인가
- 롤 모델 선정 사유는
- 내가 되고 싶은 모습, 하고 싶은 일과 어떻게 매칭할 건지 기술

3) 전략 수립

전략 수립은 내가 잘할 수 있는 분야를 찾고, 내가 하는 일이나 또는 하고 싶은 일과 연계된 나의 필살기로 갖고 갈 일을 선정하는 작업이다. SWOT 분석을 통해서 나의 강점과 약점, 기회요인과 위협요인을 디테일하게 분석해 보고, ERRC 모델 분석을 통해서 내가 집중할 것과 버릴 것을 찾는다.

① SWOT 분석 및 전략

내가 목표를 설정하고 그 목표를 효율적으로 달성하려면 우선적으로 나의 내부역량, 외부환경에 대한 분석작업이 선행되어야 한다. 즉 내가 진입하고자 하는 분야의 기회요인과 위협요인, 그리고 나의 강점과 약점이 무엇인지 분석하는 작업이 먼저 이루어져야 한다. 여기서 나의 강점과 약점, 기회요인과 위협요인은 내가 잘할 수 있는 것, 하고 싶은 것과 같이 연동하여 상세히 작성할수록 내가 나아갈 방향을 설정하는 데 큰 도움이 된다.

｜표 5-2｜ SWOT 분석

			내부역량	
			강점(S)	약점(W)
			1. 어학실력이 뛰어남 2. 전공성적이 우수함 3. 공모전 입상	1. 체력 약함 2. 경제적 형편 어려움 3. 자격증 미취득
외 부 환 경	기회 (O)	1. 경제성장률 및 취업 증가 2. 의료서비스 수출 3. 공기업 인력 확충	SO전략 1. 2. 3.	WO전략 1. 2. 3.
	위협 (T)	1. 대기업 채용감소 2. 국내외 정세 어려움 3. 수시채용 확대	ST전략 1. 2. 3.	WT전략 1. 2. 3.

* S: Strength   W: Weakness   O: Opportunities   T: Threats

    여기서 작성된 내부역량과 외부환경을 분석하여 SO, ST, WO, WT전략을 기술한다. SO영역에 속한 태스크들 중에서 내가 집중할 핵심 태스크를 찾아내고, ST영역에서는 후보군을 찾는다. 그 태스크들이 내가 앞으로 집중적으로 육성해 나갈 나의 태스크가 될 것이다. 전략을 수립할 때도 SO분야에 집중하여 작성하고, ST분야의 후보 태스크에 대한 대책도 같이 수립해 본다. 이 태스크들 위주로 전략을 수립하고, 다음의 ERRC 분석 단계로 넘어간다.

표 5-3 ┃ SWOT 전략

			내부역량분석	
			강점(S)	약점(W)
			1.	1.
			2.	2.
			3.	3.
외부환경분석	기회(O)	1. 2. 3.	**SO전략** 강점과 기회를 모두 살리는 전략 수립	**WO전략** 기회는 살리고, 약점을 보강하는 전략 수립
	위협(T)	1. 2. 3.	**ST전략** 강점은 살리고, 위협요인은 보완하는 전략 수립	**WT전략** 약점은 보완하고, 위협을 최소화하는 전략 수립

② AAP & AAR 분석

• 현실적 문제해결을 위한 AAP(After Action Plan) 분석

자신이 해야 할 목표(goal)를 명확히 설정해 보고, 현재 모습과의 차이(gap)를 분석한다. 그리고 그 차이를 해결하기 위한 방법들을 찾아보고 구체적인 Action item을 찾는다. 예를 들어서 내가 어학자격(토익) 3등급(720)을 취득하는 것을 목표로 세웠다고 하자. 시험을 보고 만약 점수가 오르지 않았다면 공부하는 시간을 더 늘리든지, 아니면 방법을 바꾸든가(독학 → 학원수강) 가능한 방법을 찾아서 실행하는 것을 의미한다. 여기서 다루는 AAR과 AAP 분석은 자기경영계획을 세우는 데 필수적인 요건은 아니지만, 본인이 수립한 계획을 주기적으로 점검해보고 피드백하는 과정은 목표를 달성해나가는 데 매우 효과적인 도구가 될 것이다.

표 5-4 ┃ AAP 분석

	질문	답변
1	얻고자 하는 것은(Goal)	
2	현재 모습은(Reality)	
3	최적의 대안은(Options)	
4	해야 할 것은(Will)	
5	피드백 방법은(Feedback)	

• 실행과 피드백을 위한 AAR(After Action Review) 분석

내가 수립한 Action plan을 실행하면서, 주기적으로 목표(goal)와 결과(실적)를 비교해보고 다시 피드백하고, 분석하는 과정을 반복한다. 예를 들어서 나의 연간계획이 있다면 매달 또는 주간 단위로 계획 대 실적(결과)을 점검해서 차이(gap)를 분석해 보고 피드백하여 계획을 수정하는 루틴을 의미한다. 주기적으로 이러한 과정을 거칠 때 1년 후 시점에서 보면 연초에 수립한 목표를 달성할 가능성은 매우 높아진다.

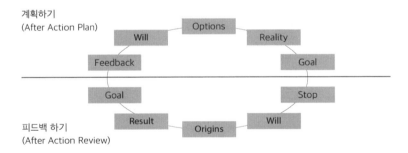

┃ 그림 5-2 ┃ 실행과 피드백 프로세스

③ ERRC Model

앞의 SWOT 분석에서는 나의 강점과 약점, 기회요인과 위협요인을 분석하여, 내가 하고 싶고 잘할 수 있는 핵심태스크를 찾고 전략을 만들어 보았다. ERRC 모델은 SWOT에서 찾은 핵심태스크의 전략에 따라 새롭게 할 일과 더 증가(강화)할 일을 구체화하는 작업이다. 즉 내가 중점적으로 해야 할 일들을 구체화하고, 그 일에 대한 성공 확률을 높이는 작업이다. 이것은 나의 필살기로 갖고 갈 태스크에 대하여 어떤 일에 집중할 것인지 찾고, 구체적으로 새롭게 할 것(C)과 더 증가해야 할 것(R)을 찾아내는 작업이다. 여기서 새롭게 할 일과 증가해야 할 일은 궁극적으로 내가 하고 싶고, 또 잘하는 일들이 될 것이다. 즉 나의 필살기로 갖고 갈 일에 대하여는 더 집중해서 키워나가고, 불필요하거나 안 해도 될 일들은 과감히 버리자는 것이다. 그래서 나의 필살기가 될 핵심태스크에 집중하여 투자하자는 것이다. 우리에게 주어진 시간은 한정되어 있고, 그 시간을 내가 설정한 목표에 집중하여 투자해야만 성공확률을 높일 수 있다.

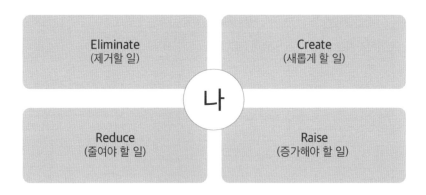

┃그림 5-3┃ ERRC Model

4) 실행(Action Plan)

Action Plan은 나의 비전을 이루기 위해 해야 할 일들을 구체화하고, 그 목표를 달성하기 위한 실행계획을 세우는 것이다. 여기서 해야 할 일들은 내가 필살기로 가져갈 태스크에 대하여 완성도를 높이는 것이 목적이다. 계획은 단기(3년 이내), 중기(5~10년), 장기(10년 이상)로 나누어 구체적으로 잘게 쪼개어 작성되어야 한다. 계획에는 반드시 구체적인 할 일과 결과의 수준, 그리고 일정이 세분화되어 들어가야 한다. 결과의 수준이나 일정이 들어가지 않은 계획은 현실적으로 달성 가능성이 희박하다고 보아야 한다. 예를 들어서 내가 어학공부를 한다면 어떤 언어를 공부할 건지, 해당 어학실력을 판단하는 공인된 자격(예: 토익)을 언제까지, 몇 등급을 받고, 공부는 어떻게 하겠다(예: 학원수강, 인강, 독학)는 내용이 기술되어야 한다. 실행계획은 앞 장에서 기술한 일만시간의 법칙이 적용되어 내가 선택한 분야의 전문가로 거듭나기 위해서는 반드시 필요한 단계이다.

▌표 5-5 ▌ Action Plan

단계	할 일	세부 item	결과	일정
단기	어학자격(토익)	• 학원수강	3등급(720)	2024.12
중기	삼성전자 취업	• 자소서 작성 • GSAT 공부 • 면접(직무, 인성) 준비	입사	2027.03
장기				

5) 자기경영계획 정리

작성 방법은 나의 Vision과 Mission, 나의 Role Model, SWOT 분석, AAP/AAR 분석, ERRC Model 분석, Action Plan 순으로 작성한다. 여기서 중요한 것은 내가 하고 싶고, 잘할 수 있는 것(Task)을 찾는 작업이 가장 먼저 선행되어야 한다는 것이다. 그다음 내가 어떤 사람이 되고 무엇을 이룰 것인지, 어떻게 살 것인지, 비전과 미션을 만든다. 그리고 그러한 목표를 이루기 위한 구체적인 실천계획을 수립한다.

이 문제는 내 인생에서 가장 중요한 일이고, 또 여기에는 많은 시간과 노력이 수반되어야 가능할 수 있다. 우리가 흔히 간과하는 것이 속도보다 방향이 중요하다는 사실이다. 즉 나의 인생에 대한 목표(방향)가 먼저 설정되고, 그에 맞추어 시간과 노력이 집중적으로 투자되어야 원하는 삶을 살아갈 수 있다는 뜻이다.

그러기 위해서는 먼저 본인 스스로 어떤 삶을 살 것인지 진지하게 고민을 해보는 것이 필요하다. 그리고 부모님이나 교수님, 주위의 친구나 선배 등과 많은 대화를 통하여 조언을 받는 것이 바람직하다.

① 나의 Vision / Mission 작성 (1매)
② 나의 Role Model (국내, 해외) 작성 (2매 이상)
③ 나의 SWOT 분석 작성 (1매)
④ AAP & AAR 작성 (참조)
⑤ ERRC Model 작성 (1매)
⑥ Action Plan (단기/중기/장기) 수립 (2매 이상)

나는 학생들에게 초안을 본인이 직접 문서로 작성해 보고, 몇 차례의 리뷰를 통하여 점차 완성도를 높여 나가라고 권한다. 리뷰는 본인 혼자보다는 친구나 동료, 선배나 교수님의 도움을 받아서 점검하고 검토하는 것이 바람직하다. 특히 단기계획은 대부분의 학생들이 잘 세우지만, 중기나 장기계획은 막연하게 세우거나 또는 막막해하는 경우를 많이 볼 수 있었다. 그래서 더욱 그 분야 전문가들의 도움을 받아야 한다. 그리고 이런 과정을 거쳐서 계획이 완성되면 그 계획을 책상 앞에 붙여 놓거나, 노트북의 바탕 화면에 깔아놓고 주기적으로 점검하고 피드백하라고 추천하고 있다. 자기경영의 핵심은 실천력이다. 몇 날, 며칠, 몇 개월을 고민해서 계획은 잘 세웠지만, 실천하지 않는다면 모두가 의미 없는 짓이다. 아무리 좋은 계획이라도 서랍 속에 처박아두고 꺼내보지 않는다면, 그 계획은 이미 사장된 것이나 다름없다고 할 수 있다.

PART 3

숨겨진 나만의
진로 찾기

인생이라는 책을 들춰 보면
대부분의 페이지는 텅 비어 있다.
당신의 사색으로 그 공간을 채워 나가야 한다.

-라빈드라나트 타고르-

3

CHAPTER 6

나의 진로 찾기

나는 무엇을 잘할 수 있는가

"어떤 이에게는 지혜를, 어떤 이에게는 지식을, 다른 이에게는 믿음을, 또 다른 이에게는 병을 고치는 능력을, 또 어떤 이에게는 실천력을, 그리고 또 어떤 이에게는 앞날을 내다봄을, 어떤 이에게는 분별력을, 다른 이에게는 여러 언어를 말할 수 있는 능력을, 그리고 또 어떤 이에게는 이를 통역할 수 있는 능력을 주시나니.

[성경 고린도전서 12장 중에서]

성경에도 나와 있지만 나는 모든 사람은 누구나 "그대 또한 잘할 수 있는 것이 있다."고 믿는다. 나의 천직을 찾기 위해서는 먼저 내가 하고 싶은 일이 무엇이고, 잘할 수 있는 일은 무엇인지 찾아야 한다. 그리고 그중에서 내가 잘할 수 있겠다 싶은 일을 찾아야 한다. 사람들은 누구나 신이 주신 '나만의 재능(talent)'을 갖고 태어났다. 그러나 그 재능은 사람에 따라서 다르게 나타난다. 일찍 발현되어 그 분야의 일을 바로 시작하는 사람이 있는가 하면, 반면에 뒤늦게 발현되는 경우도 있다. 그러나 대부분의 사람들은 자기의 재능이 무엇인지 모르는 채 그냥 살아간다. 나의 재능(talent)을 찾기 위해서는 고민하는 시간이 필요하다.

신은 우리에게 고민하지 않고 구하는 노력 없이 쉽게 본인의 재능(talent)을 찾아내는 기회를 주지 않는다. 끊임없이 구하고 고민하고 많은 시행착오를 거쳐서야 비로소 진정 내가 하고 싶은 일이 무엇인지, 잘할 수 있는 일이 무엇인지 깨닫는 기회를 준다. 그러나 그때는 이미 많은 시간이 흐르고, 나이를 먹고, 직장에서 자리를 잡고, 한 가정을 꾸리고 살아가는 시간이다. 뒤늦게 찾은 나의 이상을 좇아서 경제적인 풍요를 버리고 직장을 뛰쳐나오기에는 매우 어려운 현실에 부딪치게 된다.

우리나라 대학생들의 경우를 살펴보자.

현재 우리의 교육시스템 하에서는 대부분의 학생들이 자기만의 숨겨진 재능(talent)을 찾기 어려운 게 현실이다. 학생들은 대부분 좋은 대학에 입학하기 위해서 고등학교 때부터 학교에서 수업을 듣고, 방과후에는 다시 과외 학원으로 직행한다. 족집게 과외를 받기 위하여 유명한 강사한테 찾아가서 비싼 수강료를 내고 밤늦게까지 학원에서 공부한다. 2020년 초부터 전국적으로 코로나가 극성을 부려서 전 국민이 거리두기를 시행하고 학교도 비대면 수업으로 전환됐지만, 학원만은 예외적으로 정상적으로 운영되었다. 그것은 자녀들을 좋은 대학에 보내기 위한 학부모들의 뜨거운 열기가 있었기에 가능했다.

이때 학생들의 목표는 오로지 높은 수능점수를 획득하는 것이다. 나의 적성과 진로에 대한 고민 없이, 문과, 이과, 예체능 계열을 정하고 밤낮없이 불철주야 수능 공부를 하는 것이다.

이렇게 해서 3학년 때 수능을 보고 나면, 그 결과에 따라 나의 진로는 결정된다. 수능점수에 따라서 갈 수 있는 대학과 학과가 결정된다. 그 대학과 학과에 갈 것인지, 아니면 재수할 것인지 갈림길에서 고민하게 된다. 이때의 전공 선택 기준은 개인의 적성이 아니라, 온전히 수능점수가 된다. 그리고 점수에 따라서 대학에 입학하면 또다시 학점을 잘 받기 위하여, 좋은 기업에 취업하기 위하여 전공을 열심히 공부하고, 스펙을 갖추느라 바쁜 대학 4년을 보내게 된다. 물론 그중의 극히 일부는 중간에 학교를 그만두든지 아니면 전공을 바꾸어 전과하는 학생도 있다. 그렇게 목적 없이 바쁘게 대학생활을 보내다 보면 어느덧 4학년이 되고 학교를 나가야 할 시간이 다가온다. 사회로 나갈 준비는 전혀 안 되어 있는데도 불구하고, 내 의사와 상관없이 학교를 나서야 한다. 나는 이러한 상황을 직장인들이 본인의 적성과 맞지 않는 일을 오랫동안 하다가 나이가 들어, 조기에 회사 밖으로 내몰려야 하는 상황과 비슷하다고 생각한다.

그러나 학생들은 중소기업에는 가고 싶지 않고, 대기업, 공기업은 취업 문턱이 너무 높다 보니 원하지 않게 취업 재수를 시작하게 된다. 일 년 정도 대기업을 목표로 열심히 도전해 보다가, 이년차부터는 목표를 하향 조정하고 어쩔 수 없이 현실적인 선택을 하게 된다. 그러다 보니 학점세탁을 위하여 재수강하고, 취업을 위하여 졸업을 유예하고 입사 시험을 준비해야 하는 학생들을 너무도 많이 보아왔다.

이는 그 누구의 잘못도 아니다. 문제가 있다면 본인의 적성과 관계없이 오로지 수능점수에 의하여 학과가 선택되고, 또 필요하지도 않은 수많은 스펙들을 쌓기 위하여 대학생활을 열심히 보내야 하는 우리의 교육시스템이다.

이것이 우리의 교육 현실이고, 학생들이 자기경영계획을 세워야 하는 이유이다.

나는 학생들을 가르치면서 기회가 있을 때마다, 1~2학년 때 본인의 적성을 찾기 위한 노력을 하라고 얘기해 왔다. 진정으로 내가 하고 싶은 일이 무엇인지, 내가 잘할 수 있는 일이 무엇인지, 그리고 앞으로 트렌드가 어디로 가는지

고민하는 시간을 갖고, 자기경영계획을 만들어보라고 권한다. 많은 사람들이 우리가 살아가는 데 속도가 중요하다고 말한다. 그러나 속도보다 더 중요한 것은 방향성이다. 방향이 올바르게 설정되어 있어야 속도가 의미가 있다는 뜻이다. 내가 이루고 싶은 목표설정이 제대로 되어있지 않은데 속도가 무슨 의미가 있겠는가. 비전과 사명, 목표가 있고 그에 따른 계획을 세워야 속도가 비로소 그 힘을 발휘하고 자극제가 되어 더 앞으로 나아갈 수 있다.

인간의 재능은 선천적으로 생물학적 요인으로부터 중요한 영향을 받지만, 자라면서 겪게 되는 문화적 요인에 따라 역시 크게 좌우된다. 그 재능들은 시간이 지나면서 우리의 뇌에서 서서히 구성되고, 개혁되고, 개조되고, 재구성되며, 변형될 수 있다. 재능 역시 우리의 지배하에 있고 완전히 바꾸기는 어렵더라도 변화를 가져올 수 있기 때문이다. 따라서 크기는 다르지만 누구나 가지고 있는 재능 중에서 상대적으로 강한 두세 가지의 재능을 더욱 강화하고 결합하여 활용하면 커다란 시너지 효과를 낼 수 있다는 뜻이다.

성공은 재능을 얼마나 많이 가지고 태어났느냐에 달려 있지 않다. 나의 재능은 주어진 대로 받을 수밖에 없다. 그것은 신의 영역이다. 그러나 받은 재능을 다 쓰고 가야 하는 것은 인간의 책임이다. 그리고 나에게 주어진 재능은 나의 노력과 의지에 따라 평범함에서 비범함으로 바꾸어 낼 수 있다. 그리고 성공이란, 재능의 크기가 얼마가 되었든 내가 받은 만큼은 다 쓰고 갈 때 찾아온다. 미국의 대통령이었던 루즈벨트는 이것을 아주 멋지게 표현했다. "성공한 보통사람은 천재가 아니다. 평범한 자질을 가지고 있었을 뿐이다. 그러나 그 평범함을 비범하게 발전시킨 사람이다." 평범함이란 없다. 그것은 아직 안에 있는 것이 진화하지 않았다는 것을 지칭하는 말이다. 그것이 터져 나올 때, 누구나 비범함에 다다를 수 있다. 당연히 재능이 있는 곳에 성과도 있다. 우리 주변에는 남들보다 열심히 일하는데도 불구하고 성과를 내지 못하는 사람들이 많이 있다. 그것은 내가 갖고 있는 재능과 잘하는 것과는 전혀 맞지 않는 일을 열심히 하고 있다는 뜻이다. 일과 재능을 연결해야 한다. 가진 재능을 집중 투자할 수 있는 투자처로서 적합한 일을 찾아야 한다. 아니면 내가 하는 일 중에서 나의 재능과 연결하여 잘할 수 있는 것을 찾아내야 한다. 그리고 중요하고 잘할 수 있는 일을 집중해서 육성해야 한다.

나는 뒤늦게 학교에서 강의를 시작하면서, 아 이것이 나의 천직이구나 하는 것을 알게 되었다. 강의하는 일이 내가 잘할 수 있는 일이고, 하고 싶은 일이라는 것을 깨달았다. 수업이 많을 때는 주당 12시간도 있었고, 대형 강의는 180명을 앞에 두고 강의를 할 때도 있었다. 남들은 힘들어서 어떻게 하느냐고 얘기하지만, 나는 수업을 하기 위하여 강의실에 들어갈 때마다 마음이 설렌다. 그들의 젊음과 배우고자 하는 열정은 나를 더없이 설레고 기분 좋게 만들어 주었다. 수업에 관심을 갖고 열심히 따라오려고 노력하고, 늦게까지 남아서 공부하는 학생을 보면 대견하고 더 많이 알려주고 싶은 충동을 느끼곤 한다. 배움에 목말라하고, 열정을 갖고 학생으로서의 본분에 충실한 학생들을 볼 때마다 내가 가르치는 보람을 느낀다. 그러나 남을 가르친다는 것은 결코 쉽지 않은 일이다. 강의를 열심히 하는 것하고, 학생들이 수업을 듣고 나서 평가를 잘 받는 것은 다른 문제이기 때문이다. 교수가 전달하는 내용과 학생들이 기대하는 바는 서로 다르다. 하지만 내가 경험한 치열했던 회사 생활이 나에게는 큰 무기가 되었다. 다른 교수들이 갖고 있지 않은, 나만이 갖고 있는 치열한 기업에서 경험한 사례들을 설명해 주면, 학생들은 간접 경험을 통하여 쉽게 이해할 수 있다.

또 하나는 나 자신의 살아온 인생 과정이다. 나는 아무런 비전이나 목적 없이 돈을 벌기 위하여 대학을 졸업하자마자 곧바로 회사에 입사했다. 가장 현실적이고 남들이 가는 평범한 길을 선택한 것이다. 그렇게 25년을 한 직장에서 근무하고 나서야 비로소 나의 길을 찾아 새로운 길로 전환하였다. 뒤늦게 교수가 되어 학교에서 학생들을 가르치는 일을 하게 된 것이 학생들에게는 더

없이 좋은 모델이 될 수 있다.

마지막은 나의 글쓰기 능력이다. 나는 일찍 알지 못했던 글쓰기 능력을 뒤늦게 알게 되었다. 나의 글쓰기에 영향을 미친 것은 초등학교 시절의 일기 쓰기였다. 초등학교 시절에는 선생님이 내주신 숙제로 매일 일기를 쓰고, 그 일기장을 들고 가서 꼬박꼬박 검사를 받아야 했다. 남들은 빼먹고 잘 쓰지 않았지만, 나는 조금씩이라도 그날그날의 일이나 느낀 것들을 기록하였다. 또한 나는 책을 읽는 것을 좋아했다. 학교 도서관에서 보고 싶은 책을 여러 권씩 빌려서 보는 것이 가장 행복한 시간이었다. 그리고 그것을 일기장에 그날 한 일로 쓰곤 하였다. 지금도 내가 초등학생 시절 썼던 일기장을 보관하고 있는데, 가끔 그 일기장을 볼 때마다 역사의 한 페이지를 보는 것만 같아서 감회가 새로워진다.

그에 더하여 나의 재능을 찾는 데 크게 영향을 미친 것은 회사 생활을 하면서 배운 기록을 남기는 습관이다. "서적을 읽고 자료를 뒤지고 기록을 남겨라"는 당시 반도체인의 생활신조 10훈 중의 하나였다. 당시는 매일매일 업무일지를 작성해야 했고, 모든 일은 정리해서 기록을 남겨야 했다. 그렇게 기록을 남기고 글을 쓰는 작업은 내 몸에 익숙해졌고, 그것은 어느덧 나의 생활 습관이 되었다.

나는 회사에서 경험하고 습득한 지식(Experience knowledge)과 학교에서 공부하고 연구한 지식(Scholarship knowledge)을 갖고 강의한다. 그리고 그 자료들을 이용하여 글을 쓴다. 이론과 실무를 같이 접목하면 가장 강력한 무기가 된다. 아무리 어려운 이론이라 해도 실제 기업 현장에서 발생하는, 또 발생할 수 있는 사례들을 갖고 설명하면 훨씬 쉽게 와닿는다. 나는 내가 갖고 있는 강점을 최대한 살려서 글을 쓰고, 그 일은 내가 가장 잘할 수 있는 일이다. 그것을 통하여 나는 사회에 공헌하고 신이 나에게 주신 소명을 다하고 있다. 또한 내가 저술한 글들이 반듯한 책으로 출판됐을 때, 아직 잉크 냄새가 생생하고 방금 잘라낸 종이 냄새가 피어나는 새 책을 받아 들었을 때의 그 희열은 그다음 책을 쓰게 만드는 동기가 되기에 충분하다.

　　그러나 나의 탤런트는 일찍 발현되지 않았다. 그때는 대학을 졸업하면 월급을 많이 주고, 복리후생이 잘 되어 있는 대기업에 들어가는 것이 당연했다. 그리고 그곳에서 주어진 일을 잘하기 위하여 불철주야 일해야 했다. 그 일을 잘하기 위해서 필요한 재능이 무엇인지, 나의 재능과 잘할 수 있는 것이 무엇인지, 또 내가 하고 싶은 일이 무엇인지는 알지도 못했고 생각할 여력도 없었다. 그렇게 25년 회사 생활을 하고 나서야 비로소 나는 진로를 수정하였다.

　　가장 경쟁이 치열한 곳에서 회사 생활을 하면서 1등을 향한 끝없는 도전, 새로운 것에 대한 열망, 그리고 가장 효율적 방법으로 일을 하고 성과를 내는 일하는 방법을 배웠다. 그것은 나의 소중한 자산이 되었고, 그것을 바탕으로 비로소 나의 천직을 찾았다.

자기 이해와 적성 찾기

본 장에서는 좀 더 구체적으로 숨겨진 나의 적성을 찾는 방법에 대하여 살펴보기로 하자. 여기서는 대학생들이 이용할 수 있는 직업심리검사, 직업적성 및 직업유형 등에 대하여 살펴본다.

1. 자기 이해와 적성 찾기

많은 학생들이 다음과 같은 고민을 하고 있다.

과연 나에게 대학이란 무엇일까. 대학을 졸업하면 나는 무엇이 되어서 어떻게 살아가는 것일까. 대학에 지원할 때는 무조건 합격만 해야겠다는 생각으로 내가 하고 싶은 것이 무엇인지, 내가 잘하는 것이 무엇인지를 막연하게 생각하면서 전공을 지원하였고, 다행스럽게 합격통지를 받아 입학하게 되었다. 하지만 현재로서도 과연 내가 잘하는 것이 무엇인지, 하고 싶은 것이 무엇인지를 제대로 알고 있는 것 같지 않다. 한편으로는 닥치는 대로 잘 살아가면 되겠지라고 생각하면서도, 과연 내가 잘하는 것이 무엇이며, 어떻게 해 나가는 것이 제대로 대학생활을 해 나가는 것인지 잘 모르겠다.

다음 내용을 참조하여 내가 하고 싶은 일과, 내가 잘할 수 있는 것, 적성을 한번 찾아보자.

a. 내가 하고 싶은 일은 무엇인가

①

②

b. 나는 어떤 능력을 얼마나 가지고 있는가 (상, 중, 하)

① 언어능력 ___　② 수리능력 ___　③ 추리력 ___　④ 공간지각력___

⑤ 사물지각력___　⑥ 상황판단력___　⑦ 기계능력___　⑧ 집중력 ___

⑨ 색채지각력___　⑩ 사고유창력___　⑪ 협응능력___

c. 다음 중 내가 가장 하고 싶은 일은 무엇인가

① 도구나 기계를 사용해서 무엇인가 물건을 만들어 내는 일
② 복잡한 원리나 방법을 이해하고, 추상적이고 애매한 문제를 풀어내는 일
③ 상상력을 발휘해서 창조적이고 예술적인 결과물을 만들어 내는 일
④ 다른 사람을 도와주거나 설명하고 상담하면서 사람들을 대하는 일
⑤ 조직이나 개인들을 설득하고 끌어내면서 성과를 만들어 내는 일
⑥ 체계적이고 구체적인 정보나 자료를 분석해서 논리적인 자료를 만들어 내는 일

2. 직업흥미와 진로 선택

미국의 심리학자인 홀랜드(Holland)는 다양한 직업에 종사하는 사람들의 직업적 성공은 개개인의 성격, 특히 개인의 직업적 흥미에 크게 영향을 받는다는 것을 찾아냈다. 흥미는 직업 선택 과정에서 가장 중요한 특성으로 간주되어 왔는데, 그 이유는 직업을 갖기 위해 다양한 직업들 중 어느 하나를 선택할 수 있는 능력은 개인의 적성보다는 흥미에 의해 더 정확히 예측된다고 보았기 때문이다. 진로 선택과 적응이 개인의 성향을 나타낸다는 것이 홀랜드의 관점이다. 사람들은 진로 선택과 경험을 통해 자신을 표현하고 자신의 흥미와 가치를 표현한다. 홀랜드는 자신의 이론에서 사람들이 직업에 대해 갖는 생각과 일반화가 대부분 정확하다고 가정하고, 사람들의 성격을 여섯 가지 유형(현실형, 탐구형, 예술형, 사회형, 진취형, 관습형)으로 구분하고, 이를 사람들의 직무환경에 응용하였다.

홀랜드의 이론은 다음과 같은 네 가지 가정으로 이루어진다.

첫째, 대부분의 사람들은 현실형, 탐구형, 예술형, 사회형, 성취형, 관습형의

여섯 가지 유형으로 분류할 수 있다.

둘째, 대부분의 사람들이 접하는 환경도 현실형, 탐구형, 예술형, 사회형, 성취형, 관습형의 여섯 가지 유형으로 구분된다.

셋째, 사람들은 자신의 기술과 능력을 연습할 수 있고, 자신의 태도와 가치들을 표현할 수 있는 환경을 선호하고, 자신에게 알맞고 즐거운 문제들과 역할을 맡는다. 즉 현실형은 현실적인 환경을, 사회형은 사회적인 환경을 추구한다. 환경은 사람들과의 관계나 연습을 통해서도 찾게 된다.

넷째, 행동은 성격과 환경의 상호작용에 의해 결정된다. 만일 개인의 성격유형과 환경유형을 알고 있다면, 우리가 가지고 있는 성격유형과 환경유형에 대한 지식을 이용하여 성격과 환경의 조합 결과를 예측할 수 있다. 이렇게 예측된 결과는 직업선택, 직업변화, 직업성취, 개인 적성과 교육, 사회적 행동에 영향을 미친다.

이러한 네 가지 기본가정을 전제로 성격과 환경과의 상호작용에 의해 결정되는 직업흥미는 다섯 가지 기본개념인 일관성(Consistency), 일치성(Congruency), 변별성(Differentiation), 정체성(Identity), 계측성(Calculus)에 의해 그 관계들이 설명된다(그림 6-1).

첫째, 일관성은 홀랜드의 여섯 가지 육각형 구조에서 연결된 각 선들은 개인 혹은 환경 내 일관성 정도를 나타내고 있다(그림 6-1 참조). 육각형에서 서로 간에 인접해 있는 유형들, 즉 바로 옆에 붙어있는 유형들은 가장 일관성이 높고 흥미, 성향 또는 직무 등의 상호 관련성이 높다고 본다. 육각형에서 서로 정반대에 위치한 유형 간에는 일관성이 가장 낮고 흥미, 성향 또는 직무 등의 관련성이 거의 없다고 판단한다.

둘째, 일치성은 개인이 자기 자신의 성격유형과 동일하거나 유사한 환경에서 일하고 생활할 때를 의미한다. 즉 예술적인 성격유형의 사람이 예술적인 환경에서 일하고 있는가를 나타내는 것이다. 현실형 사람이 현실적인 환경에서 일할 경우 일치성이 높다고 볼 수 있다.

셋째, 변별성은 개인이 성격이나 환경의 어느 한 유형에서 뚜렷하게 높은 성향을 보이는 것을 의미한다. 즉 어떤 개인의 성격이나 환경은 다른 개인의 성격이나 환경보다 더욱 분명하게 정의될 수 있다는 것이다.

넷째, 정체성은 개인이 목표, 흥미, 소질에 대해 얼마나 명확하고 안정된 상태를 가졌는가를 의미한다. 환경적 정체성은 환경이나 조직이 명쾌하고 통합된 목표나 업무 등을 가지고 있을 때 나타난다. 사람과 환경의 상호작용은 이 정체성에 따라 영향을 받게 된다.

다섯째, 계측성은 성격과 환경 사이의 모든 연관성은 육각형 모형에 의해 이루어지는데, 모형 속 유형들 간의 거리는 이론적 관계성과는 반비례한다는 것이다(그림 6-1 참조). 여기서 계측이란 양적으로 파악하는 것을 의미하고, 반비례한 한쪽의 양이 커질 때 다른 쪽 양이 그와 같은 비율로 작아지는 것을 의미한다. 즉 홀랜드의 계측성이란 개인의 흥미의 양이 한쪽이 커지면 반대쪽은 반드시 줄어드는 것을 의미한다.

3. 직업적성검사

적성이란 사람이 태어나면서 가지고 있는, 혹은 성장 과정에서 오랜 시간 동안 습득한 안정적인 능력과 기술 등을 의미한다. 적성은 타고난 유전적인 요인이 강하지만 후천적인 학습이나 경험 또는 훈련에 의해서 발전한다. 따라서 다양한 방법의 적성검사를 통하여 자신의 적성을 이해하고 필요한 부분에 대한 개발 노력을 하는 것이 중요하다. 이러한 개인의 적성은 흥미와 밀접한 관계가 있다고 보는데, 왜냐하면 그것을 하고 싶다는 마음이 자신의 적성을 만들어 간다고 보기 때문이다. 따라서 적성은 완성되지 않은 미래의 가능성이다. 적성은 사람을 평가하는 절대적 기준이 아니며 미래의 가능성이기 때문에 내가 무엇을 좋아하는지 알고, 그 관심 분야에 대한 노력을 통하여 더욱 발전시켜 나갈 수 있다. 적성은 특히 한 개인이 미래의 특정한 분야에서 더 잘 적응하고 성공할 수 있는지를 예측하게 해주며, 능력의 특성뿐만 아니라 흥미나 신념 등의 정의적 특성도 같이 포함하고 있다. 인간의 적성은 다양하게 구성되어 있기 때문에, 어떠한 적성을 가지고 있는지를 잘 이해하게 되면, 직업의 선택 및 성공에 크게 도움을 줄 수 있다. 적성검사는 표준화된 기준을 통해서 한 개인이 어떠한 능력과 기술적 특성을 상대적으로 보유하고 있는지를 측정하며, 한국고용정보원에서 운영 중인 워크넷(www.worknet.go.kr) 사이트에서 검사를 받을 수 있다. 검사는 개인의 흥미를 기반으로 한 직업선호도검사(S형)와, 11개의 직업적성을 기반으로 하는 직업적성검사(개정)로 나누어 진행되고, 결과물을 통하여 자신에게 적합한 직업적성 및 관련된 직업을 안내받을 수 있다. 여기서 직업적성이란 특정 직업에서 요구하는 일을 효과적으로 수행할 수 있는 능력이나 자질을 의미한다.

① 직업선호도(흥미)검사

직업선호도검사(S형)는 개인의 관심과 흥미를 측정하여 적합한 직업을 안내하는 검사이다. 개인의 흥미를 측정하기 위해 활동에 대한 관심, 유능감, 직업에 대한 선호, 선호분야, 일반성향의 다양한 특성을 측정하며, 이를 토대로 개인의 흥미유형을 6가지 유형으로 분류하여 결과를 제시한다. 직업선호도검사는 앞에서 설명한 Holland의 6가지 흥미유형 분류에 근거하여 자신의 특성을 탐색하고 흥미유형에 적합한 직업을 제시하고 있다.

a. 직업선호도검사의 유형별 특성

직업선호도검사는 여섯 가지 흥미유형별로 원점수와 표준점수를 사용하여 측정하고, 분류에 근거하여 자신의 특성을 탐색하고 흥미유형에 적합한 직업을 제시한다. 여섯 가지 흥미유형별 특성은 다음과 같다.

표 6-1 ▌ 흥미유형별 특성(1)

적성요인	현실형(R)	탐구형(I)	예술형(A)
흥미특성	분명하고 질서정연하고 체계적인 것을 좋아하고, 연장이나 기계를 조작하는 활동 내지 기술에 흥미가 있음	관찰적, 상징적, 체계적이며 물리적, 생물학적, 문화적 현상의 창조적인 탐구를 수반하는 활동에 흥미가 있음	예술적 창조와 표현, 변화와 다양성을 선호하고 틀에 박힌 것을 싫어하며 모호하고, 자유롭고, 상징적인 활동에 흥미가 있음
자기 평가	사교적 재능보다는 손재능 및 기계적 소질이 있다고 평가	대인관계 능력보다는 학술적 재능이 있다고 평가	사무적 재능보다는 혁신적이고 지적인 재능이 있다고 평가
선호 활동	기계, 도구, 사물의 조작	자연 및 사회현상의 탐구, 이해, 예측 및 통제	문학, 음악, 미술활동
적성	기계적 능력	학구적 능력	예술적 능력
가치	눈에 보이는 성취에 대한 물질적 보상	지식의 개발과 습득	아이디어, 정서, 감정의 창조적 표현
대표 직업	기술자, 가동기계 및 항공기 조종사, 정비사, 농부, 엔지니어, 전기/기계기사, 군인	언어학자, 심리학자, 시장조사분석가, 과학자, 생물학자, 화학자, 물리학자	예술가, 작곡가, 음악가, 무대감독, 작가, 배우, 소설가, 미술가, 무용가, 디자이너, 광고, 기획자 등
회피 활동	타인과의 교류	설득 및 영업활동	틀에 박힌 일이나 규칙

표 6-2 ▌ 흥미유형별 특성(2)

적성요인	사회형(S)	진취형(E)	관습형(C)
흥미특성	타인의 문제를 듣고, 이해하고, 도와주고, 치료해주고, 봉사하는 활동에 흥미가 있음	조직의 목적과 경제적인 이익을 얻기 위해 타인을 지도, 계획, 통제, 관리하는 일과 그 결과로 얻어지는 명예, 인정, 권위에 흥미가 있음	정해진 원칙과 계획에 따라 자료를 기록, 정리, 조직하는 일을 좋아하고 체계적인 작업환경에서 사무적, 계산적 능력을 발휘하는 활동에 흥미가 있음

적성요인	사회형(S)	진취형(E)	관습형(C)
자기 평가	기계적 능력보다는 대인관계적 소질이 있다고 평가	과학적 능력보다는 설득력 및 영업능력이 있다고 평가	예술적 재능보다는 비즈니스 실무능력이 있다고 평가
선호 활동	상담, 교육, 봉사활동	설득, 지시, 지도활동	규칙을 만들거나 따르는 활동
적성	대인지향적 능력	경영 및 영업능력	사무적 능력
가치	타인의 복지와 사회적 서비스의 제공	경제적 성취와 사회적 지위	금전적 성취와 사회, 사업, 정치영역에서의 권력 획득
대표 직업	사회복지사, 교육자, 간호사, 유치원 교사, 종교지도자, 상담가, 임상치료가, 언어치료사	기업경영인, 정치가, 판사, 영업사원, 상품구매인, 보험회사원, 판매원, 연출가, 변호사	공인회계사, 경제분석가, 세무사, 경리사원, 감사원, 안전관리사, 사서, 법무사, 의무기록사, 은행사무원
회피 활동	기계기술적 활동	과학적, 지적, 추상적 주제	모호하거나 비구조적 과업

[한국고용정보원, 직업선호도검사 결과표]

b. 직업선호도검사(직업흥미검사) 프로파일

워크넷에서 직업선호도검사(직업흥미검사)를 실시하고 결과표를 작성해 본다. 그리고 이를 바탕으로 나의 흥미코드, 그리고 그에 맞는 직업군을 찾는다. 여기서 원점수는 스스로가 좋아하거나 싫어한다고 주관적으로 여기는 흥미 정도를 의미하며, 표준점수는 타인과 비교하였을 때의 흥미 수준을 의미한다.

▎표 6-3 ▎직업선호도검사

구분	현실형(R)	탐구형(I)	예술형(A)	사회형(S)	진취형(E)	관습형(C)
원점수						
표준점수						

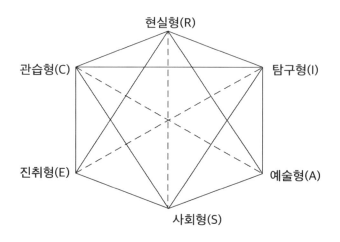

│ 그림 6-1 │ 홀랜드의 육각형 모형

직업흥미검사를 통해서 확인된 나의 흥미코드는 무엇인가

①

- -

검사에서 나타난 흥미코드를 고려해서 나에게 적합한 직업군은 무엇인가

①

- -

흥미의 육각모형을 통해서 얻은 자기개발의 시사점은 무엇인가

①

- -

② 직업적성검사[5]

직업적성검사는 과업수행 능력의 가능성 수준을 측정하는 것으로, 만일 자신의 적성에 맞는 직업만 찾을 수 있다면, 그 직업에서 성공할 수 있을 것이라고 생각하는 사람에게 흥미로운 검사이다. 그러나 적성검사는 일반적 적성을 측정하는 것으로 개인의 성공 가능성을 측정하는 것은 불가능하다. 한국고용정보원에서는 성인(대학생)용 직업적성검사의 적성요인을 선정하기 위하여 304개 직업을 대상으로 직무분석을 실시하였고, 이를 근거로 우리나라에서 필요한 11개 적성요인을 선정하여 개발하였다. 다음은 각 적성요인에 대한 설명이며, 요인별로 하위검사를 별도로 실시한다.

▌표 6-4 ▌11개 적성요인

적성요인	각 적성요인에 대한 설명
1. 언어력	일상생활에서 사용되는 다양한 단어의 의미를 정확히 알고, 글로 표현된 문장들의 내용을 올바르게 파악하는 능력
2. 수리력	사칙연산을 이용하여 수리적 문제들을 풀어내고 일상생활에서 접하는 통계적 자료(표와 그래프)들의 의미를 정확하게 해석하는 능력
3. 추리력	주어진 정보를 종합해서 이들 간의 관계를 논리적으로 추론해 내는 능력
4. 공간지각력	물체를 회전시키거나 재배열했을 때 변화된 모습을 머릿속에 그릴 수 있으며, 공간 속에서 위치나 방향을 정확히 파악하는 능력
5. 사물지각력	서로 다른 사물들 간의 유사점이나 차이점을 빠르고 정확하게 지각하는 능력
6. 상황판단력	실생활에서 자주 당면하는 문제나 갈등 상황에서 문제를 해결하기 위한 여러 가지 가능한 방법들 중, 보다 바람직한 대안을 판단하는 능력
7. 기계능력	기계의 작동원리나 사물의 운동원리를 정확히 이해하는 능력
8. 집중력	작업을 방해하는 자극이 존재함에도 불구하고 정신을 한 곳에 집중하여 지속적으로 문제를 해결할 수 있는 능력

---

5) 한국고용정보원, 직업적성검사 사용자 가이드.

적성요인	각 적성요인에 대한 설명
9. 색채지각력	서로 다른 두 가지 색을 혼합하였을 때의 색을 유추할 수 있는 능력
10. 사고유창력	주어진 상황에서 짧은 시간 내에 서로 다른 많은 아이디어를 개발해 내는 능력
11.문제해결능력	문제 및 장애요소를 해결하기 위해 논리적 사고와 올바른 의사결정 과정을 통해 구체적인 행동으로 연계될 수 있는 해결방안을 찾아내는 능력

[한국고용정보원, 직업적성검사 사용자 가이드]

a. 직업적성검사 프로파일

워크넷에서 11가지 적성요인별로 하위검사를 해보고 검사 결과표를 작성한다(표 6-5). 이를 바탕으로 나의 적성과 그 적성에 맞는 직업군 등을 찾아본다.

직업적성 능력이 높게 나온 영역은 무엇인가

①

②

- -

나에게 적합한 직업군으로 제시된 직업은 무엇인가

①

②

- -

내가 희망하는 직업으로 진출하기 위해서 개발해야 할 능력은 무엇인가

①

②

- -

	언어력	수리력	추리력	공간지각력	사물지각력	상황판단력	기계능력	집중력	색채지각력	사고유창력	협응능력
적성점수	110	120	95	100	90	85	130	130	110	90	110
수준	중상	상	중하	중상	중하	중하	최상	최상	중상	중하	중상

[한국고용정보원, 직업적성검사 결과표]

4. 나의 진로 설정

위에서 찾은 나의 적성과 내가 관심 있는 분야(흥미)를 참조하여, 나에게 가장 적합한 직업군을 찾아본다. 여기서 분명한 것은 개인의 성공은 뛰어난 적성이나 흥미만으로는 이루기 어렵다는 것이다. 따라서 적성검사는 자신의 진로 선택을 위한 하나의 참고 자료로 활용하고, 5장에서 다루는 자기경영계획을 작성해야 한다. 계획을 수립하는 단계에서 비전과 목표를 설정하면서 내가 잘하는 것과 나아갈 분야를 1차적으로 정리해 보고, 본 검사를 통하여 나온 나의 적성과 관심 분야를 참조하여 비전 및 목표를 설정한다면 좀 더 정교한 목표를 설정할 수 있을 것이다. 그리고 그에 맞추어 장단기 계획을 세우고 일 만시간의 법칙을 적용하여 실행해 나간다면 비전과 목표를 달성할 가능성은 더욱 높아질 것이다.

CHAPTER 7

나만의 필살기 만들기

7-1

나만의 필살기는 왜 필요한가

운동시합을 할 때 열심히 하는 선수는 즐기면서 시합을 하는 선수를 이길 수 없다고 한다. 골프시합을 할 때 마지막 공 하나에 따라 우승의 향방이 결정되는 극도의 긴장되는 상황에서 누구나 평정심을 잃지 않기는 쉽지 않다. 그러한 상황에 처했을 때 마지막 승자는 긴장하지 않고 평소에 하던 대로 퍼팅을 하고, 시합 때도 마찬가지로 즐기듯이 임하는 선수일 것이다. 물론 그 외에도 평소의 연습량이라든지 그날의 컨디션이나 날씨, 그린의 상황 등 여러 가지 변수가 있을 수 있다.

우리가 직장에서 일을 하고 두각을 나타내는 것도 마찬가지다. 내가 하고 싶은 일을 좋아서 하는 사람하고, 일을 해야 하니까 마지 못해서 하는 사람하고 그 결과는 많은 차이가 난다.

다음 사례를 살펴보면 왜 내가 좋아하는 일을 해야 하는지 그 차이를 보다 명확하게 알 수 있다.

회사원 A는 외향적인 성격이라 사람들 만나고, 대화 나누고 사람들과 교류하는 것을 좋아한다. 모임이 있으면 만사 제쳐 놓고 빠지지 않고 나가고, 사람들과 같이 어울린다. 하지만 회사 내에서 부서 배치를 R&D 부서에 배치받았다. 하는 일은 하루 종일 책상에 앉아서 자료 조사하고, 보고서 작성하는 것이 주 업무이다. 하지만 책상에 앉아 있어도 마음은 퇴근 후에 어디 가서 누구를 만나고, 어떻게 즐거운 시간을 보낼 것인지, 빨리 근무시간이 끝나기만을 기다리고 있다. 퇴근시간이 되면 시계가 땡하자마자 총알같이 사무실 밖으로 나선다.

반면에 B는 내향적인 성격이라 조용히 혼자서 자기한테 주어진 일을 하는 것을 좋아하는 스타일이다. 하지만 회사 내에서 부서 배치를 영업&마케팅 부서로 배치받았다. 대부분 외근을 해야 하고, 거래처 고객을 만나거나 새로운 고객을 발굴하고, 또 시장을 발로 뛰면서 고객들을 만나고 시장조사를 해야 한다. 일주일 내내 거래처 고객과 스케줄이 가득차 있고, 사무실 근무는 월요일 오전 부서 미팅이 전부다. 매일매일 몸은 피곤하고 하루하루 회사 출근하기가 너무나도 괴롭다.

이 경우 A와 B는 업무 배치를 서로 바꿔 줘야 한다. 그러나 기업의 현실은 인력 배치 시 본인이 원하는 직무를 모두 반영해 주지 않고, 부서의 수요에 따라서 상황에 맞춰 배치하게 된다. 그러다 보니 원하지 않는 일을 해야 하고, 몸과 마음은 피곤하고 에너지는 바닥나기 마련이다. 물론 성과 측면에서도 최소한의 목표를 달성하거나 기본은 하겠지만, 그보다 높은 수준의 성과를 기대하기는 어려운 상황이다.

매년 회사가 원하는 수준의 도전적인 목표를 달성해 나가는 것은 결코 쉬운 일이 아니다. 기업들의 경영환경이 어려워져 희망 퇴직을 실시할 때 누구를 남기고 누구를 내보내겠는가. 그 첫 번째 기준은 성과 부진자 또는 업무 부적응자가 될 가능성은 얘기 안 해도 자명한 사실이다. 기업은 실적이 좋을 때나 안 좋을 때나 항상 위기 상황이고, 더 많은 성과를 내도록 요구하고 있다. 내가 오랜 세월 동안 회사를 위해서 얼마나 충성을 해왔고, 몸과 마음과 청춘을 다 바쳐서 일했는데 어떻게 회사가 나한테 이렇게 할 수 있느냐라고 항변해보지만 아무 소용없는 일이다. 회사는 끊임없이 남길 사람과 내보낼 사람을 선별하는 작업을 하고, 보낼 사람은 가차 없이 내보낸다.

이것이 내가 나만의 필살기를 가져야 하는 이유이다.

그러면 나만의 필살기를 어떻게 만들 것인가?

그 첫 번째가 내가 하고 싶고 잘할 수 있는 일, 그리고 시장수요(트렌드)가 있는 일을 하는 것이다. 우리에게 주어진 시간은 짧다. 그러나 그 시간은 누구에게나 공평하게 주어져 있다. 그 유한한 시간을 어디서 무슨 일을 하면서 어떻게 보내느냐에 따라 우리의 인생은 달라지게 된다. 그 유한한 짧은 시간을 내가 하고 싶지 않은 일을 하느라 소모하고, 잘 할 수 없는 일을 붙잡고 있고, 고객이 없는 곳을 기웃거리며 살기에는 우리 인생은 너무나도 짧다.

그러나 내가 진정으로 하고 싶은 일, 잘할 수 있는 일이 무엇인지 찾는 것 또한 쉽지 않다. 어떤 사람은 일찍 발현되어 나타나는가 하면, 또 어떤 사람은 죽을 때까지 찾지 못하고 그럭저럭 살다가 생을 마감할 수도 있다. 그러나 우리는 찾는 노력을 끊임없이 해야 하고 조금이라도 일찍 시작해야 한다. 내가 하고 싶고 잘할 수 있는 분야는 6장에서 기술한 여러 가지 방법을 통하여 찾아보도록 하자.

나는 내가 하고 싶은 일이 무엇인지, 무엇을 잘할 수 있는지 일찍 알아내지 못했다. 그냥 막연히 대학교수가 되고 싶다는 꿈은 가지고 있었다. 그러나 대학교수가 되기 위해서는 무엇을 준비해야 하고, 어떤 과정을 거쳐야 교수가 되는지 알 수가 없었고, 또 주변에서 알려주는 사람도 없었다. 물론 가정형편도 내가 돈을 벌어서 가족을 부양해야 하는 상황이다 보니, 당연히 대학을 졸업하고 대기업에 입사해서 돈을 벌어야 했다. 그렇게 입사 시험을 보고 회사에 들어가니 성과에 따라 상대평가를 하고, 그 평가 결과를 연봉등급 및 승진에 반영하였다. 기업에서 만들어 놓은 사다리 계층을 올라가기 위해서는 다른 생각을 할 여력이 없고, 오로지 주어진 일에 밤낮없이 열심히 일해야만 했다. 만일 그때 주위에서 나에게 진로에 대한 도움을 주고 대학교수가 되는 길을 알려 주었더라면, 나는 좀 더 일찍 박사과정에 들어갔을 것이고 학교로 갔을 것이다. 그리고 그곳에서 더 많은 업적을 내고 더 가치 있는 일을 했을 것이다.

두 번째는 차별화된 전문가가 되는 것이다. 속도보다 중요한 게 방향이다. 아무리 속도가 빨라도 가는 방향이 잘못 설정되어 있으면 되돌아가야 한다. 방향이 제대로 설정되어 있을 때 속도는 비로소 그 힘을 발휘한다. 나의 비전과 목표를 설정하고 그에 맞추어 자기경영계획을 작성한다. 6장에서 다룬 적성을 찾는 방법, 그리고 5장에서 기술한 자기경영계획 작성하는 방법을 참조하여 나의 자기경영계획을 작성해보자. 그리고 다니엘 레비틴 박사의 일만시간의 법칙을 적용하여 집중적으로 투자하는 것이다. 그래서 내가 원하는 분야의 차별화된 전문가로 거듭나야 한다. 그것이 나만의 필살기를 갖는 방법이다. 이것이 내가 학생들에게 자기경영을 가르쳐주고 조금이라도 일찍 자기경영계획을 만들어보고 시작하도록 권하는 이유이기도 하다.

대학생 경력개발

대학생들에게 경력관리라고 하면 마치 먼 훗날의 이야기처럼 들리고, 대부분 아직은 막연하다고 생각하고 있을 것이다. 그러나 우리는 이미 태어나서 초·중·고까지 약 20여 년의 살아온 경력을 가지고 있고, 앞으로의 경력관리는 더욱 중요해진다. 길어진 생애주기와 반비례하여 짧아진 지식주기의 시대를 살고 있는 학생들은 대학 졸업 후 평생을 개인의 경력관리를 하며 살아야 할 수도 있기 때문이다. 학생들에게 학창시절에 무엇이 중요한지를 물어보면 일단은 좋은 회사에 취업하는 것이라고 대답하는 학생들이 대부분이다. 그러나 취업이라는 목표도 중요하지만, 그보다는 앞으로 내가 나아갈 방향과 목표를 설정하고 대학생활을 해나간다면 궁극적으로 내가 원하는 삶을 살아갈 수 있게 될 것이다. 내가 나아갈 방향과 목표를 설정하기 위해서는 대학생활에서의 다양한 활동들이 나의 적성과 잘할 수 있는 분야를 체험해 보고, 찾을 수 있는 좋은 기회가 될 것이기 때문이다. 대학 신입생부터 이러한 경력관리가 얼마나 중요한 것인지는 이미 많은 관련 연구에서도 밝혀졌고, 대학생활을 어떻게 보냈는가에 따라 나의 삶에 지대한 영향을 미치는 것으로 나와 있다. 대학생이 되었다는 들뜬 마음으로 여기저기 분위기에 휩쓸리고, 주기적으로 찾아오는 시험준비에 바쁘게 시간을 보내고, 고등학교 때와 같이 시험 후 해방감에 정신없이 놀다 보면 어느새 졸업이 코앞에 다가와 있게 될 것이다. 이제 나의 학창시절 경력관리를 어떻게 할 것인지 체계적으로 계획을 세우고, 한가지씩 실행해 보자.

NO	경력	내용	비고
1	자격증 취득	품질관리기사 1급	
2	어학자격 취득	토익 900점	
3	교환학생 다녀오기	유럽 대학	3학년 마치고
4	봉사활동	소년소녀 가장 방과후 학습	주 1회
5	현장실습	A 머트리얼즈 제조부	여름방학

다음은 대학생활 중 개발해야 할 경력개발에 대하여 살펴보기로 한다. 경력 개발은 본인의 적성에 맞는 직업을 선택하고, 그 분야로 진입하기 위해서는 꼭 필요한 경력이다. 또한 본인의 적성을 찾는 데도 도움이 될 뿐 아니라, 가장 중요한 인성을 갖추는 데도 꼭 필요하다고 할 수 있다.

1. 경력개발(1) − 봉사활동

봉사라는 것은 인간을 사랑하는 마음을 갖고 스스로 다른 사람을 위해, 또는 내가 속한 지역사회를 위해 대가 없이 일정 기간 지속적으로 하는 활동이다. 여기서 정확히 알아야 할 것은 봉사는 '스스로', '대가 없이' 그리고 '지속적'이라는 것이다. 취업을 위해 전략적으로 일회성 봉사활동을 하는 학생들이 많이 있는데, 물론 그것은 참다운 봉사라고는 할 수 없지만, 그래도 봉사를 통해서 인성을 기르고 경력관리에도 도움이 되기에 학생들에게 적극 권장하고 있다. 개인적인 봉사활동뿐 아니라, 교내 봉사동아리에 참여하여 회원들과 같이 활동을 해나가는 것도 좋은 방법이다.

봉사활동을 하면 인간 존중의 정신과 바른 인격이 형성되고, 이제까지 내가 경쟁하며 살아야 하는 것으로 인식했던 사회에 대해 공동체 의식을 갖게 된다. 이는 곧 사회인이 되어서 다른 사람과 공동의 선을 추구하는 인성과 함께, 팀워크 능력을 보여 줄 수 있는 기초가 된다는 점에서 매우 중요하다.

현재 참여하고 있거나, 앞으로 계획한 봉사활동을 작성한다.

┃ 표 7-2 ┃ 봉사활동 기록지

희망분야(기관명)	시기	봉사지 선택 이유
독거노인 돕기	2024.12~ 2025.02	교내 봉사동아리 활동 참여
소년소녀 가장 학습 지도	2024.09~12	소년소녀 가장 방과후 학습지도
다문화 가정 학생 지도	2025.03~06	다문화 가장 자녀 방과후 학습지도(초, 중생)

2. 경력개발⑵ - 어학능력

현대 사회는 글로벌라이즈화 되어 있다. 기업의 비즈니스 무대가 규모가 작은 국내 시장이 아니고, 전 세계를 대상으로 국제화되었다는 의미이다. 전 세계 국가를 대상으로 마케팅하고, 제품을 판매하고 있다. 따라서 대기업이든 중소기업이든 관계없이 직장 생활을 잘 해나가려면 영어는 기본이고, 제2, 제3 외국어를 할 수 있어야 한다. 해외 고객들과 영어로 회의하고 이메일을 주고받고, 또 직접 출장을 가서 업무를 해야 한다. 또한 내가 전공과 관련해서 대학원에 입학하고, 학업을 계속하려 해도 영어는 기본적으로 할 수 있어야 한다. 대부분 영어로 된 관련 논문을 찾아서 조사하고 참고해야 하고, 논문은 영어로 작성해서 투고해야 한다. 또한 투고나 수정(revision)할 때도 모두 영어로 작성하고 의사소통을 해야 한다. 대학 시절 개인별 학습을 통하여 영어나 제2 외국어 자격을 취득하고, 교환학생이나 어학연수, 배낭여행 등의 다양한 기회를 통하여 그 나라의 문화와 언어를 접해본다면 보다 쉽게 친숙해질 것이다.

┃ 표 7-3 ┃ 외국어 자격 기록

1. 외국어 종류	영어, 중국어, 일본어, 프랑스어, 독일어
2. 시험명(점수)	토익 900점, 오픽 Level 5
3. 실천 방안(구체적)	학원수강, 인터넷 수강
4. 기간	2024년 12월

3. 경력개발(3) - 자격증

자격증은 자신이 가진 능력을 공인받았다는 증명서이다. 즉 개인이 가진 일정 부분의 역량을 인정해 준다는 것이다. 이 자격증은 학과별로 그리고 자신이 가고자 하는 진로에 따라 필요한 자격증이 다를 수 있다. 하지만 기본적으로는 컴퓨터운용능력에 대한 자격증은 한두 개 정도 가지고 있어야 하며, 이외에도 자신의 진로에 필요한 자격증이면 대학생활, 특히 1~2학년에 취득해 두는 것이 좋다. 여기서 주의할 것은 자격증의 숫자를 취업의 성공과 연계하여 지나치게 에너지를 쏟는 경우이다. 학과별로 졸업요건에 필요한 자격증이 있으며, 취업에 도움되는 자격증과 중복되는 자격증을 우선순위로 취득하는 것이 유리하다. 자신에게 꼭 필요한 자격증이 무엇인지 중요한 것부터 목록을 작성하여 차근차근 취득해 나간다.

┃ 표 7-4 ┃ 자격증 목록

자격증	중요도	취득예정시기	실천방안
정보처리기사	1	2024.12	인터넷 수강, 독학
품질경영기사	2	2025.02	전공수강, 개인학습
빅데이터분석기사	3	2025.08	학원수강, 개인학습

4. 경력개발 실전 – 아르바이트/현장실습

실제 사례로 한 학생은 본인의 전공을 살려서 대기업의 품질관리 분야에서 일하기를 희망했다. 그 학생은 학기를 마치고 방학기간을 이용하여 중견 제조기업의 생산관리 부서에 현장실습을 다녀왔다. 학교에서 과제 수행 시 만든 것들이 제조현장에서 실제로 어떻게 활용되는지 배울 수 있는 좋은 기회가 되었고, 그 후 대기업에 지원할 때 포트폴리오를 정리하여 남들과 차별화된 포인트를 부각시켜서 단번에 합격할 수 있었다. 이와 같이 아르바이트나 현장실습 모두 자신의 진로에 도움이 되는 중심 내용이 들어 있어야 한다. 이왕이면 다른 사람이 하기 힘든 독특한 아르바이트를 하는 것도 좋은 경력관리이다. 이때도 진로와의 연관성이 있어야 함은 물론이다. 최근에는 기업에서도 갈수록 아르바이트를 중요한 경력을 보아 선발기준으로 삼는 경향이고, 실제 직무를 수행하는 데 긍정적인 영향을 미친다.

학교를 졸업하고 취업을 원하는 학생은 방학을 이용하여 내가 가고자 하는 분야의 산업체에 현장실습을 나가는 것도 좋은 방법이다. 나의 전공과 관련하여 학교에서 배우는 내용과 산업체 현장과는 많은 차이가 있다. 산업체의 발전속도를 학교에서 교과과정에 반영하여 따라가기는 매우 어려운 것이 현실이다. 따라서 내가 진출하고자 하는 분야의 기업을 찾아 현장실습을 간다면, 짧은 기간이지만 실무지식을 배울 수 있고 자기소개서 작성에도 많은 도움이 될 것이다. 현장실습을 가면 학교에서는 해당 기간 학점을 인정해 주고, 기업체에서는 급여(최저임금 기준)를 받을 수 있는 장점이 있다.

현재 하고 있거나 앞으로 계획한 아르바이트, 현장실습계획을 작성한다.

희망분야(업체명)	시기	기대효과
현장실습 (A 머트리얼즈)	2025.01~02	• 생산제품, 공정 및 설비 이해 • 일하는 방법 및 조직 생활 체험 • 학점취득, 급여
아르바이트 (B 전자)	2024.09~12	• 제조과 현장 근무 • 제조공정 이해 및 체험

5. 기타 경력개발계획표

위에서 언급한 경력개발 및 그 외 활동들을 모두 정리한다. 대학 시절의 독서나 동아리활동, 학생회활동 등은 개인의 인성을 키우는 데 많은 영향을 미칠 뿐만 아니라, 기업의 입사 면접에서도 중요한 포인트가 된다. 기업의 입사 면접에서는 실력보다 인성을 중요하게 여긴다. 기업의 일은 대부분 혼자서 일하기보다는 어느 부서나 팀에 소속되어서 팀원들과 같이 힘을 합하여 공동의 목표를 수행해 나가야 하기 때문이다.

특히 오늘날과 같은 입시 위주의 교육 환경에서 인성교육은 소홀해지기 쉬우며, 개인적으로 다양한 활동을 통하여 스스로 키워나가야 한다. 나는 기회가 있을 때마다 학생들에게 인성의 중요성을 얘기해주고 있는데, 특히 봉사활동, 독서 등을 적극 권장하고 있다. 인생에서 중요한 대학생활 동안 본인의 인성과 경력개발을 위하여 일정 시간을 할애하고 실천하는 것은 반드시 해야 할 것들이다.

❚ 표 7-6 ❚ 경력개발계획표

	종류	시기	목표 및 실천사항
1	봉사활동	2024.07~08	양로원 식사 봉사
2	인턴십/현장실습 근무	2024.09~2025.02	제조회사 인턴 근무
3	학생회활동	2023.03~12	학과 학생회장
4	공모전 참가	2023.03~06	대한산업공학회(대학생프로젝트 경진대회)
5	포트폴리오 참가	2023.09~12	
6	독서	2023.01~12	인문학독서(두 달에 1권, 독후감 작성)
7	교환학생 어학연수	2024.01~07	영국 런던 A 대학교(컴퓨터공학과)
8	동아리활동	2023.03~2024.02	게임동아리(게임개발 참여)

글로벌 기업의 일하는 방법

본 장에서는 저자의 경험을 바탕으로 글로벌 기업의 일하는 방법과 자기개발에 대하여 다루고자 한다. 인생의 대부분을 직장인으로 살아야 하는 현실 속에서 누구는 기업의 별인 임원까지 올라가고, 누구는 평범한 직장인으로 살다가 자의든 타의든 본인의 의사와 상관없이 짐을 싸고 회사를 나와야 하는 상황에 부딪치게 된다. 어떻게 직장 내에서 전문가로 인정을 받고, 그 속에서 치열한 경쟁을 뚫고 성장해 나갈 것인가? 수많은 기업들이 새로 생겨나고, 또 어느 날 갑자기 사라지는 냉혹한 현실 속에서 그 치열한 경쟁을 뚫고 글로벌 기업으로 성장하려면 어떻게 일해야 하는지 살펴보고자 한다. 이 내용은 대학을 졸업하고 사회진출을 앞두고 있는 학생들을 위하여 특강한 내용 위주로 작성되었다.

1. 서론

저자는 1980년대 중반 삼성그룹 공채로 입사하여 4주 교육 후 삼성반도체에 배치받았다. 그 당시 삼성반도체는 반도체 사업에 새로 진입한 신생 기업이었지만, 일본, 미국의 선두 기업들과 치열한 경쟁을 하며 고속 성장하였고, 1990년대 중반에는 메모리반도체 일등 기업으로 올라섰다. 저자는 신생 기업에서 출발하여 글로벌 기업으로 성장하는 전 과정을 회사와 함께 하였고, 몸소 경험하였다. 기업이 일류 기업이 되려면 일등 제품을 만들어야 하고, 일등 제품을 만들려면 그 제품을 만드는 사원이 일류가 되어야 가능하다. 그런 측면에서 삼성에서는 인재양성에 많은 투자를 하고, 다양한 과정의 교육을 실시하였다. 직급별로 필요한 리더십, 직무교육, 경영학, 인문학 등을 필수교육과 선택교육으로 나누어 진행하였다. 삼성에서는 일류가 되기 위하여 어떻게 일하고, 어떻게 교육시키고 최고의 전문가로 만드는지 그 내용을 살펴보고자 한다.

회사에서는 직원들에게 끊임없이 직무교육을 시키고, 최고의 제품(성과)을 내도록 도전적인(aggressive) 목표를 설정해놓고 일을 하게 한다. 그러나 성과가 없을 때는 가차 없이 내치곤 하였다. 국내 기업 중, 아니 전 세계 기업 중 가장 경쟁이 치열하고, 성과 위주의 경영을 하는 그곳에서 성공하려면 어떻게 해야 하는지 살펴보자. 이 내용은 대학에서 학생들에게 자기경영계획을 세우고 실천하여 본인이 원하는 분야로 진출하고, 어떻게 경쟁력을 갖출 것인지 강의한 내용이다.

2. 글로벌 기업에서 성공하려면

글로벌 기업에서 성장하기 위한 조건으로 전문성, 인간적 매력, 브리핑 실력 및 요약 잘하기, 경쟁력을 꼽을 수 있다. 즉 자기 분야의 전문적인 지식뿐만 아니라 인성과 리더십을 같이 갖추어야 성공할 수 있다.

1) 차별화된 전문성

일등 제품을 만드는 일류 기업에서 성장하고 살아남으려면, 내가 일류 사원이 되어야 한다. 즉 남들과 차별화된 내 분야의 전문가가 되어야 가능하다는 의미이다. 그러면 어떻게 내 분야의 차별화된 전문가가 될 것인가?

(1) 내가 하고 싶고 잘할 수 있는 일을 한다.

차별화된 전문가가 되기 위해서는 내가 하고 싶고, 잘할 수 있는 일을 해야 한다. 앞 장에서 설명한 SWOT 분석을 통해서 나의 S·W·O·T를 분석해 보고, 그중에서 SO에 집중하는 전략을 만들었다(열정+능력+트렌드). 그리고 ERRC 모델 분석을 통하여 내가 하는 일(시간) 중에서 없애고 줄일 것을 찾아내고, 내가 집중적으로 투자할 것을 찾는 작업을 하였다. 이때 간과하지 말아야 할 것은 내가 잘할 수 있는 일에는 앞으로의 전망이 같이 포함되어야 한다는 것이다. 여기서 내가 잘할 수 있는 일은 앞에서 설명한 나의 적성을 찾는 여러 가지 방법들을 사용하여 찾을 수 있다.

(2) 연봉의 많고 적음을 탓하지 말고 내가 정말 전문가인지 돌아본다.

많은 직장인들은 공통적으로 내가 회사를 위하여 열심히 일하는데 회사가 나를 알아주지 않는다, 그에 맞는 보상을 해주지 않는다고 불평불만한다. 그러나 우리가 간과하는 중요한 사실이 있다. 회사가 일등이라고 그 회사의 사원 모두가 일등은 아니라는 사실이다. 많은 직장인들이 "내가 어렵게 공부하고 준비해서 일등 기업에 입사했으니 오늘부터 나는 일등 사원이다."라고 폼잡고 얘기한다. 천만의 말씀이다. 회사가 일등이라고 사원이 일만 명이 있는데 모두가 일등이 되겠는가. 꿈 같은 이야기다. 그것은 우리의 희망 사항일 뿐이다. 회사에서는 누가 회사에 필요한 사원이고 아닌지, 회사가 어려움에 처했을 때 누구를 남기고 누구를 내칠 것인지 정확히 파악하고 있다. 당연히 내가 내 직무에서 성과를 내고, 그 분야에 없어서는 안 될 전문가라면 회사는 그에 맞는 합당한 대우를 해줄 것이다. 내가 나간다고 해도 가지 말라고 붙잡을 것이다. 1990년 초 IMF 시절 많은 기업들이 구조조정을 시행하였고, 수많은 직장인들이 타의에 의해 거리로 내몰렸다. 어느 날 갑자기 옆에서 일하던 동료가 인사부서에서 통보를 받고 한숨을 쉬며 짐을 싸는 모습을 수도 없이 많이 보아왔다. 그리고 실의에 빠져 막막해하는 그 모습을 지켜보아야 했다. 그때 많은 사람들이 나는 누구보다 회사를 위하여 젊음을 다 바쳤고 오랫동안 열심히 일했는데, 어떻게 회사가 나한테 이렇게 할 수 있느냐고 항변하였다. 물론 국가에서 정년을 늘리고(2016.1), 55세부터 임금피크제를 적용하여 60세까지 정년을 보장해 준다고는 하지만 현실적으로 60세까지 채우기는 극히 드물다. 끊임없이 내가 내 분야의 전문가인지, 회사의 핵심인력인지 되돌아보고 그에 필요한 준비를 해나가야 한다.

(3) 내 분야의 차별화된 전문성을 가지려면

자기경영계획을 통하여 내가 하고 싶고 잘할 수 있는 것을 찾았다면, 그 다음은 그 분야의 전문가가 되도록 끊임없이 지속적으로 시간을 투자해야 한다. 이때 필요한 것이 다니엘 레비틴 박사의 일만시간의 법칙이다. 내가 어느 한 분야에서 일만시간을 집중해서 투자한나면 그 분야의 대가(전분가)가 될 수 있다는 이론이다. 여기서 일만시간은 대략 하루에 3시간씩 10년간을 지속적으로 투자해야 하는 시간이다. 많은 직장인들이 신입사원 시절에 '이제 어렵게 노력해서 내가 원하는 회사에 입사했으니 고생 끝, 행복 시작이다.'라고 생각하고 특별한 목표 없이 신입사원 생활을 열심히 즐긴다. 이는 절대 금물이다. 그렇게 마음먹고 즐기는 순간 전문가에서 점점 멀어져간다. 아무리 입사 성적이 높아도 부단한 노력 없이 전문가가 될 수는 없다. 현장의 도메인날리지(domain knowledge)는 입사해서 새로 배워나가야 하고, 내가 일하는 분야의 전문가가 되어야 내가 원하는 삶을 살 수 있는 것이다.

① 나만의 필살기(차별화된 경쟁력)를 가진다.

다른 사람과 경쟁해서 이기는 것이 아니고, 다른 사람이 할 수 없는 서비스를 내가 제공할 수 있어야 한다. 예를 들어서 내가 경영학을 전공했다면 경영학·컴퓨터·기술(Engineering)을 융합하고, 내가 공대생이라면 내 전공·S/W·경영·외국어(영어 or 기타) 실력을 같이 준비해 나가야 차별화된 경쟁력을 갖을 수 있다. 지금은 공대 학생들도 대부분 어학실력이 뛰어나지만 예전에는 잘하는 학생이 많지 않았고, 영어를 잘하는 사원에게는 기업에서 많은 기회가 주어졌다. 학부 때 경영이나 경제학을 전공한 학생 중에서 졸업 후 공대 대학원에 진학해서 산업공학을 전공하여 공학석사학위를 받고, IT 기업이나 컨설팅 회사로 취업하는 경우도 종종 볼 수 있다. 우리 학과(산업공학)의 경우 일부 학생은 4차 산업시대의 기술 트렌드에 맞추어 컴퓨터학과를 복수전공하여 S/W 관련 과목들을 수강하고, 부전공을 컴퓨터학과로 해서 2개의 학위를 받는 학생도 꽤 있었다.

② 직장의 멘토를 찾는다.

내가 직장에서 경쟁력을 갖추고 전문가로 성장하려면 그 분야의 일 잘하는 선배 중에서 멘토를 한명 정하고, 멘토의 일하는 방법을 배우는 것도 좋은 방법이다. 그 멘토가 갖는 차별화된 경쟁력이 무엇인지 찾아보고 일하는 방법을 배운다. 저자가 직장 생활을 할 때 관리자로 일하면서 의사결정이 어려운 경우가 종종 있었다. 부서원들의 의견이 모두 다르고 의견이 서로 통일되지 않았다. 그럴 때는 내 의견을 밀어붙이지 말고 참석자 다수결로 결정하라는 조언을 들은 기억이 잊혀지지 않는다. 물론 다수의 의견보다 전략적으로 필요한 의사결정을 해야 할 때도 있을 것이다.

③ 벤치마킹을 게을리하지 않는다.

내 분야에서 사내와 사외 그리고 해외로 시야를 넓히고 지속적으로 벤치마킹한다. 우물 안의 개구리에서 벗어나 내 분야의 경쟁력 있는 1등을 지속적으로 벤치마킹하고 기술트렌드, 시장 상황을 알아야 글로벌 경쟁력을 갖출 수 있다. 회사에서 일할 때는 그날그날 발등에 떨어진 일들을 해나가기에 급급하다 보니 다른 데에 눈을 돌릴 여유가 없을 수 있다. 그러나 글로벌 회사일수록 산학협력이나 외부의 컨설턴트를 활용하여 새로운 기술과 방법론을 도입하는 데 시간과 투자를 아끼지 않는다. 물론 그러한 시도는 기업의 문화나 경영방식에 따라 다르지만, 회사나 관리자가 알아서 챙겨주지 않아도 내가 스스로 기회를 찾아보고 시도해 나가야 한다.

2) 인간적 매력(인성)

내가 한 분야의 전문가가 되고 대가가 되려면, 전문적인 지식 못지않게 중요한 게 인성이다. 인성의 중요성은 세계적인 명문대나 일류 기업이 공통적으로 선호하는 인재상이기도 하다. "인성이 갖춰지지 않는 지식은 위험할 수 있다.", "지식이 없는 선함은 약하고 선하지 않은 지식은 위험하다."고 미국 명문고인 필립스엑시터 아카데미는 가르친다. 즉 타인을 존중하고 배려하는 이타적 인재가 되라고 가르친다. 미국의 명문인 하버드대도 "교만한 A+에게 하버드 문은 열리지 않는다."는 것은 잘 알려진 사실이다. 하버드대 정문에는 다음과 같은 문구가 적혀있다. "enter to grow in wisdom", "depart to serve better the country and the kind". 초일류 기업의 하나인 삼성전자도 신입사원을 선발할 때 삼성직무적성검사(GSAT)·직무면접·인성면접의 3단계 과정을 거쳐서 선발한다. 이때 가장 중요한 관문이 임원이 평가하는 인성면접이다. 아무리 전 단계에서 우수한 성적을 받았다 해도 인성면접에서 낮은 점수를 받으면 합격할 수 없다. 이때 주로 보는 것이 회사 생활 태도, 남들과 협력하는 자세, 배우려는 의지 등 사람 됨됨이를 가장 중요한 덕목으로 보고 있다. 나는 학생들에게 동아리 경험, 그리고 그 활동을 통해서 배운 점과 어려웠던 경험, 구성원과 마찰이 생겼을 때 어떻게 극복하는지 등을 배우라고 권한다. 연예기획사에서도 연습생을 선발할 때 지원자가 뚜렷한 목표를 갖고 있는지, 학교생활, 외국어/인성교육, 타이트한 육성 프로그램을 통과해 낼 수 있는지 등을 중점적으로 본다고 한다. 기획사에서는 연습생을 선발하면 오랜 기간을 거쳐서 아이돌 가수로 육성해 내는데, 가수로 대중의 인기를 받게 되면서 자기관리를 잘못해서, 또는 팬들과의 스캔들로 그동안 쌓아 올린 공든 탑이 한순간에 허물어 질 수 있다는 것이다. 즉 성적과 스펙을 뛰어넘는 "열정, 헌신, 리더십"을 갖춰야 한다는 것이다. 실력보다 인성이 좋은 인재를 선호하는 이유이다.

(1) 인간에 대한 경외심(敬畏心)을 갖는다.

여기서 경외심(敬畏心)은 인간을 공경하면서 두려워하는 마음이다. 어려운 사람을 보면 도와주려는 마음이고, 자기의 부모님을 공경하고, 나이 든 사람에 대하여 공경하는 마음을 갖는다. 그 사람이 갖고 있는 지위나 경제적인 능력에 따라서 사람을 보고 판단하지 말고, 누구나 소중한 존재로서 인간을 대해야 한다. 이것이 인간의 가장 기본적인 도리라고 할 수 있다.

(2) 인간적인 매력을 갖춘다.

① 예의범절 및 에티켓을 지킨다.

일을 하거나 사람을 만날 때는 시간을 잘 지키고, 내가 만나는 사람에게 먼저 인사하고, 먼저 전화 받으며 어려운 일은 솔선수범하는 마음을 가져야 인간적인 매력을 가질 수 있다. 그것은 결국 상대방에게 나에 대한 좋은 호감을 갖게 해주는 가장 좋은 방법이다.

② 겸손함을 잃지 않는다.

일을 하는 데 정성을 다해야 한다. 안 되는 이유를 찾지 말고, 될 수 있는 방법을 찾는다. 직장에서는 나보다 먼저 입사한 사람들에게 선배 대우를 해주고, 그들의 좋은 점만 배운다(타산지석). 회사에서 나이도 나보다 많고 일한 경력도 오래됐는데 직급이 낮다고 해서, 또 내가 임원이라고 함부로 대하는 경우를 많이 볼 수 있다. 그러한 태도는 회사에서 리더로 성장해 나가는 데 많은 제약사항이 될 수밖에 없다.

(3) 봉사활동을 실천한다.

삼성에서는 전 사원들에게 일 년에 16시간 이상 봉사활동을 하도록 권장하였다. 직접 도움의 손길이 필요한 곳에 찾아가서 노력봉사를 하든지, 아니면 불우이웃 돕기 성금을 매달 일정액을 기부하도록 권장하였다. 나는 직장에 다니면서 후배들에게 내가 가진 것을 베푸는 데 급여의 10% 이상을 사용하라고 조언하곤 했었다. 최소한 10%는 부모님께 드리고, 10%는 자기개발을 위하여 사용하고, 10%는 남을 위하여 사용하라고 권장했다. 남을 위하여 쓴다는 것은 다른 사람을 위하여 베풀라는 의미이기도 하다. 내가 종교 생활을 하고 있다면 매달 십일조를 기부할 수도 있고, 주위의 어려운 이웃을 도와줄 수도 있다. 우리가 사회생활을 하다 보면 다른 사람들과 같이 식사할 기회가 많이 생기는데 계산하는 것에 특히 인색한 사람들을 종종 볼 수 있다. 그러한 모습은 원만한 인간관계를 유지하는 데 좋지 않은 영향을 미치게 된다.

3) 브리핑 실력 및 요약 잘하기

직장 생활을 하는 데 중요한 일 중 하나가 자료를 만들고 보고(발표)를 잘하는 것이다. 이것은 다른 사람들에게 나를 알린다는 측면에서 매우 중요한 의미가 있다. 우리는 자료를 잘 만들고, 발표를 잘하는 사람을 보면 저 사람은 일을 잘한다고 얘기하곤 한다. 경영자나 관리자들에게 나를 알리고 PR할 수 있는 절호의 기회인 것이다. A 사원은 평소에 책임감을 갖고 늦게까지 맡은 바 일을 열심히 하는 성실한 사원이다. 그러나 그는 자료를 만들어 여러 사람 앞에 나서서 발표할 때면 주눅이 들고 더듬거리기 일쑤다. 반면에 B 사원은 평소에는 별로 열심히 하는 것 같지도 않고, 자기한테 주어진 일만 하고 시간 되면 바로바로 퇴근한다. 그러나 자료를 만들어 발표할 때 보면 핵심을 요약하여 또박또박 논리적으로 잘 설명한다. 관리자들이 봤을 때 누가 더 일을 잘한다고 평가하겠는가. 관리자들이 모든 사원의 일거수일투족을 다 알기는 불가능하다. 누가 평소에 열심히 하고 일을 잘하는지 알 수가 없다. 그들은 회사의 업무를 하면서 목표를 세우고 달성해 나가고, 그 과정에서 그때그때 필요한 의사결정을 해야 한다. 이때 현안 문제에 대하여 정확한 정보를 제공해 주고, 대책을 내놓고 방향을 제시해 주는 것이 합리적 의사결정에 도움이 되는 것은 더 말할 필요가 없다.

(1) 보고서 작성법

회사 생활의 첫 번째는 보고서를 잘 쓰고, 보고(발표)를 잘 해야 한다. 회사 내에서 하루의 일과는 보고로 시작해서 보고로 끝난다고 보아야 할 만큼 많다는 의미이다. 즉 보고서를 잘 만들고 보고를 잘하는 것이 직장인으로서 성공의 지름길이라고 할 수 있다.

(2) 보고서 작성의 9가지 비법

① 첫 장에서 승부한다.

첫 장에서 설득(way)해야 하며, 특히 제목을 잘 뽑아내야 한다.

② 핵심 용어를 사용한다.

보고서는 회사의 전략과 방향에 맞추어 작성해야 한다(예: 마하경영, 삼성 핵심가치,,,). 상사의 지시와 의도를 파악하여 반영하고, 최근의 경영 키워드나 기법을 사용하여 작성한다(예: 창조경영, 아침형 인간...).

③ 자기만의 문체를 만든다.

보고서는 나의 브랜드나 마찬가지다. 내 이름으로 나의 작품을 만든다 생각하고 브랜드화하고 명품화해야 한다. 우리가 농산물을 구매할 때도 경작자의 이름을 내세우는 상품이 소비자에게 더 믿음을 준다.

④ 오자 및 탈자를 줄인다.

문장의 오자나 탈자는 작성하는 사람의 정성 부족을 의미하며, 보고서 신뢰도에 결정적인 역할을 한다. 보고를 받는 사람은 보고서를 봤을 때 대부분 오자나 탈자가 가장 먼저 눈에 들어 온다는 것을 명심해야 한다. PPT에 오자나 탈자가 있으면 본론에 들어가기도 전에 그것을 지적하느라 시간을 뺏기고, 뒤에 내용은 보나 마나 별 볼 일 없다고 생각할 수 있다.

⑤ 중간에 쉬어가게 한다.

문장의 리듬과 호흡의 간격을 조절하고, 한 장에는 하나의 주제만 담는다. 많은 내용을 압축해서 한 장에 담으려다 보면 전달하고자 하는 메시지가 분명하지 않고 초점이 흐려진다.

⑥ 볼 맛이 나게 작성한다. (옷 입히기)

레포팅은 종합 예술이다. 시각적 도구나 폰트, 사이즈, 색상 등을 적절히 활용하여 작성한다. 그러기 위해서는 사전에 남들이 잘 만들었다고 칭찬하는 보고서를 꾸준히 벤치마킹해야 한다.

⑦ 품질로 승부한다.

보고서의 품질은 기술품질(요령과 지혜)과 정성품질(열정과 노력)이 결합되어 만들어진다. 레포팅은 기술품질과 정성품질의 총합화된 산출물이다. 상식적인 품질불량((오자, 탈자, 일관성(단어, 한자 등))을 만들지 않는다.

⑧ 각종 서식을 이해한다.

제목 표시는 Ⅰ, 1, 1) 순으로, 글머리는 □, -, · 순으로 표기한다. 핵심 단어는 처음부터 끝까지 동일하게 사용하고(일관성), 글씨체나 글자 크기, 줄 간격 등도 통일되게 사용한다. 서술어는 가능한 한 명사형으로 종결한다(명사만 나열한 문장은 자제한다). 그림이나 테이블은 균형미가 중요하다. 한 장에 한 개 이상 사용을 자제한다(집중, 강조 효과는 절제해야 효과적이다).

(3) 보고서 작성의 3대 노하우

① 기획의 기본은

- Something different(조금 다르게), Something new(조금 새롭게) 만든다. 특별한 업무보다 일상 업무의 개선이나 Level-up을 문서화하는 것이 바로 기획이다.
- 기획서는 A4 한 장으로 정리한다. 기획서는 얼마나 요령 있게 정리하느냐가 관건으로, 종이 한 장으로 설명할 수 있어야 한다.
- 보고서가 주는 의미를 살려서 만든다. 문학적인 글은 감동, 재미를 주기 위한 글이고, 실용적인 글은 의미를 정확, 명료, 간결하게 전달하기 위한 글이다(3C: Correct, Clear, Concise).

② 보고서 작성의 3대 노하우

a. 본론을 먼저 제시하고 서론은 나중에 전개한다. (작업 순서)

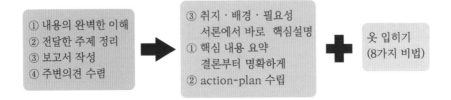

b. 흐름을 정하고 핵심 내용을 요약한다. (작업 방법)

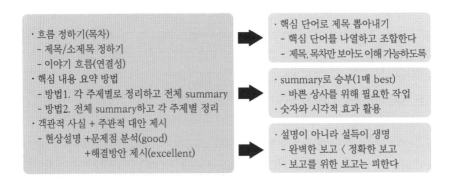

• 보고서를 짜임새 있게 구성하는 방법

- 글을 쓰기 전에 전체 구도를 먼저 만들고, 보고서 구성에는 일관성이 있어야 한다.

- 문장을 쓸 때는 뜻을 정확히 전달해야 하고, 불필요한 미사여구 사용은 자제한다.

- 자신의 일이 가치 있는 작업이라는 인상을 남겨야 하고, 철저히 읽는 사람 위주로 작성한다.

c. 선택과 집중을 한다. (핵심 노하우)

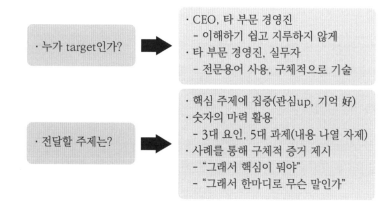

③ 보고서, 여기서 보고의 의미는 "압축과 선택"의 의미이다.

a. Target Forcus

• 보고서 작성 시 CEO의 캐릭터를 파악하여 최적의 reporting & presentation 을 한다.
• 큰 방향 concept을 중시한다(예: 6시스마의 D단계 중요).
• 한 단계 앞선 생각과 고민·틀을 구성한다(새로운 아이디어가 들어가야 한다).
• 관심 있는 내용에 대해서는 자세히 질문하므로 그에 대비하여 만든다.
• 1~2장으로 승부한다. 장황하고, 알맹이 없는 설명은 금물이다.
• 서툰 문제나 이해·틀린 방향 제시는 즉시 지적받는다.

b. 주제의 Focus

• 실천력 → 개발 실천력 → 협업 → (10개 대안중) 2개 강조
  2개 대안에 대해서는 관련 부서장 간에 토론할 수 있도록 미리 준비한다.
• 단계별 주제마다 "CEO 방침"과 연결시킨다.
• 제목에서부터 주제를 명확히 전달한다.
  "실천력 강한 회사 만들기" → "협업을 통한 개발 실천력 제고"

(4) 잘 만든 보고서 벤치마킹

① CEO

- 결과가 구체적으로 제시되어 고무적이며, 차기에도 동일 주제로 지속 심화시켜라
- 발표 내용을 관련 임원 및 관련 부문과 협의하여 적용해라

② CTO 및 사업부장

- 개발·영업·생산 부문이 서로 떨어져 있으면 협업 효율이 떨어진다.
- 제안의 상당 부분을 당장 적용하고, 사업부에도 확산하면 좋겠다.

(5) 핵심내용 요약방법 및 실습

① 흑백요리사 최현석 셰프의 리더십

2024년 넷플릭스에서 화제가 된 흑백요리사(요리 계급 전쟁)의 팀 대결에서 리더를 맡아 단호한 리더십으로 압도적 승리를 이끌어 낸 최현석 셰프의 리더십을 살펴본다. 그의 팀원 중에는 에드워드 리 등 수준급 셰프도 있었지만, 그는 다른 팀들과 달리 잡음이나 분열 없이 목표를 향해 움직였다. 그 과정에서 메뉴도 안 정하고 주요 재료를 싹쓸이하거나, 매출을 올리려고 음식 단가를 아주 높게 설정하는 등 파격적 결단을 내리기도 했다. 다른 팀으로부터 "비열하다"는 비난도 적지 않았지만 결과는 모두 최 셰프의 승리였다. 그는 요리를 만들기에 앞서 고객이나 경쟁사 분석을 우선적으로 실시하였고, 그에 맞추어 메뉴를 정하고 각자의 역할을 나누어 움직였다. 또한 개인보다 팀의 승리가 우선한다는 마음으로 팀 대결에 임했다.

카리스마	• 팀원들을 이끌 수 있는 카리스마 • 리더가 실력을 갖췄다는 것을 보여준다.
위임	• 팀원들의 능력을 보고 일을 위임한다. • 잘하는 분야에 대한 권한을 준다.
팀의 승리가 우선	• 내가 스타가 되는 게 중요하지 않다. • "리더"라는 역할을 잘하는 사람이 있으면, 팀장시키고 나는 서포트 하겠다.
고객 분석	• 고객분석을 철저히 한다. • 평가단이 젊은 남녀라는 것을 알고, 익숙하면서 색다른 가자미미역 국을 선정하고, 필수 재료인 가자미를 선점한다. • 차별화된 허세를 자극하는 고가격 전략을 구사한다.
경쟁사 분석	• 다른 팀은 자신이 하던 요리를 어떻게 잘 만들까 고민 • 요리에만 집중하는 게 아니라, 매출에 초점을 맞춘 전략

② 효과적인 보고서 준비 작업

a. 보고서 시작 전에 생각을 정리한다.

순서는 첫 번째 혼자, 또는 여러 명이 같이 주제에 대해 브레인스토밍을 한다. 두 번째는 생각나는 대로 단순하게 나열해 본다. 세 번째는 주제를 몇 가지로 정리해 본다. 마지막으로 생각이 정리되면, 보고서 작성이 쉬워진다.

b. 자료를 읽으면서 메모하는 방법

순서 ②	순서 ①
Keyword 정리	주요 내용 기록

③ 중간 간부의 리더십

a. 전문지식

역할 수행을 위해 필수적으로 알고 있어야 하는 지식 및 기술을 의미하며, 기본적으로 담당하는 업무에 대한 체계적이고 전문적인 지식을 갖추어야 한다. 즉 본인의 직무를 수행하는 데 필요한 이론적 지식뿐만 아니라, 실무지식이 같이 구비되어야 한다.

b. 리더십

회사의 전사 방향에 맞추어 업무를 추진해 나가고, 팀원들에 대한 동기부여 및 원활한 의사소통 능력이 필요하다. 적절한 보상과 동기부여를 통하여 구성원들이 유기적으로 협력하여 조직의 목표를 달성해나가도록 한다. 구성원들의 원하는 니즈를 파악해서 업무를 통해 성장할 수 있는 방법과 대안을 제시하고, 자부심과 성취감을 느낄 수 있도록 한다.

c. 업무관리 능력

효과적인 업무수행을 위해 업무활동 및 진행 과정을 체계적으로 구분하여 조직화하며, 활동이나 업무의 특성을 분류하여 구성원들에게 적절히 배분하고, 구성원들의 역할 및 책임을 명확히 제시한다. 부서의 목표를 세우고 진행 과정을 관리하며, 결과는 공정하게 평가하고 피드백 해준다.

(6) 보고 및 응답 스킬

① 보고 잘하기 노하우

a. 커뮤니케이션의 본질은 설명보다는 설득, 그리고 설득보다는 공감해야 한다.
b. 결론부터 설명하고, 설득하고 공감할 수 있도록 핵심을 찌르면서 간결하게 말한다.

• 구두나 메모 보고는 키워드만 보고한다.
• 보고서를 보고할 때는 자료를 읽듯이 하지 않는다.
• 프리젠테이션은 자료를 읽듯이 하지 말고, 실제와 같이 연습한다. 내용 전달, 이야기 흐름, 시간, 태도, 말투, 포인터 사용법 등을 체크한다.

c. 중간보고를 잘한다.

• 중간보고는 반드시 해야 하고, 문제가 생길수록 더 자주 보고 하는 게 좋다.

② 응답 스킬 기본 원칙

듣기의 원칙	1. 키워드의 의미와 핵심을 파악한다. 2. 주관적인 판단 없이 사실 그대로 넣는다. 3. 미리 결론 짓지 말고 집중해서 듣는다. 4. 상대방의 입장을 고려한다.
질문의 원칙	1. 질문의 의도가 명확해야 한다. 2. 간략하고 구체적으로 질문한다. 3. 답변이 부정확할 때는 다시 질문한다. 4. 여러 가지 질문을 한꺼번에 하지 않는다.
응답의 원칙	1. 질문의 의도를 정확하게 파악한다. 2. 결론부터 먼저 말한다. 3. 간략하고 명쾌하게 답변한다. 4. 근거나 사례를 제시하여 설득력을 높인다.

4) 글로벌 경쟁력

오늘날 우리가 일하는 무대는 국제화되었다. 예전에는 국내에서 모든 일들이 가능했었지만, 이제는 경제 규모가 커지고 시장이 넓어지면서 국제화 사회가 되었다. 더 이상 우물 안의 개구리식으로 국내에 안주해서는 경쟁하기 어려운 시대가 되었다. 이러한 경쟁에서 살아남으려면 국제적인 감각과 소통할 수 있는 언어와 다른 나라의 문화를 이해해야 가능하다.

(1) 일하는 무대는 Global이다. Global하게 생각하고 일한다.

내가 일하는 분야의 지속적인 벤치마킹을 통하여 선진기술 트렌드를 파악한다. 매년 관련 학회 및 학술대회, 전시회 등에 적극 참석하여 새로운 기술 동향을 파악하고 공부한다. 저자가 회사에 근무할 때 반도체 사업부에서 파운드리 사업을 처음 시작하게 되었다. 매년 7월이면 미국 샌프란시스코에서는 반도체 분야에서 가장 규모가 큰 전시회(세미콘웨스트)가 열린다. 그 당시 회사에 전시회 참가를 위하여 출장을 신청했더니, 회사에서는 대만 T사의 생산체계 및 생산인프라를 벤치마킹해오라고 수명 업무를 주었다. 처음에는 몹시 막막했다. 출장을 가야 하나, 말아야 하나 무척이나 고민되었다. T사에 네트워크도 전혀 없고, 그 회사 엔지니어가 세미콘웨스트에 참석하는지 안 하는지도 전혀 모르는데 무슨 수로 정보를 입수한단 말인가. 며칠을 고민하다가 반도체 연구소 임원이 전시회에 참석한다는 것을 알고 그를 찾아갔다. 사정을 얘기하고 도와 달라고 부탁을 하니, 본인이 전시회 기간 중 열리는 ITRS(International Technology Roadmap for Semiconductor, 반도체국제기술로드맵) 멤버 회의에 참석하는데, 그 멤버 중에 T사 사람도 있으니 그 회의에 한번 참석해보라고 알려 주었다. 다행히도 그 회의에 참석해 보니 T사 엔지니어도 참석하였고, 자연스럽게 정보 교류를 할 수 있었다. 서로 얘기하다 보니 T사 엔지니어도 한국의 S사 현황을 알고 싶어 한다는 것을 알았다. 이때 중요한 것은 서로 give and take 법칙 이다. 즉 내 것을 주어야 상대방 것도 얻을 수 있다는 뜻이다. 글로벌한 경쟁력을 갖추려면 내가 일하는 분야의 새로운 기술 트렌드, 선진사 동향에 항상 민감하게 안테나를 세우고 있어야 한다.

(2) 글로벌 경쟁력 갖추려면 (어학)

글로벌 경쟁력을 가지려면 영어는 기본이고, 추가로 중국어나 일본어 등 2개 국어는 필수적으로 구사할 수 있어야 한다. 기업체 CEO들은 아침 일찍 출근하여 업무를 시작하기 전에 한 시간 이상 외국어를 공부하고, 하루 일과를 시작한다. 글로벌 시대에 외국기업과 비즈니스를 하기 위해서는 외국어는 기본으로 잘하지 않으면 경쟁력이 약해질 수 밖에 없다. 이런 추세에 맞추어 대학생활 때 교환학생이나 어학연수, 배낭여행 등 현지 문화를 체험하는 기회를 갖는 것도 많은 도움이 된다. 또한 기업에서도 사원을 위한 어학연수, 지역전문가 제도, 학술연수 등 다양한 프로그램을 운영하고 있다. 회사에 들어가면

기업 내의 이런 다양한 기회를 적극 활용해야 한다. 많은 직장인들이 내가 없으면 회사가 잘 안 돌아가는데 어떻게 6개월, 일 년씩 자리를 비울 수 있느냐고 얘기하는데, 천만의 말씀이다. 그것은 나만의 착각이고 핑계일 뿐이다. 그리고 개인적으로 다른 나라의 문화를 공부하고 일 년에 한 번은 휴가를 이용하여 해외여행을 다녀오는 것도 좋은 방법이다. 특히 선진국이나 고대문화를 찾아 직접보고 체험하는 것은 많은 도움이 된다. 마지막으로 자기개발에 본인 급여의 10% 이상을 투자하여, 자기의 전공이나 미래를 위한 투자를 지속적으로 해나가야 한다.

(3) 인문학 공부를 지속적으로 한다. (인문학)

새로운 창의력은 인문학에서 나온다. 인간이 살아가는 방식과 다양한 문화를 이해해야 새로운 아이디어를 찾을 수 있고 창의적인 제품을 만들어 낼 수 있다. 애플의 스티브 잡스가 당시는 아무도 생각하지 못했던 획기적인 스마트폰(아이폰)을 만들어 낸 것도, 인간의 본성을 근간으로 한 인문학적 소양에서 시작됐다는 것은 우리 모두가 다 아는 사실이다.

내가 관심 있는 분야를 정해서 매년 읽을 책을 선정하고 탐독하는 습관을 들인다. 철학, 문학, 심리학, 역사, 종교, 예술 등 다양한 분야의 책을 접해보고 읽는다. 독서는 대학생활 때 책을 읽는 습관을 기르는 것이 가장 바람직하다. 직장 생활을 하면서 책을 읽는다는 것은 점점 어려워지고 멀어질 수밖에 없다. 그나마 대학생 때 책을 읽고 독서하는 습관을 가진 사람은 바쁜 중에서도 잠깐이라도 시간을 내서 독서할 수 있다.

5) 열정(Passion)

(1) 가슴에 뜨거운 열정을 품어라

열정은 인간이 "살아있음"의 희열을 느끼게 하는 가장 중요한 요소다. "멈추어라 순간아 너는 참으로 아름답구나" 이 말은 괴테의 필작 『파우스트』에 나오는 주인공 파우스트가 악마 메피스토펠레스에게 한 말이다. 인류사의 거대한 지식으로도, 순간적인 쾌락으로도, 심지어 순결한 소녀 그레트헨과 신화 속의 미녀 헬레나와의 사랑으로도 충족되지 않았던 파우스트는 "멈추어라 순간아 너는 참으로 아름답구나"라고 외치는 순간 죽어 그 영혼이 메피스토펠레스에게 넘어간다. 이상 국가를 실현해가던 파우스트는 결국 이렇게 외치고 죽게된다. 괴테는 이 대사를 통하여 순간의 아름다움과 삶의 가치를 인식하고, 그 순간을 온전히 즐기라는 의미를 담고 있는 동시에 순간적인 쾌락을 경고하고 있다. 즉 삶의 순간순간을 소중히 여기고, 열정적으로 살아야 한다는 메시지를 우리에게 전달하는 것이다.

"청춘은 인생의 어느 한순간을 의미하지 않는다. 비록 나이가 80세라도 가슴속에 새로움에 대한 호기심과 머리를 드높여 희망이란 파도를 탈 수 있는 한 그대는 영원한 청춘의 소유자다." 사뮤엘 울만은 청춘을 이렇게 노래하였다. 그는 청춘이란 단순한 나이를 의미하지 않는다고 말한다. 나이가 얼마이든 우리의 마음속에 희망과 용기와 열정이 있으면 청춘이라고 말하고 있다. 대학생의 젊음과 청춘과 열정은 가장 소중하고 축복받은 자산이다. 특히 젊음은 인간이 젊은 시절 가질 수 있는 가장 소중한 자산이고, 또 누릴 수 있는 최고의 특권이기도 하다.

(2) 반도체인의 신조_사례

삼성반도체는 1974년 반도체 사업에 처음 진입했지만, 당시에는 미국, 일본 등 선진기업에 뒤진 보잘 것 없는 신생 기업이었다. 하지만 오너의 과감한 투자와 혁신적인 기술개발, 그리고 일등 기업이 되기 위하여 사원들에게 끊임없이 정신 교육을 시켰다. 특히 전 사업장에서 매일 아침마다 업무를 시작하기 전 조회를 하면서 반도체인의 신조(10훈)를 모두가 복창하고 업무를 시작한 것은 잘 알려져 있다.

① 안된다는 생각을 버려라

② 큰 목표를 가져라

③ 일에 착수하면 물고 늘어져라

④ 지나칠 정도로 정성을 다하라

⑤ 이유를 찾기 전에 자신 속의 원인을 찾아라

⑥ 겸손하고 친절하게 행동하라

⑦ 서적을 읽고 자료를 뒤지고 기록을 남겨라

⑧ 무엇이든 숫자로 파악하라

⑨ 철저하게 습득하고 지시하고 확인하라

⑩ 항상 생각하고 확인해서 신념을 가져라

삼성반도체가 오늘날 전 세계 반도체 업계의 일등 기업으로 올라선 것은 사원들의 치열한 노력과 일에 대한 열정이 있었기에 가능했다. 우리도 할 수 있다, 일등이 될 수 있다, 내가 일등 제품을 만들겠다, 일등 제품을 만들려면 내가 먼저 일등이 돼야 한다는 사고와 도전정신, 그리고 회사는 사원들에게 그에 걸맞은 처우를 해주고 자부심과 긍지를 심어 주었기에 가능했다.

3. 마무리

자신 앞에 있는 백지 위에 어떤 그림을 그리고, 어떤 방향으로 나갈지는 여러분이 선택할 문제다. 내가 어떤 그림을 그리고 어떻게 방향을 설정하느냐에 따라 나의 인생은 달라지게 될 것이다.

1) 자기 자신을 존중한다.

나는 이 세상에서 단 하나뿐인 소중한 존재이다. 나는 수억만생 중의 일의 경쟁을 뚫고 이 세상에 나올 수 있었다. 이 우주에는 아직 삶을 선물 받지 못한 억조창생(億兆蒼生)의 "대기조"들이 우주의 커다란 다락방에 순번을 기다리고 있다고 한다. 나에 대한 자부심과 자신감을 갖고, 그 존재 가치에 대하여 감사한 마음을 갖는다. 이에 더하여 인성을 갖추도록 부단히 노력한다.

2) 내 안에 숨어있는 Talent를 발견하고, 그것에 모두 쏟아붓는다.

내가 하고 싶고, 잘할 수 있는 것, 그리고 트렌드에 맞추어 나만의 차별화된 분야를 찾고 나의 비전과 가치를 만든다. 그리고 그 비전과 가치를 실현하기 위한 자기경영계획을 세우고 실행해 나간다. 그것에 나의 모든 것을 쏟아붓는다. 그리고 나만의 필살기를 만든다.

3) 인생은 단 한 번 주어진다.

인생은 두 번 다시 기회가 오지 않는다, 누구나 단 한 번씩만 기회가 주어진다. 더 이상 내 의사와 상관없이 살다가 나중에 후회하기보다는 자기 주도적으로 인생을 살아야 한다. 우리가 인생을 살아가는 데 목표는 나의 존재 가치와 살아 있음을 느끼게 해주는 매우 중요한 지표이다. 명확한 목표가 있는 사람은 아무리 어려운 환경과 난관도 헤쳐나갈 수 있다. 목표는 살아가는 방향을 제시해 주고, 존재 의미를 갖게 해준다. 자기의 비전과 가치를 만들고, 목표를 세우고 도전하고, 또 도전하여 성취해 나가는 삶을 살아야 한다.

우주적 존재로서 내가 부여받은 재능들을 다 활용하여 나에게 맡겨진 역할을 해내는 것, 결코 적당히 살지 않는 것, 이것이 내가 이 세상에 나온 목적이기도 하다.

PART 4

자기경영
사례 연구

중요한 것은 생각이 아니라 행동이다.

-레프 톨스토이-

4

CHAPTER 8

자기경영계획 사례

이번 장에서는 자기경영계획 사례들을 살펴보기로 한다. 본 사례는 저자가 대학에서 경영학을 강의하면서 학생들에게 자기경영에 대하여 그 필요성과 작성 방법을 알려주고 작성한 사례들을 모은 것이다. 장래 목표를 경영인, 전문가, 교육자, 공무원, 직장인으로 나누어 정리하였다. 여기에 기술된 내용은 개인별로 작성된 내용으로 그 완성도가 다소 떨어지나, 보완할 내용들이 피드백되어 한 번 더 업데이트되었고, 개인별로 실천해 나가는 사례들이다. 특별히 이 사례를 공유하는 것은 전공이 서로 다른 학생들이 작성한 다양한 분야별 사례들을 거울삼아 본인의 자기경영계획을 작성하는 데 보다 도움이 될 것으로 기대되기 때문이다.

경영인 사례

본 장의 경영인 사례는 자기사업과 보건/의료 사업으로 구분하였고, 각 사례는 개인별로 작성된 것임을 의미한다. 여기서는 경영인을 목표로 하여 관련 분야에서 경험을 쌓은 다음, 궁극적으로는 자기사업을 목표로 하는 학생들이 작성한 사례이다.

1. 자기사업 계열

자기사업은 의료기기, 의공학부, 환경공학 등 관련 기업에 입사하여 실무경험을 쌓고, 그 경험을 바탕으로 궁극적으로는 자기사업을 목표로 하는 학생들이 작성한 사례이다.

1) 비전

사례 1. 전문성을 갖춘 인증지식을 기반으로 엔지니어 업무를 실행함으로써 전략적인 의료기기 개발 계획을 구성하고 실현하여, 우리나라 의료기기 생산 및 품질관리의 선진화를 이끄는 경영자가 된다.

사례 2. 대한민국 의료공학 분야에서 의공학부에서 배운 지식 및 다양한 경험 등을 이용하여 전 세계에 도움이 되는 의료기기를 파는 벤처기업 사장이 된다.

사례 6. 전 세계 의료기기 무대에서 리더십과 창의성을 활용하여 세계적 기업의 경영자가 되어 많은 어려운 사람들에게 도움을 주는 것이다.

사례 7. 짧다면 짧고 길다면 긴 인생에서 관련 분야에서 실무지식과 경험을 쌓고,

이를 활용함으로써 전 세계를 상대로 하는 무역회사를 설립한다.

사례 8. 생산을 제외한 경영, 홍보, 연구, 판매가 가능한 회사에서 그 회사를 차리기까지 내가 갖고 있는 특허 기술들이 접목된 아이템을 판매하는 연봉 1억 2천만 원의 CEO가 된다.

사례 12. 나는 앞으로 터득할 의료공학 지식을 통해 마케팅 사업을 하고 싶다. KIMES나 JOHNS AND JOHNS MEDICAL과 같은 회사를 보면 의료기기를 비즈니스와 접목시켜 사업을 하고 있다. 이와 같이 나 또한 의료기기에 관한 지식을 바탕으로 사업을 해서 의료기기 사업가가 되고 싶다.

사례 14. 먹는 물이 부족하거나 오염된 물밖에 마실 수 없는 환경에서 수질처리 기술과 친환경적인 기술을 발전 및 활용하여 더 발전된 환경을 제공할 수 있는 사업을 하는 경영인이 된다.

사례 15. 한국, 미국, 중국, 프랑스 등을 넘나드는 세계적인 무대에서 영어 및 제 2 외국어 능력과 많은 연습과 경험으로 다져진 화보, 워킹 실력을 활용하고, 건설적인 사고를 토대로 최연소 기획사 CEO 겸 국내 최고의 모델이 된다.

2) 롤 모델_국내

국내 롤 모델들의 공통적 특징으로 성실, 열정, 성공에 대한 의지 등을 들 수 있다. 그들 모두 개인적으로 그 분야에서 전문가이며, 꾸준한 노력을 통해 성공을 일궈낸 사람들이다. 그들의 꾸준하게 보여주는 본인 분야에서의 성과는 모두 그들의 성실한 노력의 결과물임을 알 수 있다. 이와 같이 꾸준한 노력이 성공의 중요한 요소임을 롤 모델들의 특징을 통해 알 수 있다.

① 유재석

사례 1. 유재석과 가장 닮고 싶은 점은 사람을 다루는 방법이다. 그에게는 특별한 리더십이 있다. 독단적으로 통솔하는 위엄 있는 리더가 아닌, 마음속 깊은 곳부터 따뜻하게 어루만져 주는 인간적인 리더이다. 구성원 모두에게 차별 없는 관심으로 그를 신뢰할 수 있게 하고, 따르게 하고 존경하게끔 만든다. 타인의 아픔에 공감할 줄 알며 본인의 일처럼 나서서 도와줌으로써 그 사람의 버팀목이 되어 자신의 사람으로 만드는 멋진 능력을 지녔다. 사람을 소중히 하는 것은 리더로서 가장 기본적으로 갖춰야 할 소양이지만 실천하기 어려운 만큼 유재석이 얼마나 대단한 사람인지 가늠할 수 있게 한다. 그의 백만 불짜리 인품을 닮고 싶다.

② 김연아

사례 1. 어디 하나 닮고 싶지 않은 점 없는 '완벽'에 가까운 인물이다. 그녀는 아주 어릴 적부터 피겨 스케이트를 타며 꿈을 꿔왔고, 어린 나이에 그 '꿈'을 이뤘다. 그녀를 롤 모델로 지목한 이유는 두 가지가 있다. 위에서 언급한 '완벽' 그리고 '꿈'이다.

사례 2. 남들이 뭐라 비웃던지 본인의 주어진 환경에서 최선을 다하는 모습은 현대 사회에서 자신의 나아갈 길을 정하지 못한 채 허우적거리는 나의 모습과 대비되는 점이다. 트리플 악셀이 최고의 기술임을 알고 본인이 시도할 수 있지만 본인의 장점인 연기력과 표현력에 초점을 맞춰 트리플 악셀을 포기하는 부분은 삶에 있어서 우선순위를 두고 자신의 자신 있어 하는 점에 초점을 맞추는 전략적인 선택이다. 이러한 그녀의 선택은 앞으로 내가 나의 삶을 어떻게 선택하고 책임져 나아갈 것인지 보여주는 예로써 나의 롤 모델로 최적화 되어 있다.

③ 정몽구 회장

사례 1. 더 보고 느끼기 위해 부지런하게 살았고 그 경험이 밑바탕이 돼 지금의 인생관을 세웠을 것이다. 이를 통해 내가 정몽구 회장에게서 배우고 싶은 것은 세 가지 정도로 압축할 수 있다. 하나는 재수 생활까지 포함하여 내가 가지고 있던 성실함을 찾아 하나라도 더 보고 배우기 위해 부지런히 사는 것이고, 둘째는 가장 밑바닥부터 성실히 임해 꼭대기로 올라가는 것이다. 그리고 세 번째는 밑바닥에서 보고 배운 것을 잊지 않고 꼭대기의 위치에서도 느낀 바를 실천하는 것이다.

사례 2. 노력으로 인해 모든 것을 얻을 수 있다는 점을 시사해준다. 바닥부터 시작해 꼭대기까지 올라가면서 한 번의 쉼도 없었다. 꾸준한 노력 정진, 그리고 고찰을 통해 문제점을 파악하고 개선해 나아가는 과정을 통해 오늘의 현대가 있을 수 있었으며, 이러한 현대의 모습은 정몽구 회장의 피눈물 섞인 노력의 결과물인 것이다. 순간의 욕구에 의해 나 스스로 노력하지 않는 모습을, 그의 항상 노력하고 도전하는 자세를 통해 바꿔 나가고 싶다.

④ 기타

사례: 이제범, 정약용, 이동진, 박지성, 조승현, 이희성, 이형우

3) 롤 모델_해외

해외 롤 모델의 공통점으로 꾸준한 노력과 본인의 의지를 관철하여 큰 성공을 거둔 인물들이라는 것이다. 대부분의 사람들이 그들을 알고 있으며, 해외 롤 모델인 스티브 잡스와 빌 게이츠 모두 사회에 큰 공헌을 하였다. 그들의 특징 중 본인 분야에 대한 끊임없는 관심, 호기심, 열정, 그리고 노력이 보인다. 또한 창의성을 통해 세상을 놀라게 하였으며 확고한 방향성으로 한발 앞선 경영을 보여주었다. 마지막으로 그들은 큰 성공을 통해 얻은 부를 사회에 환원하며 함께 사는 삶에 대해 시사하고 있다.

① 스티브 잡스

사례 1. 내가 스티브 잡스로부터 가장 높게 평가하는 부분은 IT 업계에 혁신을 이루어서가 아니라, 그가 대학 시절에 자신에게 가치가 없어 보이는 과목들을 필수 이수해야 한다는 점이 자신의 생각과 맞지 않아 자퇴를 결심한 점이다. 하지만 친구의 집 바닥에서 잠을 자고 콜라병을 판 돈과 무료 급식으로 끼니를 해결하는 생활 속에서도 청강을 통해 배움의 끈을 놓지 않

앉던 점이다. 자신이 생각하는 것들, 자신이 옳다고 믿는 것들은 주변 환경 및 다른 사람에 따라가지 않고 자신만의 길을 개척해냈다. 그리고 노력을 게을리하지 않았던 점들은 내가 배우고 본받아야 하는 것들 중에 가장 크다.

사례 2. 그는 과학(science)과 예술(art)의 융합을 강조했다. 이는 공학도들의 허를 찌르는 말이었다. 그저 뛰어난 기술만을 생각하며 연구에만 몰두해 탄생한 것과, 제품의 완성도와 고객의 만족도를 함께 생각하며 만들어 낸 결과물은 분명 큰 차이가 있을 것이다. 대한민국 최고의 기업인 삼성도 애플의 그런 면에 공감하지 않았을까? 의료기기 사업을 하고 싶은 내게 멀리서 건네는 조언처럼 들린다. 어쩌면 내가 생각하고 있는 문제의 해답은 기술이 아닌 다른 곳에 있을지도 모르겠다.

사례 6. 첫 번째는 사람들은 미처 생각지 못하고 있지만 만약 그것을 충족시켜줄 것이 생긴다면, 그것 없이는 살지 못하게 될 만한 것을 개발하는 것이다. 그리고 두 번째는 전공이 아니라 다른 수업에서 듣고 배운 것을 나중에 내가 하고 있는 일에 접목시키는 것이다. 우리나라에서는 팀 닥터라는 직업이 활성화돼있지 않아서 사람들은 별로 지각하지 못하고 있다. 처음 스마트폰이라는 것이 필요한지 모르던 시절 아이폰을 시작으로 지금은 전세계 사람들에게 엄청난 영향을 미치고 있는 것처럼, 지금 내가 생각하고 있는 팀 닥터 그룹이 큰 영향을 미칠 수 있도록 할 것이다. 전공과목을 의학에 이용하는 것 말고도 팀 닥터 그룹을 제대로 경영하기 위해 경영학에서 배운 지식을 이용하고, 외국에서 내 기업이 경쟁력을 갖고 여러 영향을 미칠 수 있도록 국제관계에서 배운 것을 이용해 국가들의 이해관계를 잘 이용하도록 할 것이다.

② 빌 게이츠

사례 1. 우리나라의 사회 지도층에서는 많이 부족한 '노블레스 오블리주'를 제대로 실천하고 있다. 세계 최고의 갑부로서 지도층 중에서도 최정상에 있는 대신 본인이 그에 대한 책임감이 막중하다는 것을 알고 세계 최대의 자선단체를 설립해 많은 사람들에게 희망이 되어주고 있다. 이런 모습은 젊은이들은 물론이고 우리나라의 지도층 역시 본받아야 할 모습인 것 같다.

사례 2. 나의 성공이 나에게 이로운 것에 그치는 것이 아니라 다른 누군가에게 보탬이 되었으면 하는 바람이 그를 롤 모델로 선정하게 되었다. 나의 인생의 궁극적 목표는 빌 게이츠처럼 돈을 많이 벌겠다는 것이 아니라, 그의 가치관, 인생관을 본받음으로써 배부르게 살 수 있는 경영인이 되는 것이다. 그의 '선의를 베푼다 할지라도 무엇을 바라면서 베푸는 것이 아닌 아낌없이 주는 나무가 될 수 있어야 한다.'라는 사고관이 내가 그를 존경하고 마음속 깊이 따르고 싶게 만든다.

③ 기타

사례: 일론 머스크, 앤 설리반, 커크 커코리안, 버락 오바마

4) 전략

(1) SWOT 분석

본 장에서는 본인의 내부역량과 외부환경을 분석하여 전략을 수립한다. 본인의 강점과 약점을 분석하고, 외부환경의 기회요인과 위협요인을 분석하여 SO, ST, WO, WT전략을 수립한다. 그중에서 본인의 강점이면서 기회요인이 되는 SO전략에 중점을 두고 전략을 수립한다.

▌표 8-1 ▌SWOT 사례 1

			내부역량분석	
			강점(S)	약점(W)
			1. 통솔력(리더십)이 뛰어남 2. 자기관리 철저(계획적) 3. 흡수력(이해력)이 뛰어남 4. 보건 계열 전공(학점 4.0 이상)	1. 우유부단함 2. 외국어 능력 부족(speaking) 3. 스펙 부족 4. 경제적 어려움
외 부 환 경 분 석	기회 (O)	1. 의료기기 산업 시장 확대 2. 장학금 제도 활성화 3. 다양한 취업 프로그램 참여 기회 확대 4. 교환학생, 워킹홀리데이 등의 다양한 해외 프로그램 참여 기회 확대	**SO전략** 1. 철저한 자기관리와 계획성으로 취업, 해외 등의 다양한 프로그램에 참여할 수 있는 기회, 장학금 수혜를 받도록 노력 2. 보건계열 전공으로 의료기기 산업 시장의 확대에 더불어 대기업 취업 확률 증대 3. 의공학에 관련 자격증 취득 4. 보다 깊은 전공지식을 위해 석사학위를 취득하여 전문지식을 갖추기 위해 노력	**WO전략** 1. 다양한 해외 프로그램에 참여하여 부족한 외국어 능력 향상에 힘씀 2. 아르바이트, 인턴 등의 다양한 취업 프로그램에 신청하여 부족한 스펙을 쌓는 데 힘씀 3. 장학금 제도에 대한 확실한 정보 수집, 학점 확보를 통해 경제적 어려움을 극복
	위협 (T)	1. 대기업 채용 감소 2. 외국어 능력의 필수화	**ST전략** 1. 글로벌 대기업의 인재상 트렌드에 맞춰 외국어 능력을	**WT전략** 1. 외국어 공부에 대한 비중을 늘려 해외 프로그램에 참여

| 외부환경분석 | 3. 우수 경쟁자들의 증가로 취업 경쟁률 향상 | 갖출 수 있게 학기 중 철저한 시간 관리로 전반적인 외국어 실력 향상에 힘씀
2. 학점 확보, 공모전 참가, 활발한 대외 활동과 해외봉사 활동 또는 리더십을 바탕으로 한 학술모임 등의 기타 스펙으로 경쟁력 향상
3. 보건계열, 특히 의공학과 관련된 자격증 취득이나 지원하고자 하는 분야의 인턴, 아르바이트 등의 경력을 쌓아 대기업 채용 감소에 대비 | 할 수 있는 기회를 얻는다. 졸업 전까지 글로벌 대기업에 맞는 인재상이 되기 위해 준비
2. 다양한 취업 프로그램에 참여하거나 대외활동에 대한 목표를 설정하여 경쟁자들에게 뒤처지지 않는 스펙을 쌓음
3. 전공에 대한 확신과 이해를 바탕으로 특수함을 살려 대기업 취업난을 피할 수 있도록 함 |

▌표 8-2 ▌ SWOT 사례 2

			내부역량분석	
			강점(S)	약점(W)
			1. 의대생으로 의사가 될 수 있다. 2. 사교성이 좋고, 외향적이다. 3. 누구보다 성실할 수 있다. 4. 체력은 평균 이상은 하는 것 같다. 5. 목표가 있으면 그 목표를 달성하기 위해 엄청 노력한다.	1. 얇고 폭넓은 인간관계보다는 좁아도 깊은 인간관계가 좋다. 2. 시험을 치러본 적이 없어서 어느 정도 수준의 학업 능력을 갖고 있는지 모른다. 3. 의사에 대한 적성이 있는지 모른다.
외부환경분석	기회(O)	1. 고등학교 친구들 중에 여러 대학 의대, 치대 친구들이 많다. 2. 고등학교 97기 졸업생으로 선배가 많고, 좋은 후배들도 많이 생길 것이다.	**SO전략** 1. 성실하게 생활하면서 스포츠의료에 대한 것들을 많이 접해 볼 수 있다. 2. 체력이 좋고 능력 있는 선후배 덕분에 학업을 챙기면서도 인맥을 여러 방향	**WO전략** 1. 여러 사람들로부터 좋은 사람들을 소개받아도 마음이 맞지 않는 경우 친해지지 못할 수 있다. 2. IOC가 지원해서 하는 여러 프로젝트를 참여하는 데 의

			으로 넓힐 수 있다. 3. 사교적이고 외향적이므로 의대, 치대 친구들을 통해 의료계의 인맥을 넓힐 수 있다.	학실력이 부족할 수 있다. 3. 의사에 대한 적성이 맞지 않아 기회들을 살리지 못한 채 의사를 그만둘 수도 있다.
	3. 학교 연계병원이 IOC로부터 스포츠의학 분야에 대한 지원을 받는다.			
			ST전략	**WT전략**
위협 (T)	1. 지금 다니고 있는 학교가 중상위권 의대이긴 하지만 메이저 의대는 아니다. 2. T/O가 많은 대학병원이 아니라서 다른 병원에 가서 레지던트를 해야 할 수도 있다. 3. 다른 의대 친구들과의 교류가 없다.		1. 이 대학병원에 남지는 못하지만 더 좋은 메이저 병원에서 레지던트 생활을 하면 엘리트 의사들과 커뮤니티를 형성하고 어느 의대를 나왔는지가 중요치 않아질 수 있다. 2. 항상 내가 이루고자 하는 목표가 무엇인지 생각하며 지금 가지고 있는 위협들을 극복하기 위해 노력한다.	1. 의대에 적성이 맞는 것인지, 안 맞는 것인지 알 수 없어서 방황하고, 성적이 안 좋게 나옴에 따라 좋지 않은 병원에 가서 전문의 과정을 수료하거나 내가 원하는 과 전문의가 되지 못할 수 있다. 2. 교류도 거의 없는데 마음이 맞지 않는다고 해서 다른 의대와 커뮤니티를 유지못하면 인맥에서 문제가 생길 수 있다.

(2) ERRC Model

ERRC Model은 나의 강점과 기회에 집중하기 위하여 시간을 보다 효율적으로 사용하기 위한 전략이다. 앞에서 분석한 본인의 SO전략을 중점적으로 실행하기 위하여 본인이 하루 사용하는 시간을 분석해 보고, 제거할 것과 줄일 것, 새롭게 해야 할 일, 증가할 일들을 정리한다. 이때 없애고 줄이는 시간의 합계가 새롭게 할 일과 늘려 나가야 할 시간의 합계와 맞아야 한다.

┃ 표 8-3 ┃ ERRC Model 1

ELIMINATE	CREATE
1. 계획을 세우면 늘 미루는 것. 하루하루 계획을 세워놓고 내일로 미룬다. 즉 나에 대해 관대하다. 2. 휴대폰 카카오톡을 너무 자주 확인한다. 휴대폰 중독인가 의심이 갈 정도로 자주 확인한다. 3. 계획한 것이 있으면 꼭 그것이 닥쳐야 가까스로 해낸다. 이 과제만 하더라도 내일까지인데 시작은 옛날부터 했지만 끝마무리는 과제 내기 하루 전에 끝낸다.	1. 공모전, 사업을 졸업 전까지 꼭 해본다. 나만의 것을 갖기 위한 노력을 지금까지 해보지 않았다. 2. 전공필수 과목 학점향상 및 자격증 취득성적은 A 이상 받고, 자격증은 2개 이상 취득한다. 3. 그동안 SNS는 낭비라 생각하고 하지 않았다. 블로그 운용법을 공부하고 인맥관리를 위해 네이버 블로그를 운용해 본다. 4. 건강한 몸과 심신 단련을 위해 크라브마가 무술을 하나 익힌다. 여름방학 동안에 도장을 등록해 3달 동안 해본다.
REDUCE	RAISE
1. 예능 볼 시간을 줄인다. 예능을 보면 재밌기는 하나 예능 3개를 매주 보기 때문에 3시간이나 뺏긴다. 1개만 본다. 2. 여자친구에게 신경 쓰는 시간을 줄인다. 연애에 할당하는 시간보다 Create해야 하는 시간에 투자한다. 3. 돈을 충동적으로 쓰는 일을 줄인다. 용돈을 받아서 쓰는데 돈 관리를 해서 불필요한 충동을 줄인다.	1. 연애에 투자하는 시간보다 공부에 투자하는 시간을 증가시킨다. 남은 시간에 도서관에 가서 학과 공부를 많이 한다. 2. 장기간 플래너를 짜는 것보다 10분 이내 같은 단기간 계획을 하는 것을 증가시켜 일상생활해 본다. 3. 최근 책 읽는 시간이 줄어서 독서량을 늘린다. 재미없는 책으로 억지로 읽기보다 관심 가는 분야 책을 쉬는 시간에 읽도록 노력해 본다.

┃ 표 8-4 ┃ ERRC Model 2

ELIMINATE	CREATE
1. 계획표 작성을 게을리 하는 것 2. 수줍음 3. 공부에 대한 게으름 4. 간식 5. 현질(게임) 6. 충동구매	1. 프로그래밍 2. 영어(토익, 스피킹) 3. 스포츠의학 경험 4. 플래너 만들기 5. 새로운 취미생활(골프)

REDUCE	RAISE
1. 스마트폰 게임(갯수, 시간 둘 다)	1. 스포츠 소식
2. 인터넷 서핑	2. 시사공부
3. 술(안마실 수는 없지만, 최소화)	3. 독서
4. 담배(줄이고, 제거한다)	4. 동아리 활동
	5. 인맥관리(커뮤니티)

5) 실행

(1) Action Plan

실천계획은 앞에서 수립한 전략에 따라 해야 할 일들을 단기, 중기, 장기로 나누어서 구체적인 계획을 세우는 것이다. 단기는 3년 이내, 중기는 4~10년, 장기는 10년 이상으로 나누어 작성한다. 이때 중요한 것은 해야 할 일들을 구체적 항목으로 최대한 잘게 나누고, 항목별로 정량화된 목표와 일정이 반드시 들어가야 한다. 우리가 어떤 계획을 세우는 데 구체적인 목표와 일정이 없다면, 그 계획은 실현될 확률이 거의 없다고 보아야 한다. 예를 들어서 내가 어학 자격을 취득한다고 하면, 어떤 언어(영어, TOEIC), 목표수준(900점)을 언제까지 취득하겠다는 것이 들어가야 하고, 학원수강이나 인강, 독학 등 구체적인 학습 방법이 들어가야 한다.

| 표 8-5 | Action Plan 1

단계	할 일	세부 item	결과	일정
단기	학점 관리	중간고사 및 기말고사 철저히 대비, 과제 및 조별 프로젝트 성실히 수행, 시험기간 외에도 예습, 복습으로 꾸준히 공부	대학 4년 평균 학점 이상 취득(A)	2015.04~12.31
	어학능력 향상	외국인 교환학생과 기숙사를 같이 사용하는 글로벌 빌리지 프로그램 꾸준히 이용, 한국 프로그램을 시청하기보다 미국 드라마나 CNN을 꾸준히 시청	스피킹과 듣기능력 향상 및 미국 드라마나 CNN 시청을 통한 전문적인 용어 듣기능력이 생김	2015.04.06~12.31
	석사과정을 위한 개인적 공부	의료 영상쪽에 관심이 있기 때문에 초음파와 MRI관련 강의 자료를 복습. 의공학과 커리큘럼에는 없지만 의료영상 이해에 필요한 선형대수 독학	초음파와 MRI의 기본적인 개념 이해. 석사과정 준비 및 전공 심화학습	2015.04.06~12.31
중기	석사과정 동안 전문적 지식 습득	학부과정에서 배운 지식을 기반으로 MRI와 초음파에 대한 논문 공부, 석사과정 2년 동안은 연구에 매진하도록 매일 스스로를 컨트롤	전문적인 지식 습득과 MRI와 초음파 원리의 폭넓은 이해, 석사 논문 작성 및 통과	2016.03~2018.02
	석사과정 동안 어학 능력의 꾸준한 유지	스피킹 능력의 유지를 위해 연구를 안 하는 주말 동안 외국인과 화상채팅하기, 미국 드라마와 쇼프로그램 시청으로 듣기능력을 꾸준히 유지	영어실력을 유지 또는 실력 향상	2016.03.02~2018.02.28
	석사과정 졸업 후에 사회로 나갈 준비	마케팅이나 경영에 관련된 서적 꾸준히 독서, 경제관념이나 기본적인 경영을 배울 수 있는 모임에 참가해 경영인으로서 기본적인 지식 습득	경영인으로서 지식 및 기본적인 소양을 배양	2016.03~2018.02
장기	관리, 기획부서로	30대가 되었으니 계획에 맞게	나의 적성과 목표에 부	2021.01~

경영 관련 경력 축적	원하는 회사에서 project man-agement팀, product man-agement팀 같은 관리, 기획팀에서 경력 축적하기. 단순히 경력을 쌓는 것에 만족하지 않고 회사를 이끌어가는 리더가 되기 위해 필요한 소양탐색 및 발전	합하는 회사와 팀을 찾아 경력을 축적시키고 경영능력을 배양. 의료기기 업계에서 인정받을 수 있는 인물로 성장하기 위해 꾸준히 커리어를 축적	2030.12
회사를 이끌어가는 핵심인물로 성장	40대는 그동안 쌓아온 지식과 능력을 발휘할 시기이므로 회사의 핵심 리더가 되기 위한 커리어와 성과 축적	회사의 핵심 리더로 주목받을 만큼의 성과와 다양한 경험을 쌓고 이를 통해 의료기기 업계에서 명성을 알림	2031.01 ~2040.12
그동안 쌓아온 커리어를 바탕으로 창업 성공	40대까지 의료기기 업계에서 명성을 알릴 만큼 커리어를 쌓았으니 그동안 쌓아온 커리어와 네트워크로 의료기기 회사 창업 시작. 40대까지 쌓아온 다양한 경험과 경영 노하우로 회사를 번창시키기 위해 최선의 노력	회사 생활을 하며 쌓아온 네트워크, 자금, 커리어를 기반으로 창업. 40대에 쌓은 경영 노하우로 회사를 성장시켜 10년 내 의료기기업계에서 인정과 신뢰를 받는 회사로 발전	2041.01 ~2050.12
회사의 글로벌화	국내 내수 시장에 만족하지 않고 여러 나라에 수출까지 할 수 있는 글로벌 기업으로 발전	회사의 주식 상장 및 세계 의료기기 시장에 뛰어들 만큼 글로벌화된 기업으로 성장	2051.01 ~2057.12
은퇴 및 자선사업	적절한 후계자를 찾아 최고 경영자의 자리를 물려주고 회사의 조언자로서 역할 수행 및 또 다른 목표를 위해 자선사업 시작	은퇴 후 회사의 자문이나 고문 역할 및 봉사 및 불우한 이웃돕기	2058.01 ~2070.12
꾸준한 자선사업 및 가족과 행복한 노년 생활	꾸준한 자선사업 및 이웃돕기. 생을 마감할 때까지 꾸준한 건강관리 및 가족과 노년 생활 즐기기	자선사업 발전, 행복한 노년 생활 즐기기	2071.01~ 생을 마감

단계	할 일	세부 item	결과	일정
단기	플래너 만들기	플래너를 따로 마련해서 크게 1년 동안 무엇을 이룰 것인지, 매달 그것을 이루기 위해 무엇을 할 건지, 한 달 목표를 어떻게 매주 이뤄나갈 것인지 계획을 세운다.	플래너를 작성하고 해야 할 목표를 세운다.	2015.04
	동기들과 친해질 기회 만들기	관심사가 비슷한 동기들을 모아 소모임을 만들고, 이러한 소모임을 여러 개 만든다. 정기적인 만남을 하면서 동기모임 같이 너무 많이 모여 친해지지 못했던 동기들과도 친해진다.	공통된 관심사를 통해 적은 인원들을 자주 만난다. 모든 동기들과 친해진다.	~2015.06
	팀 닥터가 되기 위해 필요한 소양 알아두기	저번 전인활동 시간에 알려주신 교수님의 이메일을 통해 어떻게 스포츠 관련 의사가 되었는지 메일을 하는 등 스포츠의료 관련 전문 교수님들께 메일을 보낸다.	팀 닥터가 되기 위해 무엇이 필요한지 정리한다. 팀 닥터로서 필요한 소양을 공부하고 경쟁력을 기른다.	~2016.12
중기	의학기초과학 공부 잘 해놓기	예과 1학년과 예과 2학년 때 배우는 화학, 생물, 물리 기본 과학 수업들을 열심히 수강한다. 고등학교 때 제대로 하지 못한 파트와 대학생으로서 배우는 새로운 파트에 대한 공부를 열심히 한다.	수능 선택과목을 물리와 화학을 해서 제대로 공부하지 않은 생물 공부에 집중한다. 대학에 와서 새로 배우는 과학을 수강한다. 본과에 진학해 다른 동기들과 겨룰 때 경쟁력을 갖춘다.	~2016.08
	동아리 활동 열심히 하기	동아리에 들어가 활동을 열심히 하고 그것을 통해 같은 선배, 후배들과 친하게 지낸다.	동기들과 친해진다. 나중에 졸업하고 나서도 연락을 할 수 있는 커뮤니티를 형성한다. 학교 출신들의 사람과의 인맥을 넓힌다.	~2016.08
	평창 동계 올	동계 올림픽의 의료자원 봉사	간접적 체험을 통해 느낀	~2018.03

		활동에 지원한다. 스포츠 의사의 삶, 활동 모습을 간접적으로 접해보고 여러 것들을 체험한다. 운동선수와 함께 호흡하며 그들이 경기에 집중할 수 있도록 돕는다.	점을 잘 기억해서 의학공부를 하면서 흐트러질 수 있는 마음을 다잡는다. 스포츠 의사가 되기 위해 더 발전시킬 수 있도록 노력한다.	
	림픽 의료봉사 하기			
장기	타 대학의 의대, 치대 친구들과 커뮤니티 형성하기	지금 내가 다니고 있는 학교가 아닌 다른 학교의 의대 또는 치대에 재학 중인 고등학교 친구들을 통해 그 친구들이 다니고 있는 대학의 사람들과 친해질 수 있는 자리를 마련한다.	다른 학교의 의대생, 치대생과의 커뮤니티를 형성하여 능력 있는 집단을 만든다. 나중에 기업을 세울 때 도움을 얻을 수 있는 커뮤니티를 형성한다.	졸업 후 인턴, 커뮤니티 계속 활동
	의과대학에서 좋은 성적으로 졸업하기	목표를 세운 만큼 그 목표를 이루기 위해 많은 공부와 노력을 한다.	졸업할 때 좋은 성적을 받아서 내가 원하는 과에 지원할 수 있고, 수준과 명성을 가진 병원에서 인턴, 레지던트 생활을 한다.	인턴, 레지던트 과정
	정형외과, 재활의학과 또는 팀 닥터 관련과 졸업하기	꿈만을 바라보고 어떤 어려움이라도 이겨내서 무사히 전문의가 된다.	전문의가 되므로 본격적인 팀 닥터가 될 준비를 하고, 팀 닥터 그룹을 만들 기반을 다진다.	전문의 과정을 수료할 때까지
	우리나라의 엘리트 의사들과 커뮤니티 형성하기	직접적인 방법으로는 스스로 경쟁력을 키워 대한민국 최고의 병원에서 전문의 과정을 거치면서 그 병원의 전문의들과 교류를 하고, 간접적으로 같은 학교 친구들의 소개를 통해 영향력 있는 병원의 전문의들과 교류를 한다.	전문적인 실력을 갖춘 의사가 되며 엘리트 의사들과 친해진다. 그것을 통해 우리나라에서 엄청난 영향력을 끼칠 수 있는 그룹을 만들고 세계와 경쟁한다.	대형병원의 전문의 과정

2. 보건/의료 계열

1) 비전

대학 졸업 후 병원에 취업하여 보건행정, 원무, 마케팅 등의 각 부서에서 일하고, 경험을 쌓은 후에 궁극적으로는 병원경영 및 발전을 목표로 하는 학생들이 작성한 사례이다.

사례 5. 나의 비전은 보건행정학과에서 다양한 보건 관련 과목뿐만 아니라 영어, 중국어, 일본어 등 많은 언어를 학습하여 유명한 대학병원에 입사하는 것이다. 대학병원에서 대한민국 환자뿐만 아니라 외국인 환자한테까지 훌륭한 서비스를 제공해 대한민국 의료서비스 역량을 강화시킬 것이다.

사례 9. 나의 비전은 다양한 학문을 배워서 사고의 폭을 넓혀 환자가 언제든지 방문하고 싶은 병원, 그리고 병원의 직원들이 상호 존중하고 협력할 수 있도록 하여 환자가 신뢰할 수 있는 병원, 저소득층 사람들이 돈이 없어서 병을 고치지 못하는 일이 없는 병원을 만들고, 병원을 경영하는 것이다. 병원 경영을 하는 데 필요한 것이 3가지가 있다고 생각된다. 첫째, 다양한 경험이다. 그래서 다양한 경험을 하기 위해 보건행정학과 선배님들이 계신 병원을 방문하면서 병원에 대한 실제 경험을 키울 것이다. 그리고 다양한 경험이라는 것에는 병원에 대한 경험뿐만 아니라 여행을 통한 경험도 포함되기 때문에 해외여행을 가서 여행을 통해 시각을 넓히고 해외 병원도 방문하여 한국병원 경영과 해외병원 경영의 장, 단점을 비교할 것이다. 둘째, 병원에 있는 모든 사람들과의 상호 소통이다. 그래서 병원 경영을 하기 전까지 다양한 사람들을 만나면서 사람들과 소통하는 방법, 사람을 이해하는 방법들을 배울 것이다. 셋째, 의학에 대한 전문 지식이다. 그래서 보건행정학과를 졸업할 때쯤 보건과 행정, 의학용어 등을 공부해서 병원행정사, 의료보험사, 보건교육사 자격증을 취득할 것이다. 그래서 병원의 직원들이 상호 존중하고 서로 협력할 수 있도록 하여 환자가 신뢰가 가는 병원을 만들고 병원 경영을 통해 저소득층 사람들이 돈이 없어서 병을 고치지 못하는 일이 없게 하고 싶고 병원 체계가 조금 더 원활하게 돌아가게 하면서도 병원의 수익은 놓치지 않는 최고의 병원경영자가 되고 싶다. 또한 최고의 병원경영자가 되기 위해서는 학문적으로 뿐만 아니라 인격적으로도 큰 사람이 되어 있어야 한다고 생각한다.

사례 12. 나의 비전은 아산병원/일본에서 보건행정이라는 전공을 활용하여 사무직/줄기세포 분야의 일을 하는 것이다. 나는 일단 하고 싶은 일이 두 가지가 있다. 첫째는 아산병원에 사무직으로 입사하는 일, 둘째는 일본에서 전공을 살려 직업을 가지는 일. 전자를 원하는 이유는 아산병원이 나의 고향에 있는데, 전공을 살리며 돈을 벌고 고향에 돌아갈 수 있기 때문이다. 후자를 원하는 이유는 우선 나는 일본이라는 나라에 가서 살아보고, 일을 해보고 싶다. 특히 보건 관련 분야와 줄기세포 분야는 일본이 한국보다 더 우수하고 배울 점이 많다고 생각하기 때문이다.

사례 14. 나의 비전은 병원에서 병원행정사무원으로 홍보, 원무, 행정 등의 일을 하면서 의료기관의 문제점이나 개선할 제도 및 방안 등을 찾아보고 이러한 현장행정실무 경험을 활용하여 보건복지부에서 보건의료정책실에서 의료정책을 개선하는데 힘쓰는 일을 할 것이다.

사례 15. 나의 비전은 보건행정학과를 졸업하고 병원행정사 자격증과 의무기록사 자격증 등을 취득하여 병원 경영의 총체적인 역할을 수행하는 것이다. 뿐만 아니라 미디어 쪽 관련 분야에도 진출하여 보건 분야를 미디어를 통해 홍보하고 더욱 활성화시킬 수 있도록 보건 분야와 미디어 관련 분야의 사이에서 징검다리 역할을 할 수 있는 사람이 되는 것이다.

2) 롤 모델_국내

국내 롤 모델들의 공통점은 자신의 목표를 위해 포기하지 않는 의지와 끈기가 강한 사람이다. 하지만, 또 한편으로는 타인을 위한 헌신과 베풂, 그리고 타인에 대한 사랑이 깊은 사람들이다. 주로 병원을 경영하는 이들에게 딱 필요한 두 가지 양면성의 배워야 할 성품이다.

① 이태석 신부

사례 1. 이태석 신부님의 타인을 위한 헌신과 베풂 그리고 타인에 대한 사랑을 닮고 싶다. 이태석 신부님은 선교체험으로 톤즈에 들렸다가 톤즈의 가난한 아이들을 위해 평생을 바치기로 결심하셨다고 한다. 그리고 음악치료를 하신 것을 보면 이들을 정말로 아껴서 행복하게 살도록 만들어 주고 싶은 엄청난 사랑과 헌신을 볼 수 있다. 그리고 자신의 지식과 능력을 자신이 아닌 타인의 행복과 안녕을 위해 살아갔다는 것에 엄청난 베풂의 정신이 보여진다.

② 김연아

사례 1. 피겨스케이팅 선수 김연아는 척박한 한국의 피겨스케이팅 현실에서도 엄청난 양의 연습과 노력 그리고 끈기로 세계 1인자라는 타이틀을 얻어냈다. 주위 환경을 탓하지 않으며 오로지 자기 자신과의 싸움에서 이겨낸 결과라고 생각한다. 그녀의 정신력과 끈기 그리고 목표를 향한 열정과 독기를 배우고 싶다.

3) 롤 모델_해외

해외 롤 모델들의 공통점은 경영인에게 꼭 필요한 자신감과 실패를 두려워하지 않는 긍정적인 마인드를 모두 지니고 있다. 또한, 특히 병원을 경영하는 이들에게 필요한 봉사정신과 타인을 사랑하는 마음씨 또한 지니고 있다.

① 힐러리 클린턴

사례 1. 오프라 윈프리나, 마리 퀴리와 같은 다양한 여성 위인들이 많지만 그 중에도 힐러리를 가장 존경한다. 항상 자신감에 차 있으며 여성으로서 남자에 얽매이지 않고 자기 길을 만들어 가는 모습이 정말 멋있었다. 나도 힐러리의 인생처럼 자신감 있고 당당한 여성이 되고 싶다.

② 닉 부이치치

사례 1. 나는 팔다리가 없는 불행한 상황 속에서도 즐겁게 삶을 살아가는 그의 모습을 보면 있는 그대로의 자기 자신을 인정하고 사랑할 때 자신의 소중한 가치를 깨달으면서 기쁘게 살아갈 수 있다는 사실을 배우게 되었다. 사람이 살아가면서 가장 중요한 것은 자신의 가치를 깨닫는 것이며, 지금 좌절감에 시달리고 있다면 그것은 지금보다 더 나은 삶을 기대한다는 뜻이므로 문제 될 것이 없다고 말하는 그를 보며, 실패를 두려워했던 나 자신을 반성하게 되는 기회가 되었다. 자신의 가장 치명적인 단점을 가장 매력적인 강점으로 바꿀 수 있는 긍정적인 마인드 역시 내가 배워야 하는 것 중 한 가지라고 생각을 했다.

③ 슈바이처

사례 1. 슈바이처 박사 역시 넓은 시야를 가진 위인이었다. 슈바이처 박사는 생명에 대한 외경 사상을 지지했다. 이는 인간과 동물의 생명존중에 국한되어 있던 서양 철학 사상에서 시야를 넓혀 생명을 가지고 있는 모든 것에 가치를 부여한 사상이다. 또한 슈바이처 박사는 자신의 의술을 활용할 곳을 자신이 태어난 독일이 아닌 아프리카로 정하고 그곳에서 의료봉사를 했다. 나는 대학에 들어오기 전까지 내가 하고 싶은 직업을 국내에 한정시켰다. 하지만 전공 수업에서 세계화에 대한 특강을 듣고 제가 우물 안 개구리처럼 시야를 좁게 가졌다고 생각했다. 따라서 나는 내 롤 모델인 정조대왕과 슈바이처 박사의 이러한 점을 본받아 시야를 넓게 가지고 사상이나 국적에 국한되지 않고 우리나라의 의료를 세계에 전달하는 사람이 되고 싶다.

4) 전략

(1) SWOT 분석

┃ 표 8-7 ┃ SWOT 사례 3

		내부역량분석	
		강점(S)	약점(W)
		1. 의과대학에 진학하여 구체적인 목표 확립에 도움이 된다. 2. 노력하는 것에 있어서는 누구보다 자신 있다. 3. 더 나은 무언가를 위해서라면 기꺼이 포기하였던 경험이 있다. 4. 경쟁심이 강한 편이다.	1. 학교 내를 제외하고는 주변에 의료계 관련 지인이 없어 조언이 부족하다. 2. 의사로서의 적성이 있는지를 모르겠다. 3. 발표경험이 많지 않고 말재주가 조금 부족한 편이다.
외부환경분석	기회(O) 1. 좋은 학교 및 재수학원에서 수험생활을 했다. 2. 서울 출신으로 다양한 사람들과 만나 본 경험이 있다. 3. 직간접적으로 대학교의 도움을 받을 수 있다.	**SO전략** 1. 다양한 의과대학의 친구들과 교류를 주최할 수 있다. 2. 졸업 후에 대학 연계병원에서 제공하는 것들에 대해 적극 모색해 본다. 3. 친구들과 스터디를 결성하여 선의의 경쟁을 할 수 있다.	**WO전략** 1. 의료계 관련 지식이 많지 않아 친구들에게 외면받을 수 있다. 2. 오랜 수험생활 및 나이 차이가 동기들과의 거리감을 줄 수 있다. 3. 나서기를 좋아하지 않는다면 다양한 연수활동을 할 수가 없다.
	위협(T) 1. 주변에 의료 관련 지인이 많지 않다. 2. 최소 6년 동안은 학교가 있는 한정된 곳에서 활동하게 될 것이다.	**ST전략** 1. 장기적인 목표로는 서울을 중점으로 자리를 잡는 것이기 때문에 현재 있는 곳과는 별도로 새로운 출발이라고 볼 수 있다. 2. 타지에서 보내는 삶 또한 다양한 안목을 길러주고 있다. 3. 스스로 정보를 얻으려는 노력이 성장에 있어 도움이 된다.	**WT전략** 1. 결과적으로 의사가 적성에 맞지 않는 것이라면 주변에 도움을 줄 지인도 없기 때문에 헤쳐나갈 수조차 없는 근본적인 문제가 될 것이다. 2. 정보력의 차이를 극복하는 데에 늘 한계가 있어 손해를 볼 수가 있다.

표 8-8 SWOT 사례 4

			내부역량분석	
			강점(S)	약점(W)
			1. 항상 긍정적으로 생각하는 경향이 있어 어려운 상황에서도 좌절하지 않고 문제를 신속하게 대처하는 능력이 뛰어남 2. 타인의 의견을 조정, 수렴하여 정리, 결정하고 계획을 세우고 그것을 추진하는 능력이 뛰어나고 팀이 구성되었을 때 리더의 역할을 잘 수행함 3. 주어진 일에 책임감을 가지고 있고 일 처리가 빨라 맡겨진 일을 신속하고 정확하게 수행해 냄	1. 일 처리를 빨리하는 경향이 있어 그 과정에서 세부적인 사항들을 꼼꼼히 확인하는 능력이 부족함 2. 리더십이 강하지만 팀의 구성원 모두의 의견을 수렴하지 않고 조금은 독단적인 결정을 내릴 때가 있음 3. 생활패턴 또는 생활하는 환경이 바뀌는 것을 좋아하지 않아 현실에 안주하려 함
외 부 환 경 분 석	기회 (O)	1. 노령화 사회에 접어들면서 병원산업의 발전, 그리고 병원산업의 발전에 따라 중요하게 대두된 병원경영자의 역할 증대 2. 전공하는 학문의 분야가 다양하고 그 내용이 깊어 국내 최고의 병원행정사로 성장하는 데 큰 도움이 됨	**SO전략** 1. 병원경영자의 역할이 중요해짐에 따라 병원행정사의 일자리가 증가하고, 병원행정사가 되어 뛰어난 행정 관련 업무능력을 바탕으로 원무과에서 행정업무를 처리함 2. 타인을 배려하고 항상 긍정적으로 생각하려고 노력하는 습관과 리더십을 더욱 발전시키고 본 학교의 보건행정학과의 체계적인 커리큘럼을 내세워 최고의 병원행정사로 성장함	**WO전략** 1. 대학생으로 생활하는 동안 경험하게 될 수많은 조별 활동을 통해 팀원들의 의견을 존중하고 그것들을 수렴하여 결정을 내리는 연습을 하여 병원행정사로서의 역할을 감당해 내기에 충분한 자질을 갖춤

외부환경분석	위협(T)	1. 병원이 전문화되고 경영을 담당하는 인재를 선발함에 따라 보건행정학과를 졸업하였음에도 병원행정사가 되기 어려움 2. 학벌과 스펙을 중요시하는 사회 분위기에 따라 같은 학과를 나와도 더 많은 스펙과 인턴 경험이 있는 인재를 선호함	**ST전략** 1. 학벌과 스펙 못지않게 중요한 것이 인성임을 인식하고 긍정적으로 생각하고 타인을 배려하는 성품을 유지하고 함유하려 노력함 2. 병원에서도 경영 또는 다른 학문을 전공한 지식인들을 선호하는 현대의 흐름을 인식하고 보건행정학뿐만 아니라 경영학도 수강하여 병원의 총체적인 경영과 행정을 담당할 수 있는 인재로 성장함	**WT전략** 1. 새로운 상황이 주어지면 그 상황에 적응하려고 노력하여서 변화하는 인재상에 부합하도록 노력함

(2) ERRC Model

표 8-9 ERRC Model 3

ELIMINATE	CREATE
1. 건강을 위해서, 취업을 하기 위해선 외양적인 부분도 가꾸어야 한다고 생각하기 때문에 살을 빼야 한다. 2. 낯선 환경에서 적응하는 것이 오래 걸리는 낯을 가리는 성격을 고쳐야 한다. 3. 한 가지에 집중하고 있을 때 다른 것을 잘 듣지도 보지도 못하는 것을 고쳐야 한다.	1. 새로운 것에 도전하는 정신을 기른다. 2. 토익과 제2외국어를 공부하여 자격증을 취득한다. 3. 전공 관련된 자격증을 취득한다. 4. 졸업 정보 인증에 필요한 MOS를 배운다.
REDUCE	**RAISE**
1. 인터넷 서핑 시간을 줄여야 한다. 2. 고민이 있을 때 다른 사람에게 말하지 않고 혼자 고민하는 것을 줄여야 한다. 3. 잡다한(대부분 영양가 없는) 생각이 많은 것을 줄여야 한다.	1. 지속적으로 꾸준히 운동하여 체력을 길러야 한다. 2. 직업 측면에서 사람들을 면대 면으로 만나야 하는 업무가 많기 때문에 처음 보는 사람에게도 친근하게 다가갈 수 있도록 친화력을 기른다. 3. 병원행정, 병원의료 등에 대한 정보에 관심을 갖고 공부한다.

▌표 8-10 ▌ ERRC Model 4

ELIMINATE	CREATE
1. 가끔 흥분하여서 하는 충동적인 행동(충동구매 포함)	1. 신문 읽는 습관 기르기(2~3일에 하나 보기)
2. 잘못한 일에 대해 핑계 대는 습관	2. 유럽 배낭여행 가기
3. 가끔씩 연락이 잘 안 되는 행동(혼자만의 시간을 갖고 싶을 때 연락을 안 하지만 그러한 행동이 다른 사람에게 피해를 주기 때문)	3. 교환학생 프로그램 다녀오기
4. 욱하는 행동(화를 잘 내는 성격은 아니지만 가끔 욱해서 분위기를 망치기 때문)	4. 중앙 동아리 가입하여 다양한 사람을 만나고 리더십을 기르기
5. 규칙적으로 식사하는 습관을 기르기	5. 토론하기(친구들과 책을 읽고 토론도 하고, 병원 경영에 대해서도 토론하는 토론 동아리를 만들기)

REDUCE	RAISE
1. TV 보는 시간을 줄이기	1. 책을 한 달에 2권 읽었는데, 4권으로 늘리기
2. 인터넷 쇼핑하는 일을 줄이기(인터넷 쇼핑을 하면서 시간을 허무하게 소비하기 때문)	2. 외국어 능력 향상(토익, 회화학원 다니기, 제2외국어 중국어 배우기)
3. 공부할 때 음악 듣는 습관(공부할 때 음악을 들으면 즐겁게 공부할 수 있지만 집중력이 떨어지기 때문)	3. 자격증 취득하기(컴퓨터, 바리스타 자격증 등 기본적인 자격증과, 남들이 갖고 있지 않은 자격증을 취득해서 나를 차별화하기)
4. 기름진 음식과 술(기름진 음식과 술을 많이 먹으면서 속도 안 좋고 건강에도 해로움)	4. 여행하기(혼자 여행하면서 나에 대해 생각해 보는 여행하기)
	5. 운동하기(일주일에 2번 이상, 1시간 걷기)

5) 실행

(1) Action Plan

▐ **표 8-11** ▐ Action Plan 3

단계	할 일	세부 item	결과	일정
단기	학업	예과부터 성실히 관리한다.	예과시절부터 초심을 잃지 않도록 공부하는 습관을 기른다.	지속적
	봉사 활동	서브 인턴 혹은 병원에 근무한다.	훗날 나의 주위 사람들이 겪을 일들을 미리 해봄으로써 안목을 키운다.	방학 기간
	연합 및 모임 참석	의과대학 연합 및 초청연 등에 참석하며 다양한 의대생, 의료계 인물 및 교수님들을 만나본다.	친목 및 정보공유	지속적, 방학에 집중적으로
	독서량 늘리기	정신분석학, 심리학 및 철학서와 본과 내용 예습한다.	미리 최소한의 양을 학습한다.	2015.05~
	과외 활동	개인과외에서 그룹과외로 전환한다.	학생들에게 양질의 교육을 제공한다.	2015.04~
중기	국시 준비	졸업을 위한 의사국가고시에서 높은 성적을 거두기 위해 노력한다.	원하는 과에 진학한다. 국가고시의 상위권 성적을 얻는다.	2021년 말
	본과 생활	예과를 거쳐 실질적인 전공수업이 시작되는 본과에서 높은 성적을 거둔다.	의사가 적성인지를 알아보는 중요한 시기로 해부 및 병원 실습을 하면서 학업에 열중한다.	2017~
	해외 교환 연수	우리 대학과 교류하는 대학으로 연수를 가본다.	해외의 다른 나라 학교에서 공부를 해봄으로써 넓은 안목을 기를 수 있다.	2016년 방학
	학회 참석	예과 때보다 더 세부적인 학회 및 모임에 참석한다.	동일 분야의 다양한 사람들과 만남으로써 사회적인 역량을 기를 수 있을 것이다.	2016.05~
장기	아산병원 과장	원하는 목표를 이루어 낸다.	역량과 재능 및 그간의 노력을 발휘할 수 있는 안정적인 자리를 갖는다.	지속적

	안정적 인 가정	사랑하는 사람과 평생 함께 한 다.	결혼 및 가정을 꾸린다.	2024~
	연합 및 모임장	책임자로서 조직을 관리한다. 좋아하는 취미의 소모임이나 의료 관련 협회 혹은 연합의 위 원으로 위촉되어 일한다.	사람들을 위해 헌신한다. 리더 십을 갖는다.	2020~
	지속적 인 자기 개발 및 학습	정신분석학, 심리학 및 다양한 분야에 관한 지식을 습득한다.	쉴 틈 없이 발전하는 의료 산업 에 뒤떨어지지 않도록 경쟁력 을 갖출 수 있도록 지속적인 학습을 한다.	지속적

▌표 8-12 ▌ Action Plan 4

단계	할 일	세부 item	결과	일정
단기	토익 시험	토익스타트, 중급 듣기·독해 풀이 기출문제 풀이	TOEIC 750점	2015.06~ 2017.07.26
	의료보험사 시험	보건행정학과 공부(전공)	의료보험사 자격증 취득	~2018
	의무기록사 시험	보건행정학과 공부(전공)	의무기록사 자격증 취득	~2018
	유럽여행 가기	한 달에 10만 원씩 저축(적금)하기, 유럽에 대한 책을 읽으면서 유럽에 대해 공부하기	다양한 경험을 쌓기	~2018(졸 업여행)
	중국어 배우 기	중국어 학원 다니기, 중국에서 살다 온 친구들과 중국어로 대화하기	중국에 가서 중국어로 대화하며 여행 가능, 중 국어 통역	2015.06~
	바리스타 자격증 시험	바리스타 학원 다니기, 커피에 대한 책을 읽고 다양한 커피 마셔보기	바리스타 자격증 취득	2016.12~
	병원행정사 자격증 시험	보건행정학과 공부(전공)	병원행정사 자격증 취득	~2018
	대학원 진학	1, 2학년 성적우수로 학·석사 통합 과정으로 대학원 진학	석사학위 취득	~2017
중기	결혼하기	지성과 미모를 겸비하기	결혼	~2021

	세브란스 병원 취직 (병원경영)	자격증 취득, 외국어 실력 능통하기	세브란스 병원에 취직	~2019
	유럽여행 가기	혼자서 유럽을 갔다 온 것을 바탕으로 혼자라서 아쉬웠던 점, 혼자 보기 아까운 곳, 남편이랑 같이 가면 좋을 곳을 위주로 계획 짜기	혼자 했던 경험과는 또 다른 경험을 얻기	2023.07~10
장기	부모님 집 사드리기	취직한 뒤부터 월급의 10%를 정기 적금으로 저축하기	부모님께 마당 넓은 2층 주택을 사드리기	2030
	병원경영자 되기	실무 경험 쌓기, 병원 경영과 경영에 대한 책을 많이 읽기, 병원 경영 분야로 나간 선배들을 만나서 조언을 듣기, 병원 내 진급 또는 타 병원 이동	병원경영자	2030~
	유럽여행 가기(친구와)	유럽여행을 가본 것을 바탕으로 내가 친구들에게 추천하는 여행지와 친구들이 가보고 싶은 여행지를 위주로 계획을 짜기	내 평생을 같이 할 친구들과 소중한 추억 쌓기	2030
	의료 경영에 대한 책 쓰기	병원에서 일한 것을 매일 기록하기	의료 경영 베스트 셀러 책 출간	2025

전문가 사례

본 장에서는 한 분야에서 전문가가 되는 것을 목표로 하는 학생들이 작성한 사례이다. 주로 본인들의 전공과 관련된 보건/의학 및 의공 계열, 환경공학 분야의 전문가가 되는 것을 목표로 한다.

1. 의학/보건 계열

1) 비전

본인의 전공이나 특기, 자기계발을 통하여 박사학위 및 연구, 실무경험 등의 과정을 거쳐 의학, 보건 분야에서 새로운 가치를 창출하고 전문가로서 세상에 기여하는 것을 목표로 한다.

사례 9. 공학부에서 배운 지식과 사회경험을 활용하여 창조적 역량을 갖춘 의공학도로도 성장할 것이며, 인구 고령화의 진행이 증가됨에 따라 미래에 필수불가결한 HealthCare 분야의 공학과 도덕성을 갖춘 MRI 연구 개발자가 되는 것이다.

사례 10. 나의 비전은 의공학 분야에서 의료사각지대를 없애기 위해 사용자들이 특별한 전문지식 없이 자신을 돌볼 수 있는 의료기기를 만드는 것이다. 또 같은 꿈을 꾸고 있는 후배들에게 모범적인 리더로 그들이 그들의 꿈을 이뤄나가는 데 도움을 주는 것이다. 가정에서는 가족들과 진실된 소통과 이해를 바탕으로 진취적이고 건전한 가정환경을 조성하여 더 나아가 이웃에게도 이러한 행복을 전달하는 것이다.

사례 20. 한 기업의 최고기술경영자로서 청각의학 지식과 공학적 지식을 바탕으로 개발한 청각 보조 기구를 보급하여 국내외 난청환자들에게, 듣는 즐거움을 돌려주는 것이다.

사례 21. 인류가 지각하는 모든 지역에서 의공학과 로봇공학을 활용하여 인류의 번영을 인도한다.

사례 28. 치매를 연구하는 연구원이 되어 치매 환자뿐만 아니라 같이 고통받는 가족까지 모두, 내가 알아낸 것을 통해 질병을 치료하여, 단 한 사람도 빠짐없이 행복하고 죽는 순간까지 '인간다운' 삶을 살 수 있도록 하는 것이다.

사례 44. 보건복지부 공무원이 되어서 보건복지부에서 보건 관련 정책을 연구하고, 이를 활용하여 우리나라의 보건정책을 발전시켜서 우리나라를 보건 강국으로 만든다. WHO(세계보건기구)에 가입하여 활동하며 보건계열이 발전하지 못한 다른 나라에 도움을 줄 수 있는 보건 관련 전문가가 되는 것이다.

2) 롤 모델_국내

김연아, 반기문과 같은 전문가를 꼽는 경우가 많았으며 쉽지 않은 환경에서 스스로 삶의 분야를 개척하여 그 분야의 권위 있는 사람이 되었다. 이들의 특징으로 개척정신과 도전정신이 가장 눈에 띄었으며 그러한 일련의 과정을 철저한 계획과 노력으로 이루어 냈음을 알 수 있다.

① 김연아

사례 1. 김연아 선수를 나의 롤 모델로 선정하게 된 가장 큰 계기는 김연아 선수의 완벽주의이다. 피겨 역사상 유례가 없는 올포디움을 이룬 것을 보면 무엇이든지 자신이 행하는 일들을 완벽하게 이루려는 그녀의 성격을 엿볼 수 있다. 나는 이러한 김연아 선수의 꼼꼼하고 섬세한 점을 닮아서 내가 원하는 삶, 즉 테라노스틱스 분야에서의 최고가 되는 밑거름이 되고 싶다.

② 반기문

사례 1. 내가 반기문 사무총장님을 존경하는 이유는 한국인으로서 당당히 유엔 사
무총장으로서 일하시며 실력을 인정받아 재임하시고 누구보다 능력 있는
유엔 총장이시기 때문이다. 이는 한국인으로서 최초이고 유일한 일이며
그 누구도 해내기 힘든 업적이라고 생각한다.

③ 안철수

사례 1. 행복이라는 단어는 추상적이지만 안철수 의원을 보면서 자신이 하고 싶은
것을 선택하고 그것을 이뤄나가는 것이 행복이라고 생각했다. 그리고 안
철수 의원의 방식 중 하나로써 단기계획을 세우고 그것을 이루면 스스로
에게 상을 주는 방법을 배우고 싶다. 장기계획보다는 가시적인 단기계획
에 집중하고 이런 단기계획들이 모여서 장기계획이 되는 것이 제일 효율
적이라고 생각한다.

④ 장영실

사례 1. 주변 상황이 좋지 않더라도 자신이 하고 싶은 일이 있으면 멈추지 않고
계속 노력하여 결국에는 그 시대의 최고의 과학자로 성공을 하였기 때문
이다. 나도 주변에 장애물들이 많이 있고 힘든 일들이 생길지라도 내가
꼭 하고 싶은 좋은 의료기기 제작과 개발을 위하여 멈추지 않고 계속해
서 앞으로 나아가는 사람이 되고 싶다. 또한 장영실은 백성들을 위한 발
명품들을 많이 만들었다. 그에게 이런 점을 본받아서 의료기기를 개발할
때에 사람들의 피드백을 많이 들어주고 꼭 필요한 것이 무엇인지 확인하
여 모든 사람들이 만족할 수 있는 그런 의료기기를 만들고 싶다.

⑤ 기타

사례: 강형규 대표, 김수환 추기경, 혜민스님, 정주영 회장, 박정희, 문국현(전 유
한 킴벌리 사장), 아버지, 노홍철, 김현수(야구선수), 세종대왕, 손정희(손 마사
요시), 최무선, 션/정혜영 부부, 장기려 박사, 이태석(신부), 허준, 유재석, 차

범근, 강기호(삼성 RA사업부), 이채욱(회장), 김성완(공학자), 이순신, 노무현, 강경화, 어머니, 이종욱(박사), 이국종(교수), 정약용, 한비야

3) 롤 모델_해외

해외에서도 국내와 비슷하게 본인의 독자적인 분야를 개척한 위인들이 주로 선정되었다. 힐러리와 나이팅게일의 경우 여성으로서 당시 세계를 놀라게 하는 업적을 이루었으며, 그녀들의 노력으로 정치(복지) 분야와 행정적 능력으로 사회발전에 기여하였다. 해외 롤 모델의 경우 역시 본인의 분야를 적극적으로 개척한 위인들이며 본인의 확고한 의지를 노력으로 결실을 일궈낸 사람들이다.

① 힐러리 클린턴

사례 1. 이런 자신감을 닮고 싶고, 힐러리는 테드 케네디 상원의원과 함께 어린이 건강보험 프로그램 법안을 만들어 추진하는 등 어린이와 여성에 대한 관심도 높았고 어떤 정책을 추진하던 결단력 있는 모습을 보였다. 그 점이 가장 닮고 싶은 점이다.

② 나이팅게일

사례 1. 우리나라의 독자적인 의료기기 생산으로 발전하여서 우리나라뿐만 아니라 전 세계적으로 우리나라 의료기기의 우수함을 알리고 전 세계에 영향을 끼칠 수 있도록 노력하여서 세상에 우뚝 서는 것이다.

③ 빌 게이츠

사례 1. 삶을 살아가다 보면 기회는 어떤 알 수 없는 예감과 함께 찾아올 수도 있고, 혹은 눈치채지 못한 사이 슬며시 다가올 수도 있다. 나는 다만 당당히 나의 길을 걸어가며 혹시라도 언젠가 찾아온 기회를 능력이 부족하여 놓치는 일이 없도록 현재에 최선을 다해 살아가기로 결심할 뿐이다.

④ 스티브 잡스

사례 1. '잡스'라는 인물을 생각하면 창의적인 생각, 성공한 기업가, 완벽주의자

이 세 가지가 가장 먼저 떠오른다. 개인적으로 이 세 가지는 엔지니어로서 그리고 공학도로서 갖춰야 할 가장 이상적인 면모라고 생각한다. 엔지니어로서 제품을 개발할 때 고려해야 할 것은 얼마나 창의적인 아이디어로 제품을 설계할 것인가와 소비자의 니즈를 어떻게 충족시킬 것인가, 제품의 효율성을 얼마만큼 증대시킬 수 있을까이다.

⑤ 기타

사례: 알프레드 아들러, 나이팅게일, 호레스 그랜트 언더우드(연세대학교 창립자), 허브 켈러허(사우트웨스트 항공사 사장), 앤 설리번(헬렌 켈러의 선생님), 메시, 오토다케 히로타다(오체불만족 저자), Bobby Mcferrin(Don't worry, be happy 가수), 베르나르 베르베르, 자크 쿠스토(환경운동가), 엘런 머스크, 엘리자베스 홈스, 스티븐 호킹, 에른스트 프리드리히 슈마허(경제학자), 커넬 센더스(KFC 창립자), 안젤리나 졸리(배우, 감독), 조너스 소크(연구자), 맥 휘트먼(CEO), 오프라 윈프리, 엘리자베스 퀴블러 로스(사상가), 니콜라스 윈턴(선행자), 간디, 체 게바라, 무하마드 유누스(노벨상 수상자), 마더 테레사, 슈바이처, 제인 구달, 워렌 버핏

4) 전략

(1) SWOT 분석

표 8-13 SWOT 사례 5

			내부역량분석	
			강점(S)	약점(W)
			1. 낙천적이고 긍정적이다. 2. 집중력과 이해력이 좋다. 3. 대인관계가 원만하다. 4. 전공과목 학점이 좋다. 5. 객관적이고 창의적인 시각을 가지고 있다.	1. 체력 등 자기관리를 못한다. 2. 여러 일과 학업을 병행한다. 3. 꼼꼼하지 못하다. 4. 경제적 지원이 충분하지 못하다.
외부환경분석	기회 (O)	1. 학술소모임과 수업 내에 캡스톤 디자인 등 연구개발을 경험해볼 수 있다. 2. 국내외 의료기기 시장이 성장하고 있다. 3. 헬스케어 산업이 세계적으로 각광받고 있다.	**SO전략** 1. 경쟁력 있는 아이디어를 좋은 프로젝트로 발전시켜 여러 공모전 등에 출품한다. 2. 의료기기 관련 전공지식을 폭넓게 공부하여 시장에서 필요한 인재가 된다. 3. 소그룹 활동을 통해 다양한 사람들로부터 다양한 경험을 공유하며, 시장분석 및 전공을 탐색한다.	**WO전략** 1. 하루단위 계획을 세워 프로젝트 및 여러 일을 효율적으로 수행해 낸다. 2. 수첩사용을 생활화하여 세부 일정, 계획뿐만 아니라 순간의 아이디어도 놓치지 않는다. 3. 경제적 부족을 동기로 삼아 학업에 더 정진하여 학교 내, 외에서 지원을 받도록 한다.
	위협 (T)	1. 하고 싶은 일에 비해 해야 하는 일이 너무 많다. 2. 여친에게 신경이 분산된다. 3. 경제 침체현상이 지속적이다.	**ST전략** 1. 일에 우선순위를 항상 고려하여 지혜로운 업무관리를 할 수 있도록 훈련한다. 2. 여자친구와 서로의 발전을 위해 시간을 효율적으로 사용한다. 3. 경제 침체에 흔들리지 않고 긍정적 마인드로 꿈을 실현하기 위해 포기하지 않는다.	**WT전략** 1. 중요하지 않거나 급하지 않은 일들은 하나씩 내려놓고 중요하고 급한 일에 집중한다. 2. 메모를 습관화하여 중요한 일을 놓치거나 실수하지 않는다. 3. 꾸준한 운동 등으로 몸과 정신을 단련하여 집중력을 유지한다.

표 8-14 SWOT 사례 6

			내부역량분석	
			강점(S)	약점(W)
			1. 어학실력이 뛰어남 2. 전공성적이 뛰어남 3. 컴퓨터 활용능력이 뛰어남 4. 한자 능력이 뛰어남 5. 인허가 관련 지식 보유(자격증)	1. 어휘력 부족 2. 경제적 형편 어려움 3. 프로젝트 경험이 적음 4. 전공 깊이의 부족 5. 계산에 약함
외부환경분석	기회(O)	1. 의료기기 시장의 성장 2. 정부주도 사업화 진행 3. 국내 기업 성장 4. 해외시장 확대 5. 융합기술 적용 확대	**SO전략** 1. 어학실력으로 해외시장 진출 2. 의료기기 인허가 관련 지식으로 국내 기업 성장을 도움 3. 컴퓨터를 활용하여 의료기기에 융합기술을 적용시킴	**WO전략** 1. 많은 프로젝트 경험을 하여 정부주도 사업화를 이끌어 나아감 2. 전공에 대한 지식을 쌓아 국내 기업의 성장에 이바지함
	위협(T)	1. 대기업 채용 감소 2. 경쟁자들의 증가 3. 대기업 위주의 생태계 4. 경제 침체	**ST전략** 1. 실무에 도움이 되는 다수의 자격증을 통해 경쟁자들을 제치고 취업을 함 2. 인허가 관련 지식을 통해 중소기업에 입사해 기업의 시장진출성을 높여 대기업 위주의 생태계를 막음	**WT전략** 1. 프로젝트 경험을 하여 경쟁자들과 차별화된 본인만의 스토리를 통해 기업에 취직 2. 전공에 대한 지식을 쌓아 중소기업 발전에 이바지하고 경제성장에 도움을 줌

(2) ERRC Model

표 8-15 ERRC Model 5

ELIMINATE	CREATE
1. 표정 관리를 못하는 것 2. 흡연(건강문제) 3. 프로그래밍에 대한 두려움	1. 토익, 토플 등 외국어 공부 2. 다양한 전공을 가진 학우들과 교류 3. 의공학 저널을 주기적으로 읽고, 새로운 기술 습득 4. 의공기사 공부(자격증 취득)
REDUCE	**RAISE**
1. 필요 이상의 잠과 늦은 취침시간 2. 스마트폰 게임시간 3. 다소 결벽증 증세 4. 당구 등 건강과 관련 없는 여가시간	1. 하루 영어단어 암기량(현재 20개 → 50개) 2. 농구, 축구, 조깅 등 건강관리 3. 타 전공학생들과의 교류(커뮤니케이션 스킬 증가) 4. 전공 공부시간(하루 2시간 → 4시간) 5. 의공학부 학우들과의 Discussion 횟수 6. 조별과제 모임뿐 아닌 스터디모임 만들기

표 8-16 ERRC Model 6

ELIMINATE	CREATE
1. 불평하지 않기 2. 해야 할 일을 내일로 미루는 행동	1. GRE general test에 대해서 알아보고 시험 준비하기 2. 방학 기간을 이용하여 영어회화 실력 늘리기 (학원이나 전화영어 등을 활용) 3. 치매 관련된 논문 일주일에 1편 이상 찾아서 읽고, 최근의 기술 공부하기
REDUCE	**RAISE**
1. 쓸데없이 걱정하거나 일어나지도 않은 일을 걱정하면서 에너지를 낭비하지 않기 2. 지나치게 남을 신경 쓰는 일 3. 아무런 목적 없이 핸드폰이나 컴퓨터 사용하는 시간 줄이기 4. TV program 시청 시간 줄이기	1. 긍정적인 사고방식 가지기 2. 항상 웃으면서 생활하기 3. 다양한 분야의 책을 한 달에 1권 읽기 4. 일주일에 3번 이상 꾸준히 운동을 통해서 건강관리하기 5. 그날 배운 내용은 그날 복습하는 습관 기르기

5) 실행

(1) Action Plan

|표 8-17| Action Plan 5

단계	할 일	세부 item	결과	일정
단기	전문연구요원 자격요건	Teps	900점 이상	~2015.06
	프로그래밍 언어	Labview	CLAD	~2015.08
	전문연구요원 자격요건	한국사능력 검정시험	3급 이상	~2015.08
	자격증	의공 기사	기사 자격 취득	~2015.12
	프로그래밍 언어	Android 어플리케이션 개발능력	1 project/1 month	2015.03~
	인턴	생체의공학 보청기 연구실	학부 연구생	2015.07 ~2016.02
	학부 졸업	학부 졸업	학부 졸업	~2016.03
	석사 입학	생체의공학 보청기 연구실	석사	2016.03~
중기	석사 졸업	생체의공학 보청기 연구실	석사학위	~2018
	전문 연구요원	병무청지정 산업체	군 복무	2018~2020
	박사과정	박사과정 이수, 박사 이후 대학부설 연구소	박사학위	2019~
장기	개발 및 틀 마련	난청 보조장비 개발	혁신적인 난청 보조장비	2020~
	난청 보조장비 보급	난청 보조장비 보급	난청 보조장비 국산화	2025~
	창업	난청 보조장비의 국산화 및 국내외 난청환자들의 삶의 질 개선에 기여	난청 보조장비 국산화	2030~
	참된 교육의 실현	교육시설 마련 및 교육시스템의 구상	이상적인 교육시스템의 실현	2040~
	어학 자격증 재취득	자격 인정 기간 만료로 인한 재시험	자격 인정 기간 갱신	~2018
	글쓰기	관심 있는 분야에 대한 저술활동	저서 출판	2040~

이민(가능시)	정착 자본 및 전문기술 필요. 고위도의 영어권 국가 목표	새로운 터전	

표 8-18 Action Plan 6

단계	할 일	세부 Item	결과	일정
단기	마이크로 컴퓨팅 공부	Arduino	마이크로 컴퓨팅 관련 지식 함양	2015.03~12
	영어 공부	Toeic, TEPS 등	졸업 수준 이상 성적 유지	2015.06 ~2016.02
	심리적 문제 해결	상담, 운동(상담센터 활용)	지속적 상담과 새로운 경험을 토대로 심리적 약점 극복	2015.03~12
	프로그래밍 공부	C, Matlab	마이크로 컴퓨팅과 연계, 프로그래밍 실력 함양	2학년 여름/ 겨울방학
	중국 단기 선교	찬양 인도	신앙적 성장 및 선교	2학년 여름방학
	아이디어 노트 제작	아이디어 노트	새롭게 떠오르는 생각들을 정리	즉시 시작
중기	대학원 준비	Toeic, TEPS 등	대학원 입학 대비 공인 영어성적 준비	3~4학년 여름 /겨울방학
	마이크로 컴퓨팅	Arduino, Raspberry PI	개인 프로젝트 진행	3~4학년 여름 /겨울방학
	프로그래밍 공부	C, Matlab	마이크로 컴퓨팅과 연계 개인 프로젝트 진행	3~4학년 여름 /겨울방학
	해외 단기 선교	찬양 인도, 기초 회로 교육	신앙적 성장 및 선교	방학 및 휴학 시기
장기	해외 대학원 유학	미국, 유럽 등 해외 대학원에서 해외 우위 연구 분야 기술 및 지식 습득	미국, 유럽 해외 대학원 입학	석사 수료 이후
	창업	마이크로 컴퓨팅과 프로그래밍 기술을 활용한 인공 안구 프로젝트	기존 출시된 인공 의체의 기능에 사용자 개인의 성향을 반영	유학 이후

국내외 선교	기술 및 교육 선교	신앙을 기반으로 한 공학자들을 육성	창업 이후
군용 장비 개발	군용 인공 의체 개발 및 납품	국방력의 강화와 국산 무기의 개발로 경제적 이익 창출	창업 이후
모교 장학금 설립	모교 재학생 대상 장학금, 후학 양성으로 인재 발굴	의공학의 발전 기여	창업 이후
인체 치환/보조기술 연구	인체 치환/보조(사이보그)	신체 결손을 극복하고 극한 상황에서 인류가 적응하고 환경을 극복할 수 있도록 함	창업 이후

2. 환경공학 계열

1) 비전

본인의 전공을 살려서 환경공학 및 수질 개선 등을 공부하고, 환경의 중요성을 통해 환경개선 및 공학도로서 환경발전에 이바지하는 것을 목표로 하는 학생들이 작성한 사례이다.

사례 2. 환경공학 관련 전문 지식과 지역 환경, 국가 환경문제에 대해 관심을 가지고, 실력을 쌓아 내가 살아 온 지역사회, 더 나아가 국가적인 차원의 환경문제 해결에 이바지하여 직접적으로 나의 가족, 친구, 주위 이웃들에게 쾌적한 주거생활공간을 제공하는 데에 영향을 줄 수 있어야 한다.

사례 3. 환경개선과 환경친화적 국가발전에 이바지하기 위하여, 오폐수 처리장의 시설을 진단하고 기존 시설의 효율적인 이용계획과 발전계획을 수립하며 물 부족 현상을 저감하기 위한 연구를 수행하는 폐수처리기술자가 되는 것이다.

2) 롤 모델_국내

삶의 부족분을 열정을 통해 메꾸려는 경향이 있으므로 그들의 노력을 통한 삶의 일원으로서의 사회 기부를 좋은 사회원으로서의 역할로 생각하고 있다.

① 정주영

사례 1. 가난하고 소학교 밖에 나오지 못한 인물이 거대한 그룹 '현대'를 만든 대단한 인물이라서 롤 모델로 삼고 싶다. 나는 어떤 일이 잘 안되면 쉽게 상심하고 의지를 잃어 일을 포기하고 만다. 하지만 기업이 망하고 뺏기고 하는데도 정주영 회장은 절대 포기를 안 하고 계속 새로운 일을 하신다. 정말 대단하다.

② 유홍준

사례 1. 환경문제에 대한 지역사회 전반적인 인식을 바꿀 수 있는 활동을 해야 한다고 생각한다. 지금 당장은 교과에 충실하며 대내외적인 환경 활동에 참여하는 것이고, 이후에는 유홍준 교수님과 같이 자기 이름을 내건 책과 그 밖의 홍보물 등을 내는 것도 그 방법 중의 한 가지라고 생각한다.

③ 유재석

사례 1. 오랜 무명시절에도 불구하고 처음이나 지금이나 변치 않고 초심을 잃지 않는 그 정신, 유재석은 '진짜 성공한 자'의 모습을 제대로 우리들에게 보여주고 있다. 이렇게 초심을 잃지 않고 한 분야에만 정직하게 매달리면 처음에는 그 결과가 미비할 수도 있다. 그때 포기를 하면 지금의 유재석은 나오지 않았을 것이다. 하지만 포기하지 않고 계속 그곳을 향한 열정을 쏟는다면 나의 목표를 달성하는 데에 큰 힘을 줄 것이다.

④ 기타

사례: 한비야

3) 롤 모델_해외

새로운 분야로의 진출을 적극적으로 단행하거나 그에 있어 거리낌이 없는 인물이 주로 선정되었으며 본인의 의지 및 생각을 곧게 표현하는 사람들이 주로 선정되었다.

① 버락 오바마

사례 1. 새로운 도전을 했고 결국에 이루었다. 오바마가 자기의 목표인 지역사회 운동가로서 활동하기 위해 '법'을 공부하기 시작한 나이는 27살이었다. 빠르다면 빠르지만, 내가 생각하기에 27살의 나이는 현대의 풍조에서 새로운 걸 시작하기에는 제법 어려운 나이라고 생각한다.

② 에디슨

사례 1. 에디슨처럼 모든 사물에 호기심을 가지고 깊이 있게 관찰, 탐구해 새로운 것을 만들어 내고 싶다. 그리고 전화기를 만들기 위해 2,000번 이상 실험을 하였고, 전구를 개발하기 위해서는 수천 번 이상의 실험을 하였다고 한다. 이 실험들이 결국 전화기, 전구를 만들어 내었다.

③ 정주영

사례 1. 나는 어떤 일이 잘 안되면 쉽게 상심하고 의지를 잃어 일을 포기하고 만다. 하지만 기업이 망하고 뺏기고 하는데도 정주영 회장은 절대 포기를 안 하고 또, 계속 또 새로운 일을 하신다. 정말 대단하다. 한 부분에 최고가 됐는데도 불구하고 안주하지 않는 부분이 인상 깊다.

④ 기타

사례: 닉 부이치치, 벤자민 프랭클린

4) 전략

(1) SWOT 분석

표 8-19 SWOT 사례 7

			내부역량분석	
			강점(S)	약점(W)
			1. 컴퓨터 그래픽 분야 전공 이외의 자격증을 소지하고 있다(GTQ 포토샵 1급 소지, 일러스트 준비중). 2. 공학도이지만, 인문학(철학)을 좋아한다(서양철학사 수강, 매월 일정 권수 이상 독파).	1. 전공 관련 대내외 활동 경험이 부족하다. 2. 어학점수가 낮은 편이다. 3. 즉흥적인 성격으로 완성도 있는 계획적인 생활을 잘 해내지 못한다.
외부환경분석	기회(O)	1. 아버지, 선배 중에 공무원에 관련되어 있는 사람이 많아서 기술고시에 대한 조언을 받을 수 있다. 2. 계속적으로 대두되는 환경문제에 사회적으로 필요한 인재상이 보다 뚜렷하게 나타나고 있는 추세다.	**SO전략** 1. 사회적으로 요구되는 인재상 이외에도 차별화되는 능력으로 어필할 수 있다(이후 계속적인 컴퓨터 공부로 자격증 취득, 인문학적 소양을 쌓아 관련 대회 참가 등). 2. 전공 공부를 계속 집중하면서 언제든지 기술고시에 대한 조언을 들으며 시험준비를 병행한다.	**WO전략** 1. 시간적인 여유가 생길 때마다 전공 관련하여 대내외 활동에 힘쓴다(서포터즈 지원, 시내외 환경의 날 행사 참여 등). 2. 꾸준히 어학 공부에 힘을 쓴다(공무원 시험에는 일정 수준 이상의 어학점수가 요구되므로, 교양수업 집중, 이후 인터넷 강의).
	위협(T)	1. 경제적으로나 사회적으로나 공무원에 대한 직업적인 특징 때문에 경쟁률이 점점 올라가고 있다.	**ST전략** 1. 전공 관련 기본기부터 차근차근 쌓아야 하므로 수업에 집중, 평소 공부시간에서 전공 공부에 투자하는 시간을 늘린다(2h → 3,4h).	**WT전략** 1. 어학 수에 있어서는 요구수준 이상을 목표로 하되 실전적인 회화위주로 공부를 한다(토익스피킹 준비, 토익 750 이상).

| | | 2. 복학 이후 빠르게 기본기를 따라가야 할 시기이기 때문에 그 밖의 다른 활동이 시간적으로 제한된다. | 2. 병행하고 있는 컴퓨터 공부와 인문학 공부를 지속하며 경쟁자와의 차별화를 노린다(컴퓨터 그래픽스 자격증, 웹디자인 자격증 등). | 2. 너무 디테일하고 숨막히는 일정보다는 할 수 있는 시간만큼은 확실히 하는 현실적인 시간표로 기본 위주의 공부를 실천한다(1일 단위가 아닌 2일 단위 시간표 등). |

표 8-20 SWOT 사례 8

			내부역량분석	
			강점(S)	약점(W)
			1. 성실함 2. 전공성적 우수 3. 주인의식이 강함 4. 컴퓨터 자격증 보유	1. 어학실력 부족 2. 환경 관련 자격증 부족 3. 창의력 부족 4. 관련 직종 경험이 없음 5. 소심함
외부환경분석	기회 (O)	1. 환경규제 강화 2. 상하수도 분야의 지속적인 시장확대 3. 쾌적한 삶에 대한 욕구증가	**SO전략** 1. 전공성적을 올리고, 관련 자격증을 취득하여 기업에 성실함을 증명하도록 한다. 2. 다양한 기업에 도전하여 취업의 기회를 가진다. 3. 어학자격을 취득한다.	**WO전략** 1. 세계화 시대에 맞춰 어학실력을 단기간에 끌어올린다. 2. 링크사업단을 이용하여 한달간 직무를 이해하고 경험해 본다.
	위협 (T)	1. 대기업 채용 감소 2. 기업들의 다양한 능력 요구	**ST전략** 1. 다양한 자료를 수집하여 그때그때 대응할 수 있도록 한다. 2. 관련 업종에 취직한 선배들의 조언을 듣는다.	**WT전략** 1. 성실함을 가지고 관련 자격증을 한개씩 취득한다. 2. 다양한 것을 경험하며 창의력을 가질 수 있도록 한다. 3. 사람들을 많이 대해보고 내가 어필할 수 있는 장점들을 찾아 본다.

(2) ERRC Model

표 8-21 ERRC Model 7

ELIMINATE	CREATE
1. 즉흥적으로 계획하는 성격과 무리하게 현실성 없이 계획하는 습관을 버린다. 2. 자신감을 잃은 채 주체적이지 못하고 단순히 시대에 맞추어 따라가는 자세를 버린다(오바마의 경우처럼, 진취적이고 도전적인 삶의 자세가 필요하다).	1. 대내외적인 활동을 적극적으로 준비한다. 한국환경공단 서포터즈 푸르미, 한국수자원공사 서포터즈, 한국환경산업기술원 서포터즈 에코프렌즈 등에 지원한다. 2. 전공 관련 실무경험을 위한 인턴, 전공 관련 기사 자격증 취득을 위해 공부한다.
REDUCE	**RAISE**
1. 의미 없이 흘려보내는 시간을 줄여야 한다. 하루 평균 이동시간 2시간 이상(이동시간에 영어 listening을 위한 듣기라던가, 팝송 등을 듣는 것도 방법) 나에게 주는 휴식 시간을 제외하곤 아무 활동 없이 의미 없이 흘러가는 시간이 많다(자투리 시간을 활용하여 독서, 영단어 외우기로 활용, 일정 수준 목표치를 두고 남는 시간만을 이용하여 목표달성하기).	1. 계속적인 전공공부와 전공공부 시간을 늘린다(모자란 기초를 메우기 위함 2h → 4h). 2. 인문학적 소양 공부와 교과 외 컴퓨터그래픽 공부를 지속적으로 유지한다. 독서량을 월 3,4권으로 늘리고, 방학 시즌 컴퓨터그래픽 공부를 일주일에 6h에서 12h로 늘려서 실질적인 자격증 취득을 한다. 3. 졸업 전까지 모자란 어학점수를 채우기 위해 어학에 투자하는 시간을 늘린다(하루 1h 이상, 커리큘럼 경우 인터넷 구매).

표 8-22 ERRC Model 8

ELIMINATE	CREATE
1. 해보지도 않고 미리 안 좋은 상황들을 생각하는 자세를 버린다. 2. 즉흥적으로 생각하고 결정하는 것을 버린다.	1. 메모하는 습관을 들여 잊어버리지 않도록 한다. 2. 전공자격증 공부를 시작하여 졸업 전까지 취득한다. 3. 교수님과의 상담을 통해 진로를 더욱 명확히 할 수 있도록 한다.
REDUCE	**RAISE**
1. 잠자는 시간을 줄인다. 2. 친구들, 교우들과 쓸데없이 시간보내기	1. 전공공부 시간을 늘려 전공학점을 올린다(2h → 5h, A 이상).

		등의 친교시간을 줄이고 꼭 필요한 모임만 참석한다.	2. 어학실력을 늘린다. 토익 850점 이상을 목표로 공부한다.
		3. 게임 및 동영상 시청 등 시간을 줄인다.	3. 무슨 일이든지 준비를 철저히 하여 자신감을 가지고 생활할 수 있도록 한다.
			4. 다양한 경험할 수 있는 교내외 프로그램에 적극 참여한다.

5) 실행

(1) Action Plan

▌표 8-23▌ Action Plan 7

단계	할 일	세부 item	결과	일정
단기	전공과목 위주의 기본기 다지기	전공에 할애하는 시간 늘리기(2h → 4h, 수학/양론/화학)	전공과목에 대한 학점 관리(A 이상)	2015.01 ~12
		기사자격증 취득	대기, 수질, 환경 기사 취득	
	전공 관련 대내외 활동 참가	한국환경공단 서포터즈 푸르미, 한국수자원공사 서포터즈, 한국환경산업 기술원 서포터즈 에코프렌즈 등 지원	전공에 대한 다양한 경험, 마케팅 관련 팀별 활동, 지역봉사 참여	2015.03 ~06 이후
	인문학적 서적 읽기	인문학 서적 월 3권 이상 읽기	인문학적 사고로 보다 넓은 시각을 가질 수 있음	2015.04
	컴퓨터 그래픽 관련 공부 등 교과 외 투자	GTQ 일러스트 1급 시험 응시 및 GTQ그래픽스, 웹디자인 기능사 응시	공학도로서 경쟁자와 차별화되는 능력구비	2015.09 ~
	어학 공부	토익 750점 이상, 토익 스피킹 7단계 목표로 공부. 독학+인터넷 강의 커리큘럼 구입	토익 750점 이상(졸업 요건 및 기술고시 대비 점수 획득)	2015.01 ~12
	짜투리 시간 활용	등하교 시간 및 휴식 시간을 제외한 시간을 이용(listening 및 자투리 시간만으로 주 1권 이상 독서)	계획적으로 공부하지 못하는 습관 보완, 어학 공부 및 독서 투자	2015.01 ~

중기	대기, 수질 환경 기사 시험 응시 및 국가고시 시험 응시	3학년 전공과목을 이수한 후 실질적인 업무에 필요한 대기, 수질 관련 기사 자격증을 취득	대기, 수질 기사 자격증 취득	2016.06 ~12
		경험적으로 환경직 기술고시 시험에 시험 응시	환경직 기술고시시험 대비	
	가까운 환경사무소 인턴 경험	기사 자격증을 취득한 이후 가까운 환경사무소 등 주변 중소기업에 인턴 지원	환경사무소 또는 환경 관련 중소기업 인턴 실습	2016.12 ~2017. 03
	컴퓨터 프로그래밍 등 교과 외 투자	그래픽 공부 외의 프로그래밍 공부 등 전공 외 공부를 지속(C,C+ Java. Java script)	관련 경쟁자들과 차별화, 학문의 폭을 넓힘으로써 보다 넓은 시각을 가질 수 있음	2016.01 ~2018 1 학기
장기	본격적인 기술 고시 응시 준비와 행정, 정책 관련 공부를 병행	5급 환경기술직을 목표로 하되, 지방직 7급 공채 준비(아버지, 선배 조언과 학원 커리큘럼 이용), 계속적인 정책변화를 탐색	강원도 지역의 지방직 공무원 합격, 환경기술직 합격(중앙부처 근무)	2020.01 ~
	지역 환경 관련 기사 투고 or 짧은 서적 집필	지역 신문에 환경문제 관련 자료를 조사해 기사를 투고. 이후 충분한 경험을 토대로 책 출판을 준비	사회 전반의 환경문제에 대한 기사 투고, 저서 집필 활동	2020.01 ~

│표 8-24│ Action Plan 8

단계	할 일	세부 item	결과	일정
단기	전공 관련 자격증 취득	수질환경기사, 대기환경기사, 산업안전기사 인터넷 강의를 들으며 공부한다.	기사자격증을 취득한다.	2015.04~2016
	토익 점수 올리기	가까운 토익학원을 등록하여 2달간 다니며 성적을 올린다.	TOEIC 점수를 850점 이상 받는다.	2015.07~09
	링크사업단 기업탐방	학교에 있는 링크사업단을 통하여 방학 동안 기업체에 가서 교육을 받으며 일하는 것을 돕고 경험해 본다.	현장체험 실습을 한다(기업체 경험 쌓기).	2015.07~09
	학점 관리	남은 2학기 동안 성적을 잘 받아 마지막 졸업까지 성실히 학생의 본분을 다한다.	전공과목 성적을 A 이상 받는다.	2015~2016
	멘토링제도	학교에서 하고 있는 멘토링제도를 이용하여 교수님들과 만남을 가지고 여러 가지 이야기를 듣는다.	전공 및 진로를 설계하고, 취업 대비 면접 준비를 한다.	2015~2016
중기	취직하기	앞으로 1~2년 내에 취직한다는 생각으로 도전한다. 취직을 위해 면접 공부를 하고 엔지니어로서 취직을 하여 많은 처리장들을 설계해보고 다뤄 본다.	경험을 쌓으면 나중에 기술사 시험에 많은 도움이 될 것으로 생각된다.	2016~2018
장기	수질환경 기술사 취득하기	수질에 관련된 기업에서 10년 동안 일을 하여 경력을 인정받게 되면 기술사를 취득할 수 있는 자격이 주어지게 된다.	수질환경기술사 자격증을 취득한다.	2016~2026
	기술사로서 해외에서 일하기	수질 분야에서 기술사를 취득하고 해외로 나가 우리나라와는 다른 해외의 여러 가지 기술들을 배운다. 해외의 기술과 나만의 기술을 융합하여 새로운 것을 창출해낸다.	해외의 환경 관련 기업에 취업한다.	2026~
	취미 생활	내가 즐길 수 있는 취미 한가지(볼링)를 즐기는 정도로 해 나갈 수 있도록 한다.	스트레스 해소 및 원만한 인간관계를 형성한다.	2015~
	새로운 기술 파악 및 네트워크 구축	새로운 기술 동향을 알아가며 발빠르게 변화해 나가며 관련 사람들과 네트워크를 구축하고 정보를 공유해 나간다.	새로운 기술 트렌드 조사 및 네트워크를 구축하고 정보를 공유한다.	2015~

교육자 사례

본 장은 장래 목표를 교육자가 되기를 희망하는 학생들이 작성한 내용으로, 교수나 교육사, 교육공무원 등을 목표로 하는 학생들이 작성한 사례이다.

1. 교수 계열

1) 비전

의대, 보건행정 등 전공을 마치고 공부를 계속하여 해당 분야의 전문의사 및 교육자로서 앞으로의 미래를 책임질 후진을 양성하고, 자기 분야의 선도자적 역할을 목표로 하고 있다.

사례 2. 나의 비전은 대학교에서 교수가 되는 것이다. 검진이나 치료를 받기 힘든 지역에 사는 사람들을 위하여 첨단 의료장비를 연구하고 논문을 내는 일을 하고 싶고 또한 젊은 학생들과 많은 소통을 하면서 의견을 공유하고 나이가 들어도 젊은 사고방식을 계속 유지하며 학생들에게 멘토의 역할을 감당하는 사람이 되고 싶다.

사례 3. 나의 비전은 나날이 그 지식의 규모와 질이 발전하고 있는 의료업계의 선두에서 전문의사로서의 의학적 지식과 의료계의 많은 인맥들을 활용하여 심장내과 의사로서의 실력을 키우고 세계에서 가장 권위 있는 심장내과 교수가 될 것이다.

사례 5. 나의 비전은 보건과학대학 및 대학원에서 공부하고 연구하여 청소년의 보건, 특히 정신건강에 대해 교육부나 보건복지부에 자문을 해줄 수 있는 교수가 되는 것이다.

2) 롤 모델_국내

높은 자리에 오르기까지 즉, 자신의 꿈을 이루기까지의 과정도 대단하지만, 그것보다 더 중요한 것은 이들이 높은 자리에 오르고 나서도 예전과 다르지 않게 겸손하고 청렴하게 살아간다는 것이 공통적인 특징이다.

① 반기문

사례 2. 고등학교에 다닐 때 반기문의 삶에 대해 저술한 책 『바보처럼 공부하고 천재처럼 꿈꿔라』를 읽고 크게 감명 받았기 때문이다. 어려운 가정형편에도 불구하고 '발목을 잡는 것이 있으면 뿌리칠 힘이 키워진다.'며 자신의 꿈을 이루기 위해 노력한 점과 누구나 인정할만한 높은 자리에 올라가서도 이전처럼 절제하고 청렴하게 생활한 점이 주목할 만하다.

② 유재석

사례 1. 유재석은 방송에 출연하는 연예인이다. 보건행정학과를 전공으로 하는 나와는 어떻게 보면 전혀 상관이 없는 사람이지만 그럼에도 불구하고 내가 유재석을 롤 모델로 하는 이유는 유재석이 가지고 있는 남을 배려하는 성품과 리더십 때문이다. 유재석의 배려는 진행하는 프로그램을 보면 잘 나타난다. 그의 리더십을 보면 '큰 특징이 없는 것이 특징'인 리더십이라 할 수 있다. 조직 위에 군림하는 리더십이 아니라 조직 내부에서 자발적으로 형성되는, 조직원들에게 동기를 부여하고 그들의 성공을 지원하는 데 역점을 두는 '서비스형 리더십', '서전트 리더십'이라 할 수 있다. 그의 리더십의 핵심은 겸손이다. 남을 배려하면서 친절하게 대하고 항상 남과 나누며 언제나 겸손하다. 그의 겸손과 리더십의 영향으로 주변 사람들은 언제나 유재석을 중심으로 뭉쳐서 믿고 따른다. 자신의 주변 사람을 챙기면서 다른 사람들에게 행복한 감정을 느끼게 해준다. 사람 간의 인간관계를 중요시하는 나로서는 본받고 싶은 점이다. 나의 주변 사람들로 하여금 나를 믿고 나를 중심으로 뭉칠 수 있도록 하여야 내가 미래의 계획을 실행시킬 수 있을 것이다.

3) 롤 모델_해외

인류에게 큰 도움을 준 사람들이며 이들은 현재도 인류에게 큰 영향력을 끼치는 인물들이다. 즉 이들의 공통점은 진정한 노블리스 오블리주를 실천하는 사람들이다.

① 슈바이처

사례 1. 보건행정학과를 졸업하여 한국뿐만 아니라 여러 해외의 사람들에게 도움을 주고 싶은 나의 꿈과 비슷하게 슈바이처도 자신이 터득한 의술을 이용하여 아프리카의 사람들에게 봉사했기 때문이다. 보건행정학과를 졸업하면 KOICA, WHO 등 많은 국내/국제협력단체에 들어갈 수 있다. 그곳에서 슈바이처처럼 내가 대학생활 동안 배운 소양들로 복지시스템이 부족한 나라의 사람들을 돕고 싶다.

② 빌 게이츠

사례 1. 빌 게이츠는 재벌의 대명사로 많은 사람들이 알고 있다. 물론 돈을 많이 버는 방법에도 배울 점이 많은 사람이지만 더욱 그를 대단한 사람으로 만드는 것은 그가 돈을 쓰는 방법이다. 우리나라의 재벌가들은 적은 돈을 기부하면서도 생색을 내고 뒤로는 더욱 더 큰돈을 벌기 위해 부정한 행위들을 일삼는 사람들이 많다. 하지만 빌 게이츠는 자신의 재산을 대부분 사회에 환원하면서 직접 노블리스 오블리주를 실천하고 있다. 이러한 그의 모습은 나에게 큰 귀감이 되었다. 스스로의 힘으로 세계 최고의 부를 모은 그는 그것에 그치지 않고 자신의 재산의 대부분을 기부하는 모습을 보였는데 이는 내가 나중에 닮고 싶은 모습이다. 후에 사회에서 인정받는 위치에 오르기 위해 스스로 뼈를 깎는 노력을 할 것이고, 세계적인 위치에 도달하여 많은 사람들의 집중을 받게 되면 남을 돕는 일을 직접 실천하고 싶다.

③ 스티브 잡스

사례 1. 나의 해외 롤 모델로 스티브 잡스를 선택한 이유는 그의 성격이자 가치관 때문이다. 그는 자신이 옳다고 생각하는 일은 굽히지 않는 고집을 가지고 있었다. 그의 장점이자 단점으로 작용했던 성격을 나의 가치관에도 적용해보고 싶다. 주변의 환경과 압력에도 굴복하지 않고 노력하여 내가 바라는 결실을 이루어 내려고 할 때 그의 행동을 본받아 닮고 싶다.

4) 전략

(1) SWOT 분석

표 8-25 SWOT 사례 9

			내부역량분석	
			강점(S)	약점(W)
			1. 의과대학에 진학하여 의사가 될 길이 열려있다. 2. 나의 적성이 대해 어느 정도 알고 있다. 3. 목표를 잡으면 포기하기를 싫어한다. 4. 사교성이 좋아 여러 사람들과 두루 친하게 지낸다.	1. 체력이 강하지 않고 몸이 쉽게 아프다. 2. 감정적인 부분에 취약하여 쉽게 남의 말에 흔들린다. 3. 비교적 늦은 나이에 의과대학에 진학하여서 남보다 약간 뒤처져 있다. 4. 장기적인 계획을 정하는 능력이 약하다.
외부환경분석	기회 (O)	1. 공과대학을 다녀봐서 다른 과의 지식과 인맥을 가지고 있다. 2. 많은 의사인맥과 전국적으로 의과대학 친구들을 많이 알고 있다. 3. 부모님이 의사분이라 의사로서의 길에 대한 지식이 많으며 많은 것을 보고 자랐다.	**SO전략** 1. 적성을 잘 살리고 인맥을 활용하여 목표하고자 하는 과를 진학한다. 2. 부모님의 조언을 바탕으로 선택과 집중을 통해 많은 역량을 키운다. 3. 여러 분야의 인맥을 유지하고 활용하며 서로 도움을 주고 받는다.	**WO전략** 1. 의사가 되기 위해서 많은 공부량을 소화하기 위해 체력과 지구력을 키운다. 2. 뚜렷한 목표를 설정하여 다른 의견에 흔들리지 않고 우직하게 나아갈 수 있게 한다. 3. 늦은 나이인 만큼 뒤처지는 일 없이 의사의 길을 걸어야 한다. 4. 장기적인 인맥관리와 계획을 세워 실천한다.
	위협 (T)	1. 갈수록 의사들이 늘어나 의사들의 삶이 전보다 힘들어 질 것이다. 2. 메이저 의대가 아닌	**ST전략** 1. 사교성을 바탕으로 여러 의사인맥을 형성하여 경쟁사회에서 협력을 주도한다.	**WT전략** 1. 무리한 경쟁 속에서 체력적으로 무리하지 않는다. 2. 장기적 목표를 세우는 데 어려움을 가지는 만큼 무

	지방의대를 다니고 있다. 3. 남들보다 뒤쳐진 나이에 의과대학을 진학하였다.	2. 나의 적성을 최대한 살려 집중적으로 투자를 하여 지방의대의 한계를 실력으로 극복한다. 3. 남들보다 늦게 의과대학을 왔지만 그 사이에 쌓은 폭넓은 인맥을 유지한다.	모한 일들을 시작하지 않도록 노력한다. 3. 지방의대에 진학한 만큼 좋은 성적을 받아 메이저 의과대학에서 수련을 받을 수 있게 한다.

(2) ERRC Model

▌표 8-26▌ ERRC Model 9

ELIMINATE	CREATE
1. 침대에 누워서 스마트폰만 들여다보고 뒹굴 뒹굴하는 습관 2. 긍정적이다 싶으면 상황을 자세히 생각하지 않고 대책 없이 실행하고 보는 경향 3. 살빼기(20kg)	1. 꾸준히, '내가 찾아서 하는' 공부하기 2. 자잘한 실수가 없게 항상 메모하는 습관 가지기 3. 학회 활동 및 참여 4. 해외문화 체험 다녀오기
REDUCE	RAISE
1. 음주 2. 사고 싶다고 바로 사는 습관(특히 음식) 3. 과제를 끝까지 미루다가 과제 마감일 오전에 급하게 하는 행동 4. 잠자는 시간	1. 농구, 바이올린 등 건전한 여가활동 2. 동아리 활동 참여 3. 좋은 사람들 만나기(인맥 쌓기)

5) 실행

(1) Action Plan

표 8-27 Action Plan 9

단계	할 일	세부item	결과	일정
단기	많은 여행을 통해 경험 축적	학기 중 아르바이트와 과외활동으로 자금을 모은 후 방학기간을 이용하여 여러 나라들을 여행한다. 홀로 또는 친구들과 떠나는 여행에서 스스로 일을 계획하고 실행해본다.	스스로 결정하고 실행하는 습관을 들인다. 해외문화 체험을 한다.	여름방학 (서부유럽) 겨울방학 (인도,해외 진료봉사)
	의과대학 학생들과의 교류 형성	의사사회는 매우 좁은 만큼 인맥의 형성과 유지는 매우 중요하다. 현재 다니고 있는 의과대학의 선후배 및 동기들뿐만 아니라 재수, 4수 및 고등학교 출신 의사, 그리고 다른 공과대학 친구들과의 친분을 유지하고 주기적으로 교류한다.	학부시절 동기, 선후배 친분을 쌓아두고 필요시 도움 주고받는다. 인맥을 최대한 만든다.	주기적 사교모임, 동창회, 동문회 참여
	전공선택에 필요한 소양에 대한 탐구	심장내과, 또는 내과에 진학하고 공부를 준비하기 위해 갖추어야 할 상식과 소양을 공부하고, 관련 분야에 종사하시는 교수님들의 충고를 듣는다.	심장내과, 또는 내과 관련 공부 및 소양을 쌓는다. 내가 원하는 전공을 찾는다.	전공분야에 종사하는 교수님 자문
중기	의학 공부에 매진	본과에 진입한 후에는 학점 관리 및 의학 공부에 매진하여 의사로서의 실력을 키우기 위해 노력한다.	의사는 전문직이기 때문에 배우는 내용을 계속 사용하면서 일해야 한다. 대학생 때 성실하게 공부하여 실력을 키우면 그만큼 도움이 될 것이다.	학점을 상위 5% 안으로 유지
	동아리 활동에 매진	현재 몸 담고 있는 의과대학 테니스동아리(Swings)에서 열심히 활동하여 체력을 키우고 인맥을 형성하며 책임감형성과 스트레스 해소를 동시에 해결한다.	의과대학 동아리 활동에 참여한다. 동아리 활동에서 스트레스 해소와 끈끈한 인맥을 형성할 수 있다.	본과 2학년까지 동아리 활동에 매진

	해외 또는 국내 학회 활동	학회활동에 되도록 많이 참가하여 현장 분위기와 현재 의학지식들을 탐구하며, 현재 최고의 기술들에 대해 토론 및 공유한다.	유럽심장학회(ESC)에 참가한다. 의학 지식을 키우고 교수님들과의 인맥을 형성한다.	매년 여름
장기	상위권 성적 유지	상위권 성적을 유지하여 좋은 성적으로 졸업해 서울 메이저 대학에 인턴으로 들어갈 수 있도록 한다. 세브란스 병원에서 전공의를 공부하여 전공지식에 대한 심층적인 내용을 학습한다.	의과대학에서 우수한 성적으로 졸업한다. 세브란스 병원에서 전공의 수련을 한다.	우수한 성적으로 졸업
	심장내과의 전문분야에 대한 심화학습	심장내과는 내과 중에서도 가장 어렵고 공부량이 방대한 만큼 정확한 전공분야의 선택과 융합이 중요하다. 전공분야에 대한 실력이 좋을수록 더욱 수월한 연구와 진료를 할 수 있기 때문에 심화된 공부를 해야 할 필요가 있다.	해외연수나 국내 우수 진료팀에 들어간다. 전문분야에 대한 지식 및 경험을 키운다.	전공의 수련 후
	통계학공부를 병행하여 많은 빅데이터를 이용한 논문 작성	빅데이터를 이용하면 환자들의 대한 포괄적인 정보를 통계를 이용하여 알아낼 수 있고 이를 통해 많은 연구를 할 수 있다.	한번 데이터가 축적되기 시작하면 계속 누적되므로 연구 활동을 하는 데 큰 도움을 줄 것이다.	통계학 공부 및 연구 인력 모집

2. 교육사 계열

1) 비전

대한민국에서 전문적인 지식을 바탕으로 국민건강이나 자라나는 아이들을 위해 도움을 주는 교육사가 되는 것이 목표이다.

사례 3. 나의 비전은 기본적 교육과 생계적 도움이 필요한 아이들에게 나의 재능을 기부하여 그 아이들의 미래를 발전시켜 주는 것이다.

2) 롤 모델_국내

국내 롤 모델의 공통점으로는 모두 선한 마음씨를 지니고 있다는 것이다. 이들의 봉사 정신과 희생정신을 가장 닮고 싶다.

① 샤론 김숙향 선교사

사례 1. 김숙향 선교사의 위대한 점은 봉사정신, 희생정신, 긍정적인 마인드, 강한 믿음의 자세, 무한 사랑의 베풂 등 너무나도 많다. 그중 나는 그녀의 긍정적인 마음자세와 무한한 사랑 베풂의 자세를 닮고 싶다. 나는 어떠한 일을 하다가 생각대로 되지 않으면 쉽게 포기하거나, 스스로를 자책하는 일이 많다. 그러므로 나도 그녀처럼 매사를 긍정적인 마음으로 대할 것이며, '할 수 있다'는 생각을 가지고 끈질기게 도전할 것이다. 무한한 사랑을 베푸는 자세 역시 굉장히 닮고 싶은 부분 중 한 가지다. 현대 사람들은 장애인이나 노약자 같은 사회적 약자를 볼 때 색안경을 끼고 보는 경향이 있다. 나 역시도 그러한 경향이 없지 않아 있다. 그러나 이러한 편견은 세상을 불화로 이끈다. 김숙향 선교사처럼 누구에게나 내리사랑을 베풀 때, 그제서야 세상은 화목하고 행복하게 바뀔 것이다. 그러기 위해서는 나부터 만인을 사랑하고 공경하는 마음을 가져야 할 것이기 때문에 무한한 사랑을 베푸는 그녀의 모습을 본받고 싶다.

② 김태필 선생님

사례 1. 나의 롤 모델은 나의 고등학교 3학년 담임선생님이다. 선생님은 세 가지를 중요시 여기셨다. 첫 번째는 '시간약속'이다. 사람과 사람 사이에 신뢰는 쌓는 것은 쉽더라도 잃는 것은 너무나 쉬운 일이라고 하셨다. 그래서 이 관계가 유지되기 위한 가장 기본적으로 지켜야 하는 것이 약속이고 특히 시간약속이라고 하셨다. 두 번째는 '말 말고 실천으로 행동하라'이다. 열 마디의 말보다 한 번의 행동이 낫다는 말이 있듯이 말이 아닌 행동으로 자신을 더 발전시킬 수 있는 사람이 되라고 하셨다. 세 번째는 '자신을 믿어라'이다. 자신이 하는 일이 의심스럽기도 하고 하고나서도 만족하지 못하더라도 자신을 토닥일 줄 알아야 하며 그 힘을 원동력으로 다시 시작할 수 있는 힘을 가지라고 하셨다.

③ 션

사례 1. 그는 선한 가치관을 가지고 사회에서 삶에 어려움을 겪고 도움을 필요로 하는 사람들을 위해 활동하고 또 이를 자신이 즐기고 있다. 그의 심성까지 닮을 수는 없겠지만 이런 활동을 10년 넘게 꾸준히 하고 있다는 점과, 그가 '힐링캠프', '비정상회담' 같은 tv프로그램에 나오면서 봉사나 기부에 대한 사회의 관심을 더 크게 만든 그런 큰 영향력을 나도 갖고 싶다.

3) 롤 모델_해외

해외 롤 모델의 공통점은 훌륭한 교육자였다는 것이다. 또한, 월트 디즈니 같은 경우에는 실패를 통한 성공을 함으로써 깊은 감명을 주었고, 나머지 두 명은 교육자로서 본보기가 되는 대상들이다.

① 월트 디즈니

사례 1. 디즈니는 과거에 많은 실패를 겪었다. 당시 애니메이션 시장은 앞으로 내가 도전할 보건의료분야의 시장처럼 아직 덜 개발된, 새로운 시장이었다. 때문에 디즈니는 재정적인 문제를 비롯하여 사람들의 따가운 눈초리, 부모님의 반대 등 과거에 수많은 실패를 겪었다. 그럼에도 불구하고 절대 포기하지 않고 꿋꿋하게 자신의 길을 걸어왔고 이러한 도전적인 자세는 그에게 성공을 안겨다 주었다. 다시 말해, 그가 겪었던 힘든 시절을 긍정적으로 발전시켜 지금의 디즈니랜드가 탄생했다고 볼 수 있는 것이다. 나도 그처럼 좌절의 순간에도 끝까지 힘을 잃지 않고 용기를 내는 멋진 보건의료전문가가 되어야겠다고 다짐했다. 또 디즈니가 애니메이션으로 사람들을 즐겁게 하였듯이 나는 보건교육으로 사람들을 행복하게 만들어 주고 싶다. 그리고 그처럼 훗날 높은 위치에 이르더라도 자만하지 않고 더 나아가고자 하는 자기계발의 자세를 보여야겠다고 생각했다.

② 로버트 허친스

사례 1. 로버트 허친슨은 예일 로스쿨 강사, 교수, 학장, 시카고 대학교 총장, 미국 변호사 회원을 역임 한 사람으로 교육 분야의 혁명가이다. 특히 그는 시카고 대학의 총장으로 지낼 때 시카고 대학의 많은 변화를 가져다 준 사람이다. 그는 교육에 있어서 교양 교육을 주장하였다. 고전은 소수의 훌륭한 선인들이 만들어 놓은 정신적 노작이며, '옛것인 동시에 새것'으로 시대와 국민을 초월한 보편적 가치가 있는 것으로 보았다. 고전을 통해 지성을 계발하고, 이성을 훈련시키는 것이 참된 교육이라고 보았고 이러한 정신을 바탕으로 그는 The Great Books프로그램을 시카고 대학에 도입하였다. The Great Books프로그램은 고전 100권을 선정해 학생들에게 읽게 했다. 그리고 그가 이 프로그램을 시작하면서 던졌던 세 가지의 질문이 있다. 첫 번째, 자신의 롤 모델을 발견하라. 두 번째 영원불멸의 가치를 발견하라. 세 번째 그 토대 위에 자신의 꿈과 비전을 설계하라이다. 그가 이 프로그램을 하면서 던졌던 세 가지의 질문이 사실 내가 지금 하고 있는 자기설계라고 생각한다. 그렇기에 이 과제를 받았고 롤 모델을 찾으라고 했을 때 그가 가장 먼저 생각난 사람이었다. '교육의 목적은 젊은이에게 그들의 인생을 통해서 스스로 배우도록 준비시키는 것이다.'라는 것을 모토로 평생 교육자로서의 삶을 살았던 그는 3류의 대학이었던 시카고 대학을 세계 최고의 명문대학으로 탈바꿈시켰다. 나는 로버트 허친슨이 이렇게 대단한 일을 할 수 있게 만들어 준 것은 옛것의 중요성을 알고 그 중요성을 학생들에게 알려 줄 수 있는 힘이 있었던 것이라고 생각한다. 나 또한 현재와 미래에 치우쳐서 사람들을 위해 일하는 것보다는 과거를 돌아볼 줄 알면서 사람을 위한 교육을 할 수 있는 사람이 되고 싶다.

③ 살만 칸

사례 1. 그의 칸 아카데미는 누구나 무료로 볼 수 있는 고등 수준까지의 강의를 유명 교수가 참여한 질 높은 수준으로 제공하고 있다. 그처럼 여러 분야에서 제가 최대한 할 수 있는 질 높은 교육을 제공하고 한국에서도 이런 단체가 활성화 될 수 있도록 하고 싶다. 또한 그가 현재 그 전 직장을 다닐 때보다 훨씬 행복하다고 하는 것처럼 이를 항상 행복한 마음으로 할 수 있기를 바란다.

4) 전략

(1) SWOT 분석

▌표 8-28 ▌ SWOT 사례 10

			내부역량분석	
			강점(S)	약점(W)
			1. 긍정적이다. 2. 하고자 하는 일을 집중해서 빠른 시간에 할 수 있다. 3. 여러 가지 일이 겹쳤을 때 정리해서 순차적으로 해결해 나가는 것을 잘한다. 4. 독일어 자격증 보유(A1, A2), 이번 년에도 B1준비를 한다.	1. 사소한 거에 상처를 잘 받는다. 2. 끈기 있게 하나를 꾸준히 못한다. 3. 물건을 잘 챙기지 못한다. 4. 잠이 너무 많다. 5. 영어가 서툴다.
외부환경분석	기회(O)	1. 보건교육사 자격증을 취득 후 일할 수 있는 곳이 많다. 2. 최근의 전염성 강한 질병들로 인해 보건교육의 필요성이 더욱더 강조되고 있다.	**SO전략** 1. 보건교육사 자격증 취득에 집중해서 최대한 빠른 시간 내에 한다. 2. 질병에 대한 깊이 있는 공부를 해서 보건교육을 한다.	**WO전략** 1. 하나를 끈기있게 하는게 어려운 나의 성격에 맞추어서 언어 공부와 자격증 공부를 번갈아 해서 공부계획을 설정한다. 2. 영어회화에 중심을 두어서 보건교육을 할 때 전 세계 어디에서든 교육할 수 있도록 실력을 키워야 한다.
	위협(T)	1. 아직 보건교육사라는 직업이 활성화 되지 않았다. 2. 간호자격증을 가지고 보건교육사를 하는 사람들이 많아서 상대적으	**ST전략** 1. 독일어와 영어를 더욱 집중적으로 공부해 남들과는 다르게 다양한 언어를 해서 나만의 특별한 무기를 만든다. 2. 보건교육사라는 직업을 내가 알릴 수 있는 사람으로 성장한다.	**WT전략** 1. 경쟁력 있는 사람이 되기 위해서는 어학공부를 하는 것이 급선무, 또한 잠을 줄여 규칙적인 생활을 하도록 한다. 2. 보건교육사가 나의 꿈인 만큼 끈기를 길러서 최고가 되

		로 불리하다.		어 내가 보건교육사라는 직 업의 활성화를 도모할 수 있 는 사람이 되도록 한다.

(2) ERRC Model

표 8-29 ERRC Model 10

Eliminate	Create
1. 할 일이나 물건을 자주 깜빡하는 것(해야 할 일이나 챙겨야 하는 것을 놓침) 2. 계획을 세워 놓고는 잘 실천하지 않는 습관 (구체적으로 설정하지 않아서) 3. 사소한 말들에 상처를 받는 것(가장 큰 스트 레스 요인)	1. 보건교육사라는 직업에 대한 이해를 위해 관련 서적을 공부하고 미래에 대한 준비를 시작하기 2. 봉사활동하기(매월 4번이든 꾸준한 봉사를 통해서 미래에 내가 보건교육사로서 해야할 일이 무엇인지를 알아보기) 3. 인문학 서적을 많이 읽기(교육을 하는 사람이 꿈인 만큼 인간에 대한 깊이 있는 이해가 필요하다고 생각함)
Reduce	Raise
1. 영어에 대한 공포증(외국인과의 소통을 점차 적으로 늘려나가서 영어로 의사소통하는 것 에 대한 부담을 줄여나가기) 2. 남들이 하는 말에 대한 의식을 줄이기('나'를 조금 더 생각해서 스트레스를 줄여나가기)	1. 해야 할 일이나 챙겨야 할 물건을 써서 체크하 는 습관가지기 2. 지금보다 독일어 공부량을 증가시켜 남들과 차별화된 무기를 가지기, 영어 특히 스피킹 연습을 더욱 많이 하기

5) 실행

(1) Action Plan

▌표 8-30▐ Action Plan 10

단계	할 일	세부 item	결과	일정
단기	독일어 실력 늘리기	A1, A2 준비할 때 필기해둔 것을 바탕으로 교양시간에 배운 독일어 공부와 함께 더하여서 B1자격증을 준비하고, 부족했던 회화부분을 중점으로 공부를 다시 시작한다.	지금보다 나은 독일어 실력과 회화실력을 바탕으로 독일어로 수업이 가능할 정도의 수준이 된다.	2015.04~12
	보건교육사에 대한 구체적인 조사	보건교육사에 대한 구체적인 조사를 통해서 1학년 때부터 어떤 준비를 해야 하고 필요한 영어 점수나 그 외의 것들을 미리 준비해 둔다.	미래의 진로에 대해 정확하게 준비를 해서 진로설계에 도움이 되도록 한다.	2015.04~12
	영어 실력 늘리기	토익 공부를 시작해서 한달에 한번씩이든 꾸준히 시험에 응해서 영어에 대한 감을 잃지 않도록 하고 교양영어 수업에 착실히 임해 기본적인 문법이나 어휘에서 탄탄한 틀을 잡는다.	훌륭한 공인인증 성적이 아니더라도 점차 점수를 올려서 영어공부를 할 수 있는 힘을 만들어 나간다.	2015.04 ~2016.04
	배우는 과목들을 충실히 공부하기	처음 대학에 들어와서 전문적인 지식을 만들어가는 첫 단계인 만큼 지금 하는 수업들에 충실하게 임해서 좋은 성적과 2학년에 배울 전공과목에 대비해서 발판을 만들어 놓는다.	우수한 학점을 받는다. 2학년 때 배울 전공과목에 대한 이해를 돕는다.	2015.03~12
중기	해외봉사 파견가기	아직 보건쪽으로 도움이 필요한 다른 나라에 가서 1년 동안 열심히 쌓은 회화 실력을 바탕으로 조금이나마 그들에게 도움을 주고 또한 다음번에는 내가 그들에게 어떤 도움을 주어야 하는지 생각해본다.	미래의 보건교육사로서 미리 체험을 하는 기회를 가지는 것이다. 그리고 봉사를 통해서 어떤 준비를 내가 해가야 할지 구체적인 답을 찾게 될 것이다.	2015.04 ~2017.10
	교환학생 프로그램	고등학교 때부터 배워왔던 독일어를 쓸 기회를 갖기 위해서 교환학생 프로	지금까지 배워온 독일어를 쓸 기회가 많이 없	2015~2018

	참여하기	그램에 참여할 것이다. 그래서 독일의 문화를 바탕으로 우리나라의 보건과 독일 및 유럽권의 보건에 대한 비교와 이해를 하고 싶다.	었는데 교환학생으로 독일어를 더 공부할 기회로 삼을 것이며 다른 나라의 보건에 대해서 구체적으로 알 수 있을 것이다.	
	컴퓨터 프로그램 다루는 법 배우기	기본적인 문서를 다루기 위해 컴퓨터 프로그램(엑셀, 파워포인트, 한글 등)을 인터넷 강의 또는 독학으로 배울 것이다. 그리고 그 뿐만 아니라 포토샵 등 부가적인 프로그램들을 전문적으로 배워서 취업할 때나 과제할 때 도움이 되도록 할 것이다.	엑셀이나 한글, 파워포인트는 자격증을 만들 것이고 포토샵 등은 기본적인 사진편집이 가능할 수 있도록 한다.	2015~2017
장기	보건교육사의 꿈을 이루기	지금까지 쌓아온 모든 것들로 보건교육사 자격증을 취득해서 본격적으로 보건교육사로서의 삶을 시작할 것이다. 특히 국내외의 학생들에게 보건지식을 전달해서 아이들의 건강을 지키는 데 도움을 줄 수 있는 교육자가 될 것이다.	내가 살아오면서 배운 것들을 모두 사용할 수 있는 가장 큰 기회라고 생각하고 삶의 마지막 종착점이라고 생각한다.	2019~
	결혼하기	항상 안정적인 가정을 꿈꾸었던 만큼 사랑하는 사람과 나의 집, 나의 차를 가지고 세 명의 아이들과 함께 살 것이다. 그리고 아이들에게는 베풀 줄 아는 사람이 되라는 것에 중점을 두고 잘 키울 것이다.	우리 어머니가 그러하셨듯이 아이들에게 친구 같은 부모가 되는 것이 꿈이다.	2023~
	기부단체 만들기	옛날부터 생각해왔던 일인데 남편과 같이 작지만 기부단체를 만드는 것이다. 그래서 내가 받았던 도움들을 나누어서 집안상황은 힘들지만 학업에 뜻이 있는 아이들을 도와줄 것이다.	내가 받았던 사랑을 나눌 수 있는 진정한 봉사의 의미를 아는 사람이 될 것이다.	2045~

공무원 사례

본 장에서는 장래목표를 공무원이 되기를 희망하는 학생들이 작성한 것으로, 보건/의료 계열이나 환경공학 관련된 직군의 공무원을 지망하는 학생들이 작성한 사례이다.

1. 의료/보건 계열

1) 비전

본인의 전공을 살려서 보건복지부, 환경부, 건강보험심사평가원, 보건소, 각종 병원이나 의료원 등에서 뛰어난 봉사정신과 일에 대한 열정으로 국민들의 복지 개선에 도움이 되는 공무원이 되는 것을 목표로 한다.

사례 2. 나의 비전은 이러한 건강보험심가평가원의 일원이 되어 보건행정학과에서 쌓은 의료 관련 지식과 보험심사 지식을 통해 우리나라의 의료 질 향상에 이바지하고, 국민들이 더 적정한 비용으로 서비스를 이용할 수 있게 하여 의료이용의 접근성을 더욱 높이는 것이다.

사례 9. 나의 비전은 국가의 앞으로의 보건 정책을 꾸려나가는 보건직 공무원이 되어, 우리나라 국민 모두의 건강과 안전을 수호하고 늘어나는 노인 문제를 커버할 수 있는 더욱 합리적인 건강보험제도를 확립하는 국가직 공무원으로서의 사명을 다하는 것이다.

사례 19. 나의 비전은 국민의 보건이 중요시되는 시대에서 양질의 의료서비스가 최소의 비용으로 국민 개개인에게 제공되도록 이론과 방법을 체계적으로 연구하는 학문을 공부하여 보건복지부의 한 일원이 되어서 국민 건강의 증진이 될 수 있도록 하는 것이다.

사례 20. 나의 비전은 보건복지부나 그 산하기관에서 보건행정 전공을 활용하여 보건 및 의료행정의 종합계획 수립, 조정 및 집행에 관한 업무 등을 성실히 책임지는 보건직 공무원이 되는 것이다.

2) 롤 모델_국내

국내 롤 모델들의 공통점은 자신의 꿈을 향해 꾸준히 노력했다는 점이다. 또한 이들은 결단력과 특유의 독함으로 자신의 목표와 꿈을 향해 계속 도전했다.

① 김연아

사례 2. 무엇이든 꾸준히 노력하는 것이 중요한 것 같다. 김연아 선수를 나의 롤 모델로 정하기 전에도 김연아 선수에 대해 호감도는 아주 높았다. 그렇지만 이전까지는 나와는 먼 국민스타 같은 느낌이었는데, 소치 올림픽 사건이 터졌을 때 너무 억울하여 김연아 선수에 대해 더 자세히 알아본 적이 있었다. 겉으로는 피겨천재, 피겨여왕이라는 수식어가 만연했지만, 검색하고 조사할수록 김연아 선수의 노력은 정말 짐작하기 어려울 정도로 대단했다. 김연아는 이러한 업적들을 만들어 내기 위해 중학교 시절부터 수많은 시행착오와 연습을 겪었을 것이며 마침내 지금의 모습을 국민 모두에게 보여줄 수 있었을 것이다. 내 꿈을 이루기 위해서는 남은 대학생활에서는 물론, 국가고시 준비와 취업 준비, 취업 후에도 항상 꾸준함을 잃지 않을 수 있도록 나 스스로를 이겨내야 할 것이다.

② 반기문

사례 2. 반기문 사무총장님을 묻는다면 '성실', '인품', '자기개혁'을 떠올릴 수 있을 것이다. 고등학교 당시 읽었던 위의 책 『바보처럼 공부하고 천재처럼 꿈꿔라』를 통해 반기문 사무총장님이 자신의 꿈을 위해 얼마나 많은 노력을 하고 끊임없는 발전이란 자기개혁을 통하여 꿈을 이루었는가를 보았고, 배려와 겸손 등을 통한 리더에 오르는 그 모습을 읽고 나서 나 또한 이 분처럼 자신을 정진시키기 위하여 계속해서 자기개혁을 하고, 자신의 목표를 위해 성실하고 근면하게 노력을 해나갈 것이다. 그리고 위에 올라서도 겸손하고 남을 위할 줄 아는 인품을 배우고 싶다.

③ 이순신

사례 2. 7년 전쟁 기간 중 이순신 함대가 연전연승할 수 있었던 이유는 전쟁을 미리 예측하고 이를 대비하는 유비무환의 정신과 '무에서 유를 창조'해 나가는 혁신적인 면모, 관습을 과감히 돌파하는 개혁의 의지, 휘하 장수들과 함께 합의와 토론을 통해 의견을 창출하는 과정 등 그의 탁월한 리더십을 확인할 수 있다. 무한경쟁의 시대에 있어 수많은 역경을 극복하고 불패의 신화를 이룩한 이순신 장군의 정신과 전략은 나뿐만 아니라 모든 이들에게 귀감이 될 것 같다.

3) 롤 모델_해외

해외 롤 모델의 공통점은 남을 위해 봉사하는 삶이 인생에 있어서 가장 중요한 덕목이라고 생각한다는 점이다. 또한, 이들은 모든 생명을 존중하는 태도를 지니며 타인에 대한 공감력이 뛰어나다.

① 마더 테레사

사례 2. 이태석 신부님과 마찬가지로, 이분 역시 다른 사람에 대한 봉사를 실천하신 분이다. 마더 테레사가 의료봉사를 했듯 나도 보건사업을 통해 많은 사람들을 돕고 싶다.

② 오프라 윈프리

사례 2. 나는 좋은 환경에서 공부하면서도 '이건 이래서 안 돼, 저건 저래서 안 돼'하며 주변 환경을 탓하기 쉬웠다. 롤 모델을 보며 어떠한 환경에서든 무언가를 해내는 것은 결국 자기 능력이라는 생각이 들었다. 평탄하지 않았던 환경이었지만 이겨내고 여러 사람에게 존경받는 인물이 된 정주영 회장과 오프라 윈프리의 끈기와 노력을 닮고 싶다. 자동차, 건설, 조선소까지 늘 새로운 분야에 도전하며 실패를 두려워하지 않았던 정주영 회장의 도전정신을 본받아 시야를 넓혀 다양한 일과 도전을 많이 해보고 하기 어려운 경험들은 책을 통해 접하며 오프라 윈프리처럼 독서하는 습관을 기를 것이다. 지금 열심히 노력해서 두 롤 모델처럼 다른 사람들에게 인정받고 조금이라도 좋은 영향을 미칠 수 있는 사람이 되고 싶다.

③ 슈바이처

사례 2. 슈바이처 박사의 이런 타인을 생각하는 마음이 보건직 공무원이 본받아야 할 올바른 마음가짐이라고 생각한다. 보건직 공무원이 책임져야 하는 공중보건이란 나를 포함한 주변의 모든 사람들의 건강과 안전을 지키는 것이기 때문에 주변 사람들, 특히 주변의 약자들을 생각하고 배려하는 마음을 항상 가져야 한다고 생각한다.

4) 전략

(1) SWOT 분석

표 8-31 SWOT 사례 11

			내부역량분석	
			강점(S)	약점(W)
			1. 보험심사평가사 자격증 보유 2. 대기업보험회사 1년 인턴경력 3. 한번도 하락한 적 없는 성적: 1학년 1학기 3.09 → 2학년 2학기 3.63 4. MOS Master 자격증 보유 5. 의무기록사 자격증 준비 용 이: 관련 이수과목 9개	1. 1년 휴학으로 인한 남들보 다 늦은 졸업 2. 아직 낮은 평균성적: 오르고 는 있으나 아직 평균은 중반 대 3. 시사지식 부족(뉴스시청, 독서 부족)
외부환경분석	기회 (O)	1. 심사직 지원: 행정직, 전산 직보다 많은 인원 채용 2. 보험심사영역 의 확대 3. 관련 인원 채 용 확대 4. 4년제 보건관 련 학과들 중 에서는 유일 무이 5. 건강보험심사 평가원에 취업 한 선배들 조 언, 인맥 활용 6. 의료산업 시 장의 확대	**SO전략** 1. 지원 시 보험평가사 자격증과 보험회사 인턴경력을 중심으 로 면접 및 자소서 준비 2. 성적을 계속 상승시켜 졸업 시 평균 3.75 이상으로 취득 3. 심사업무는 행정업무와 큰 연 관성이 있기 때문에 MOS 자 격증이 있으면 컴퓨터 활용 능력을 보여줄 수 있음 4. 심사평가원심사직에 지원하 기 위해서 필요한 의무기록사 이수과목 수강 5. 보험심사영역이 확대된다면 인턴을 했던 보험회사에서 는 자동차보험과 실손보험 이 모두 있었으므로 더욱 도 움될 것	**WO전략** 1. 현재 성적은 낮지만 지금처 럼 계속 상승곡선이 된다면 성적이 단순 평균인 것보다 오히려 많은 지원자들 사이 에서 성실함을 보여주기 용 이할 것임 2. 휴학기간이 있지만 남들과 다른 방향으로, 남들보다 앞서서 미래를 준비했다는 점을 보여줄 수 있음 3. 의료시장 확대에 관련된 시 사 지식을 쌓고 관련 도서를 많이 읽어야 함

| 외부환경분석 | 위협(T) | 1. 심사평가원 원주 이전 가능성
2. 채용의 불규칙성
3. 병원 취업의 불확실성(지원 시 1년 이상의 병원경력 필요) | **ST전략**
1. 예전 면접 질문 중에 '원주로 이전한다면 어떻게 하겠는가?'가 있었다고 함. 원주에 거주하는 사람들은 도움될 것임
2. 언제 채용공고가 올라올지 모르므로 의무기록사 자격증을 취득한 후 병원에서 최소 1년, 공고가 올라오지 않으면 최대 2년까지 실무경력을 쌓는 방향으로 준비하기
3. 대학병원으로 들어가 실무경력 쌓기 | **WT전략**
1. 채용공고가 늦어지면 1년 휴학을 했기 때문에 지원 시 불리한 점으로 작용될 수 있음. 이런 경우는 실무 경력을 대학병원, 상급병원에서 쌓게 되면 좋을 것임
2. 병원 취업은 목표 달성을 위한 수단이므로 조금이라도 늦어지면 심평원 취업이 더욱 어려워 질 수 있음. 성적뿐 아니라 병원 취업에 필요한 것이 무엇인지 사전에 조사하고 미리 준비하는 것이 중요함 |

표 8-32 SWOT 사례 12

			내부역량분석	
			강점(S)	약점(W)
			1. 낙천적이고 긍정적인 성격, 위기대처 능력 2. 한국사능력검정시험 1급 자격증 보유 3. 문과임에도 과학에 많은 관심	1. 현재 낮은 공인외국어시험 점수 2. 꼼꼼하지 못한 성격, 자기관리 부실 3. 내성적인 성격
외부환경분석	기회(O)	1. 점점 커지는 의료시장 2. 보건직 공무원 채용 인원 증가 3. 보건 사업에 대한 밝은 전망	**SO전략** 1. 한국사에 대한 사전 지식이 갖추어져 있으므로 공무원 시험 한국사 과목에 남들보다 유리 2. 생물이나 화학 등 과학 분야에도 관심이 많아 보건 및 의학 관련 공부를 할 때 부담감과 거부감이 적음 3. 보건직 공무원 시험준비	**WO전략** 1. 공인외국어 공부 시작 후 꾸준히 진행 중 2. 공무원 시험 준비를 하며 바이오리듬 형성, 규칙적인 생활과 규칙적인 활동 지향

	1. 공무원 시험의 엄청난 경쟁률 2. 대규모 청년실업, 취업난	**ST전략** 1. 공무원 시험 준비가 길어지더라도 긍정적인 마인드로 극복 가능	**WT전략** 1. 규칙적인 생활과 운동을 습관화하여 허약한 체력과 내성적인 성격을 동시극복 노력
위협 (T)			

(2) ERRC Model

표 8-33 ERRC Model 11

Eliminate	Create
1. 오늘 할 일을 혹은 지금 할 일을 내일이나 다음으로 미루는 행동 2. 늦잠, 자주 누워 있으려는 습관, 그 외에 게으름 피우는 모든 행동	1. TOEIC 단어를 하루에 정해진 분량 외우기 2. 운동 한 가지 정해서 일주일에 3~4회 실천하기 3. 규칙적인 바이오리듬 조성을 위해 정해진 시간에 일찍 자고 일찍 일어나기 4. 공무원, 공기업 취업 준비
Reduce	**Raise**
1. 잠으로 낭비되는 시간이 너무 많으므로 점차적으로 잠을 줄여서 규칙적인 생활습관을 갖추기 2. 컴퓨터 게임에 투자하는 시간을 점차 줄이기	1. 하루 학습량(과제에 투자하는 시간, 개인공부시간) 2. 전공과 진로에 대한 탐색(보건직 공무원, 국민연금관리공단, 건강보험심사평가원 등)

표 8-34 ERRC Model 12

Eliminate	Create
1. 주말에 지나치게 긴 수면시간(10~12시간)을 평일처럼 수면패턴 바꾸기 2. 준비가 안돼 있으면 무조건 피하려는 습관	1. TOEIC 단어를 하루에 정해진 분량 외우기 2. 운동 한 가지를 일주일에 3~4회 실천하기 3. 규칙적인 바이오리듬 관리 4. 학점 관리. 최소한 학점백분위 80을 넘겨 국가장학금 매 학기 수여 받기 5. 공무원 한국사, 국어 따로 준비 6. 보건행정 전공과목 A+ 이상 받기

Reduce	Raise
1. 계획을 지나치게 꼼꼼하게 오래 세우려 하여 낭비되는 시간. 실천과 행동을 우선시 2. 주말에 친구들과의 잦은 술자리	1. 순수 독서시간 및 공부시간. 피곤해도 읽고 싶은 책은 읽자 2. 단기적인 목표 달성 이외에 전체적인 큰 틀에 맞추어서 현재 하고 있는 행동의 효율성 파악 필수

5) 실행

(1) Action Plan

▌표 8-35▐ Action Plan 11

단계	할 일	세부 item	결과	일정
단기	계절학기	의무기록 이수과목 중 하나인 질병분류 수업 수강하기	성적 A0 이상	2015.06~07
	컴퓨터 활용능력 1급 자격증	필기: 여름방학 때 응시 실기: 겨울방학 때 응시	취득하기	2015.06~08 2015.12~2016.02
	토익 800 이상	방학을 이용해서 학원에 등록하여 공부하기, 방학 동안 최소 2번은 응시하기, 학기 중에도 모의토익 응시해보기	최소 900점 이상	2015.12~2016.02
	정보산업기사 자격증	방학 때 인터넷 강의 수강하기. 문제집을 동시에 풀고 최대 3번 안에 합격하기	취득하기	2016.06~08
중기	졸업하기	정보인증 MOS 자격증 취득하기, 2년 동안 남은 52학점 채우기	졸업하기	2017.02
	성적향상	현재 3.55를 졸업 전까지 3.75를 만들기 위해 모든 학기에서 4.0 이상을 받기	학점 4.0 이상	2015~2017.02
	의무기록 자격증	남은 이수과목 7과목 듣기(병원경영정보관리, 보건의료통계, 보건의료데이터베이스), 의학용어 틈틈히 외우기	취득하기	2015~2017.02

단계	할 일	세부 item	결과	일정
	병원 취업	최소 병원급 이상 취업 준비. 종합병원급 이상이면 인턴 과정도 괜찮음. 최대 2년까지만 병원 의무기록실에서 경력 쌓기	병원 취업하기	2017.03~2019.02
	건강보험심사평가원 취업	하반기 채용공고 확인, 관련 시사정보, 의료계동향 수시로 읽기, 인적성검사 예상문제 풀이, 직무능력 수행평가는 인터넷강의를 이용하여 준비하기	취업준비 및 입사	2019.02~2020.02
장기	심사업무 익히기	심사실로 들어가 실무 업무부터 익히기. 업무를 하면서 노하우가 쌓이면 현 제도의 문제점이나 불편한 점은 없는지 찾아서 개선하기	실무 익히기	2020.02~2025
	심사관리직으로 승진	심사관리부서에 들어가 관리업무 담당하기. 효율적인 심사, 의료의 질을 높일 수 있는 방안 개선	승진 및 제도 개혁	2025~
	독서습관 기르기	한 달에 1권 이상 책 읽기 습관화	연간 15권	–
	취미활동 만들기	평소 관심 있는 그림 그리기, 음악감상을 게을리하지 않음. 취업 후 여유가 생기면 태권도도 배우고 싶음	–	–
	포토샵	포토샵 관련 책을 구입하여 주말이나 시간이 날 때마다 기능별로 학습	포토샵 GTQ 자격증 취득	–

표 8–36 Action Plan 12

단계	할 일	세부 item	결과	일정
단기	YBM TOEIC 강좌 과정 수료하기	ETS TOEIC Listening Prep Book/Reading Prep Book	TOEIC 750점 이상	2015.03~07
	전공과 관련된 진료 탐색	보건행정학과 진로설정을 위한 자료모음.hwp(Colloquia 수업에 직접 수강생들이 참여하여 제작한 자료집)	보건직 공무원 및 다른 직업군에 대한 이해 증진	2015.03~04
	공무원 시험 준비 (공중보건학)	보건학(전국대학보건관리학 교육협의회)	공중보건학 이해	2015.04

	공무원 시험 준비 (영어)	보건직 실력평가모의고사(공무원시험연구소)	공무원시험과목(영어) 이해와 문제 풀이	2015.05~06
	보건복지부 세종청사 방문 답사	세종시 보건복지부 청사	현장 방문으로 인한 시각적 동기부여	2015.07
	보건행정학과 우수한 학점 만들기	1학기 성적 3.5 이상 2학기 성적 3.8 이상	적어도 상위 15% 이내	2015.03~12
	교내 보건행정학과 교수님들과 한 번씩 진로 상담	보건직 공무원의 현실과 위치, 진로에 대한 정보	보건직 공무원의 이해 및 진로 설정	2015.03~12
	현재 가입한 절주 동아리 I♥NA 홍보부활동	그린캠퍼스 캠페인 및 다양한 교내외 캠페인 활동	보건복지부장관상 수상 목표	2015
중기	군입대 전까지 TOEIC 점수 향상	해커스토익 실전 Reading/ 보카 등	TOEIC 점수 900점대	2015.03~2016.05
	국가직 7급 공무원 공개경쟁채용시험	7급 공채 준비. 공무원시험연구소 교재 학습	보건직 공무원 국가직 7급 합격	2019.01~2020.12
	장애인복지법 연구	지역복지행정법 등 법전 연구. 장애인에 대한 인식개선, 장애인시설 확충에 필요한 자원 파악	장애인에 대한 인식 개선 및 복지 연구	공무원 7급 달성 이후
	노인복지법 연구	지역복지행정법 등 법전 연구. 독거노인 문제 이외 문제 파악	노인복지 문제점 및 개선	공무원 7급 달성 이후
	소년소녀 가장에 대한 고찰	소년소녀 가장의 사회적 행복을 위한 방안	소년소녀 가장 복지 개선	공무원 7급 달성 이후
장기	5급 공무원 승진 시험	공무원시험연구소 저 교재	보건직 공무원 국가직 5급 합격	6급 달성 이후
	공중보건과 복지에 관한 정책 펴기	사회적 약자에 대한 올바른 시각 형성, 공중 보건 향상	각종 보건, 복지 정책 형성에 기여	5급 달성 이후

2. 그 외 계열 사례

1) 비전

환경공학, 사회복지 등을 전공하여 환경 공무원이나 사회복지사가 되어 국가를 위하여 일하고 우리 사회의 어려운 사람들을 위하여 일하는 것을 목표로 한다.

사례 2. 환경부에서 환경공학 전공을 활용하여 국가의 환경 보전과 국민의 쾌적한 생활 도모를 위한 환경 공무원이 된다.

사례 3. 탐욕적인 마음을 최소화하고, 나의 도움을 필요로 하는 곳에서 내가 가지고 있는 재능을 최대한 활용하여 봉사하는 삶을 살 것이다. 나 혼자만 사는 세상이 아닌 만큼 먼 훗날 내 삶을 뒤돌아 봤을 때 내가 얼마나 많은 사람들과 유대감을 가지고 살아왔는지 확인한 후 미소 짓고 싶다.

2) 롤 모델_국내

사회에 본인의 재능, 능력 등을 환원하여 더 살기 좋은 세상을 만들기를 희망하는 사람이 대체적이며 환경을 탓하지 않고 본인의 노력으로 일궈낸 삶을 살아가는 사람들이다. 기존의 잘못된 것을 바로잡는 능력이 훌륭하며 본인의 의지를 관철하는 경향이 높다.

① 유일한 박사

사례 1. 사후 전 재산을 사회에 환원하는 모습이 한국에서의 경영인으로서 매우 드문 일이기 때문에 놀랄 수밖에 없었고 최근 김영란법으로 인해 윤리를 지켜야 하는 자세의 중요성이 사회적으로 대두되는 시점에 윤리를 지키려는 윤리의식이 약한 나에게 가장 필요한 부분이라 느꼈기 때문이다.

② 충무공 이순신

사례 1. 전쟁을 미리 예측하고 이를 대비하는 유비무환의 정신과 '무에서 유를 창조'해 나가는 혁신적인 면모, 관습을 과감히 돌파하는 개혁의 의지, 휘하 장수들과 함께 합의와 토론을 통해 의견을 창출하는 과정 등 그의 탁월한 리더십을 확인할 수 있다. 무한경쟁의 시대에 있어 수많은 역경을 극복하고 불패의 신화를 이룩한 이순신 장군의 정신과 전략은 나뿐만 아니라 모든 이들에게 귀감이 될 것 같다.

③ 한비야

사례 1. 그녀는 이렇게 그녀 한 명의 봉사로 끝나는 것이 아닌 세계시민학교를 통해 그리고 책을 펴내거나 강연자로 활약함으로써 대중들의 참여를 이끌어 내었다. 나 역시도 넘치는 자신감과 도전정신을 갖춘 후에 나 혼자만의 봉사가 아닌 다른 사람들의 봉사도 이끌어 낼 수 있는 그런 사람이 될 것이다.

3) 롤 모델_해외

어려운 어린 시절, 주위 환경 등에 굴하지 않고 본인의 굳은 의지로 어려움을 극복한 사람들이며 본인의 뜻한 바를 본인의 방식으로 이뤄낸 사람들이다. 잘못된 점을 바로 잡아야 한다는 생각이 강한 사람들이며 사회적 약자에게 본인이 봉사하는 삶을 실천한 사람들이다. 사회에 적극 참여하여 본인의 뜻을 펼치는 경향이 있다.

① 윈스턴 처칠

사례 1. 인생의 굴곡을 겪으면서도 마음이 크게 꺾이거나 흔들림을 보이지 않은 점. 특히 2차 세계대전 때의 영국의 어려운 상황과 처칠은 사람들이 많이 알지만 그 이전에도 많은 어려움이 있었던 것이 지금 어려움을 겪고 있고 앞으로도 겪을 어려움이 얼마나 많은지 알 수 없는 나에게 닮고 싶은 모습으로 다가왔다.

② 체 게바라

사례 1. 회의 모순을 보면서 체념하지 않는 삶, 그리고 실천하는 삶을 살았고, 그
속에서 자신의 정체성을 발견해 나간다. 그의 활동과 정신이 이 시대와
일치하진 않을지도 모르겠지만, 목표가 무엇이든 간에 그가 가졌던 변화
에 대한 적극적인 태도와 열정, 그리고 불의에 대항하는 용기와 사상은
급격한 변화에 직면한 우리 세대에게 교훈이 될 수 있을 것이다.

③ 마리아 몬테소리

사례 1. 그녀는 어린이에 대한 애정과 관찰을 통해 어른으로 성장하기 전에 어린
이들만이 가지고 있는 세계를 발견하였다. 그리고 그 세계 속에서 어린이
들이 자유롭게 스스로를 개발할 수 있는 기회를 부여하였다. 나 역시 어
린이들에 대한 관심이 크고 특히 아이들의 교육에 관련된 것들에 관심이
많다. 어릴 때에는 어른들보다 더 많은 것들에 대한 무한한 가능성을 지
니고 있다고 생각한다. 그에 따라 나도 몬테소리처럼 교육을 잘 받지 못
하는 상황에 처해 있는 아이들의 잠재력을 이끌어 내줄 수 있는 사람이
되어주고 싶다.

4) 전략

(1) SWOT 분석

▮ 표 8-37 ▮ SWOT 사례 13

			내부역량분석	
			강점(S)	약점(W)
			1. 다양한 분야 전공 지식 2. 책임감과 성실함 3. 기업체 현장실습 경험 4. 다양한 국가 자격증	1. 얕은 전공 지식 2. 외국어 능력 3. 소극적 성격
외부환경분석	기회 (O)	1. 졸업 전 여러 분야 수강 가능 2. 환경직 공무원 채용 인원 증가 3. 경제성장으로 인한 환경문제 심각	**SO전략** 1. 전공 자격증 취득 2. 수시로 채용공고 확인 3. 학업과 병행하여 공무원 시험 준비 4. 현장 체험학습	**WO전략** 1. 전공서적과 교수님들을 통한 전공 심화 학습 2. 영어 공부(듣기, 말하기) 3. 취업특강 동기부여
	위협 (T)	1. 연 1회 시험 2. 높은 경쟁률 3. 지방에 거주	**ST전략** 1. 학업과 시험 준비에 선택과 집중으로 내년도 또는 내후년도 시험 단기 합격	**WT전략** 1. 학업에 충실하여 전공 과목을 심화하고 개인적인 시간을 잘 활용 2. 면접시험 준비를 통해 자신감 함양

▮ 표 8-38 ▮ SWOT 사례 14

	내부역량분석	
	강점(S)	약점(W)
	1. 끈기가 있음 2. 다른 사람의 얘기를 잘 들어 줄 수 있고 공감하는 능력이 뛰어남 3. 학점이 나쁘지 않음	1. 자존감이 낮음 2. 결정을 쉽게 하지 못하고 도전정신이 부족함 3. 전문성이 부족함

			SO전략	WO전략
외부환경분석	기회 (O)	1. 사회복지직 공무원 수요 증가 2. 상대적으로 낮은 경쟁률	1. 수요가 큰 사회복지직 공무원이 되기 위해 공감하는 능력을 활용할 수 있음 2. 이중전공 신청 3. 낮은 경쟁률에 나의 끈기가 시험에 합격할 확률을 높임	1. 경쟁률이 높지 않으니 도전정신으로 시험에 도전함 2. 자존감을 높여 합격할 수 있다는 마음가짐으로 시험을 준비 3. 이중전공을 통해 전문성이 부족하다는 약점을 보완
	위협 (T)	1. 사회복지와 관련 없는 학과에 재학 중 2. 공무원 시험에 응시하기 위해선 사회복지2급 자격증 필요 3. 졸업 후 취업까지 많은 시간이 걸림	**ST전략** 1. 사회복지와 관련 없는 과에 재학 중이지만 나의 끈기로 제1전공과 제2전공 두 마리의 토끼 다 잡기 2. 학점이 나쁘지 않으므로 사회복지2급 자격증을 따는 것도 어렵지 않을 것임	**WT전략** 1. 전문성 강화를 위해 사회복지학과를 제2전공으로 신청할 수 있음 2. 도전정신을 가지고 자격증에 도전 3. 취업 때까지 시간이 걸리더라도 자존감을 떨어뜨리지 않고 도전

(2) ERRC Model

표 8-39 ERRC Model 13

Eliminate	Create
1. 아침 수업이 없는 날은 게을러져 일찍 일어나지 못하는 습관 2. 불규칙한 생활 습관으로 인한 피곤함과 스트레스. 불필요한 충동 소비로 인한 금전 낭비	1. 체력 증진뿐만 아니라 인내력 상승을 위한 운동 계획표 작성으로 계획적 생활 2. 전공관련 자격증 취득하기 3. 인턴 근무 또는 현장체험 학습하기
Reduce	**Raise**
1. 스마트폰 게임 2. 필요 이상의 수면 3. TV 시청으로 오늘 일을 내일로 미룸	1. 시간의 효율적 사용 2. 도서관 활용으로 전공 공부시간 늘리기 3. 영어능력 자격 취득하기(TOEIC)

표 8-40 ERRC Model 14

Eliminate	Create
1. 나태함	1. 이중전공 준비
2. 부정적인 생각	2. 사회복지학 공부
3. 과거에 연연하는 마음	3. 공무원 시험 준비
Reduce	**Raise**
1. 허투루 보내는 시간	1. 자존감 및 도전정신
2. 휴대폰을 사용하는 횟수, 시간	2. 전공과목 예습 및 복습
3. 놀고 싶다는 욕구	3. 체력단련

5) 실행

(1) Action Plan

표 8-41 Action Plan 13

단계	할 일	세부item	결과	일정
단기	전공기사 자격증	대기환경기사 실기 시험 대비	자격증 취득	2015.03~04
	운동	스포츠 센터 & 헬스장	끈기, 체력 향상	2015.04~
	대학 전공 공부	수질, 대기, 폐기물 교과 수강	전공 이해 향상	2015.03~12
	9급 공무원 시험 준비	환경공학개론, 화학, 환경보건 공부	합격	2015.08~
중기	7급 공무원 시험 준비	환경공학개론, 화학, 환경보건 공부	합격	2018.05~
	전공기사 자격증	수질환경기사 시험 대비	자격증 취득	2016.05~08
	영어회화	인터넷 강의 활용	듣기, 말하기 능력 향상	2016.08~
	엑셀과 파워포인트	참고서를 통한 독학	OA 능력 향상	2016.08~
	대학 졸업	졸업요건 통과(자격증, 어학시험) 환경공학 학과 졸업	학과 졸업	2019
장기	직장 생활	업무 적응 & 기여	진급	2023~
	동호회 활동	테니스 or 등산	친목 활동	2020~

해외 여행	아시아, 유럽	견문을 넓힘	2020~
내 집 마련	주택청약저축	삶의 질 향상	2025
결혼	좋은 배우자	아버지	2025
자녀 잘 키우기			2025~

표 8-42 Action Plan 14

단계	할 일	세부 item	결과	일정
단기	영어영문학 공부	전공과목 학점 4.0 이상 도전!	전공과목 A 이상	학기 내내
	이중전공 신청	이중전공 신청에 대한 정보수집, 사회복지학과 지원, 면접준비	합격	2015 1학기
	재능기부	중고생 가르치기! 내 전공을 살려 영어와 관련된 재능기부	가정형편 어려운 중고생 가르치기	학기 내내
중기	이중전공	이중전공 졸업요건 확인 및 수강신청하기(제1전공은 영어영문학으로, 제2전공은 사회복지학)	제1전공, 제2전공 전공수강 및 학점취득	~2018
	졸업요건 및 자격증 취득	어학자격 취득(TOEIC), 전공 자격증 취득	TOEIC 850 이상 자격증 취득	~2018
	사회복지2급 자격증 취득	사회복지2급 시험준비(인강, 학원수강)	자격증 취득	2018
장기	사회복지직 공무원 시험 합격	7급 또는 9급 공무원 시험준비(공무원 학원 수강), 필기시험 및 면접시험 대비	공무원 합격	2019
	재능기부	꾸준하게 성실하게, 자기계발과 함께 내가 가진 재능(특히 영어)을 기부하는 일에 적극 참여	재능(영어) 기부 참여	2020~

직장인 사례

본 장은 장래 목표를 대기업이나 중견기업, 공기업에 취업하고, 그 기업에서 성장해 나가면서 본인의 비전과 목표를 성취하기를 희망하는 학생들이 작성한 사례이다.

1) 비전

본인의 전공을 살려서 원하는 기업에 취직한 뒤에 그 기업에서 실무경험을 쌓고 기업의 발전에 기여하면서, 내 삶에 있어 중요하다고 느끼는 가치를 창출하고 실현한다.

사례 1. 외국계 대기업이나 공기업에서 나의 외국어 능력을 활용하여 외국 회사와의 비즈니스의 중심이 되는 것이다.

사례 12. 어렸을 때부터 어머니의 영향으로 인해서 병원에 대해서 많은 것을 보고 자라면서 의사보다는 임상병리사가 되어야겠다고 마음을 먹었고 현재 임상병리학과에 진학하여 세포학, 면역학 등 사람들을 검사하고 연구하는 학문을 배워 내 vision을 향해 다가가고 있다.

사례 17. 자기가 아닌 누군가를 위해서 사회에 공헌하며 많은 신뢰를 얻는 것이다. 또한 내가 미래에 되고 싶은 바람직한 상은 세계에서 통용하는 사람, 신뢰를 받는 사람, 책임감이 강한 사람, 사과를 제대로 할 수 있는 사람이며 어떤 사물에도 주관적으로가 아니라 객관적으로 판단하며 행동할 수 있는 사람이다.

사례 23. 로보틱퍼포먼스 회사에서 로봇과 예술을 융합한 기술 기반 디자인 작품을 설계하여 전시한다.

2) 롤 모델_국내

부모님을 롤 모델로 꼽는 경우가 있었으며 그들의 직업 및 사회 경제 일원으로의 역할뿐만 아니라 가족구성원으로서의 역할도 중요시 했다. 국내 롤 모델들의 공통점으로는 본인의 꿈(비전)을 이루기 위해 꾸준한 노력을 한 사람들이며, 자신의 비전을 실천하기 위한 뚜렷한 목표를 갖고 있다.

① 부모님

사례 1. 가족 뒷바라지와 동시에 자식을 길러내시는 어머니는 철저한 계획을 통한 사전준비와 결심한 일을 밀어붙이는 결단력이 있으시다. 특히, 이 과정 속에서 얻어진 노하우를 정리하시어, 매일의 성장 자양분으로 삼고 계신다. 이를 매칭하여, 나의 발전을 도모하고자 한다.

② 반기문

사례 1. 반기문 사무총장의 가치관은 『바보처럼 공부하고 천재처럼 꿈꿔라』 라는 책에서 알 수 있듯이 인간성, 따뜻한 리더십, 철저한 자기관리, 상대방의 입장에서의 배려 등이 있다. 반기문 사무총장의 생활습관은 꿈/열정/변화/겸손/성실이 있다.

③ 김연아

사례 1. 김연아의 아무리 힘들어도 포기하지 않는 그런 열정적인 모습과 자기 자신을 이겨내는 정신력이다. 또 부상을 당했음에도 불구하고 2013년 세계선수권대회에서 우승하여 올림픽 출전권 3장을 얻었는데, 이는 자신의 경력이 아닌 후배들을 위해서 출전했다고 한다. 자기만을 위해서가 아닌 후배들을 위해서 노력하는 김연아의 모습은 다른 사람에게 도움이 되는 즉, 내가 닮고 싶어하는 상이다.

④ 기타

사례: 정주영 회장, 이경규, 허난설헌, 씨엘(가수), 박경철 의사, 법정 스님, 조서환
(프로매치 코리아 회장), 반기문, 박태준, 정인보, 이순신, 남현범(사진작가), 이
동진(영화평론가), 태민(가수), 이영호(연세대학교 교수), 이현종(로보링크 대표이
사), 박찬암(해킹 전문가), 장영실

3) 롤 모델_해외

주어진 환경에 좌절하지 않고 본인의 독창적인 아이디어를 통해 사회적으로
큰 성공을 이룬 사람들이다. 이들은 모두 젊은 나이에 성공을 이룬 편이며 창
의적인 사고관을 통해 세상을 놀라게 만들었다. 나와 타협하지 않는 자세를
가지고 있으며 변화의 필요성을 항상 느끼고 그 필요성에 맞춰 먼저 준비하는
사람들이다. 또한 이들의 성공에는 본인의 일에 대한 끊임없는 열정과 노력이
있기에 가능했다.

① 스티브 잡스

사례 1. 당시 개인용 컴퓨터가 없었음에도 불구하고 자신만의 혁신적인 생각으로
개발하고 다시 애플에 복귀하는 모습이 인상깊었다. 또한 복귀 후 성공한
아이폰 같은 경우 당시에는 상상도 할 수 없는 아이템이었으나 자신이
믿는 직감을 조금도 타협 없이 밀고 나가 결국 변혁을 일으키는 모습을
배우고 싶었다.

사례 2. 사물에 대한 본질을 파악하고 새로움을 더한 스티브 잡스. 그의 관점에는
기존에 대한 싫증과 이를 보완하고자 하는 대안이 있었기 때문에 가능했
다. 이를 본받아 관성에 익숙해지지 않는 삶을 살고자 한다.

② 마크 주커버그

사례 1. 무엇보다 주위의 비난에 흔들리지 않고 자신이 하고 싶은 일을 믿었기 때
문에 가능하다고 생각한다. 나 또한 더 이상 주위 사람들 말에 휘둘리지

않고 나 자신을 믿고 제가 옳다고 여기는 일에 지속적인 열정을 보여주고 싶다. 마크 주커버그처럼 세상에 대한 변화의 필요성을 느껴 창업하고 싶은 마음은 없지만 세상의 변화에 영향력을 끼치는 인물이 되고 싶다.

③ 오프라 윈프리

사례 1. 오프라 윈프리가 불우했던 어린 시절을 이겨내고 모든 사람들의 존경을 받는 인물로 성장하기까지의 노력과 열정이 나의 롤 모델로 설정한 이유이다. 심지어 마약까지 했음에도 불구하고 현재 그 과거를 청산했으니 얼마나 노력했는지 잘 알수 있다.

④ 기타

사례: 제인 구달, 추성훈, 야나이 다다시(유니클로 창립자), 마리 퀴리, 레오나르도 다빈치, 커넬 할랜드 샌스(KFC 창립자), 팀 던컨(농구선수), 링컨, 왕가이 마타이(노벨평화상 수상자), 가브리엘 샤넬, 알베르트 슈바이처, 폴 포츠, 스티븐 킹(소설가), 팀 쿡(애플 CEO), TROIKA(디지털 아트 그룹), 스티브 챈(유튜브 창립자)

4) 전략

(1) SWOT 분석

▌표 8-43▌ SWOT 사례 15

			내부역량분석	
			강점(S)	약점(W)
			1. 외국어(영어, 일본어) 가능 2. 단기적인 일에 강함 3. 공대 계열 학부, 석사	1. 장기적인 일에 약함 2. 소극적임 3. 전공에 대한 회의감
외부 환경 분석	기회 (O)	1. 외국어 능력 중시 2. 의료시장 확대 3. 원주에 공기업 대거 이전	**SO전략** 1. 외국어 마스터. 글로벌 인재상에 발맞춤 2. 보건계열 전공을 살려 의료시장 속에서 취업확률 증가 3. 보건계열 공기업(보험관리공단, 대한적십자사) 취업	**WO전략** 1. 스피킹 능력 보완. 언어에 대한 자신감으로 소극적인 태도를 보완 2. 석사과정을 진학하여 전공 깊게 배우고, 확신 갖기 3. 공기업 지원 준비
	위협 (T)	1. 일본어 하락 추세 2. 대기업 채용 감소 3. 경쟁자들의 고스펙화	**ST전략** 1. 영어와 일본어, 두 언어 모두 가능함을 어필(일본어 하락 추세 보완) 2. 언어 이외의 한국사, 한국어 능력시험 등 기타 스펙 쌓기 3. 세부 전공뿐 아니라 대기업에서 주로 원하는 전자 전공 지식 함양	**WT전략** 1. 석사 졸업 시까지 천천히 언어 마스터(장기적인 일에 익숙해지도록) 2. 스피치 연습 등으로 소극적 태도를 개선(면접 대비) 3. 석사과정을 거쳐 전공에 대한 확신, 전공지식을 늘리고, 스펙도 함께 준비하기

표 8-44 SWOT 사례 16

<table>
<tr><td colspan="2" rowspan="2"></td><td colspan="2">내부역량분석</td></tr>
<tr><td>강점(S)</td><td>약점(W)</td></tr>
<tr>
<td colspan="2"></td>
<td>1. 생물을 좋아함
2. 전공성적이 뛰어남
3. 체력이 강함</td>
<td>1. 영어를 못함
2. 집중력이 약함
3. 책 읽는 습관이 안 되어
있어서 공부할 때 힘듦</td>
</tr>
<tr>
<td rowspan="4">외
부
역
량
분
석</td>
<td>기회
(O)</td>
<td>1. 경제 상승
2. 임상병리학과 전망
이 좋음
3. 취직이 잘됨</td>
<td></td>
</tr>
<tr>
<td></td>
<td>**SO전략**
1. 생물쪽으로 하고 싶은 분
야를 선택해 집중 공부
2. 전공성적이 좋으면 병원
으로 취직 가능
3. 관련 분야 현장실습</td>
<td>**WO전략**
1. 매일 2시간씩 공부하여
토익 900점 만들기
2. 전공서적으로 영어공부
3. 관심 있는 분야 쪽에 책을
매주 1권씩 읽기</td>
</tr>
<tr>
<td rowspan="2">위협
(T)</td>
<td>1. 병원의 정규직 채용
감소
2. 의공학부와 하는 일
이 겹침
3. 임상병리학과에서
교환학생을 자주
안 보냄</td>
<td></td>
</tr>
<tr>
<td>**ST전략**
1. 일단 전공점수를 살려 병
원 인턴으로 들어가 경력
과 경험 쌓기
2. 다른 학생들과는 달리 나
만의 스펙 만들기(생물
자격증이나 교환학생)</td>
<td>**WT전략**
1. 병원 취직에 필요한 영어
공인인증점수 만들기
2. 관련 분야를 공부하는 습
관 들이기
3. 외국인과 스피킹 강의하
기</td>
</tr>
</table>

(2) ERRC Model

표 8-45 ERRC Model 15

Eliminate	Create
1. 소극적인 태도(자신감 없는 모습) 2. 핑계 대는 습관 3. 다른 사람들과 협동하지 못하고 독단적으로 일하는 행동	1. 장기적인 계획 세우는 습관 2. 어학연수 3. 석사학위 취득
Reduce	**Raise**
1. 드라마나 영화 보는 시간 2. 일을 미리 끝내 놓지 않는 습관 3. 생각 없이 보내는 시간 4. 인터넷 시간 5. 부탁을 거절 못하는 태도	1. 외국어 능력 자격증 취득(IELTS, JLPT, JPT) 2. 자신감, 긍정적 마인드 3. 독서하는 시간 4. 대학원 연구 시간 5. 운동

표 8-46 ERRC Model 16

Eliminate	Create
1. 야구 보는 취미활동 금지. 야구 한 경기 볼 경우 많은 시간 빼앗김 2. 온라인 뉴스 보안과 관련되지 않은 온라인 정보 검색 금지	1. 교내 세미나 발표. 1개월 동안 공부했던 내용, 최신 논문을 바탕으로 PPT 구성 2. 학부 논문 발표. 교수님과 함께 IOT 관련된 논문 작성(5월 발표) 3. 어학능력 향상. 대학원 진학 또는 취업을 위해 기본적인 어학 검정시험 준비 4. 해외여행. 견문을 넓히고 다양한 문화에 대한 이해도 상승
Reduce	**Raise**
1. 보안 프로젝트 제외한 나머지 프로젝트 횟수를 줄이고, 지금 현재 계획 중인 프로젝트에 대한 시간 투자는 줄임 2. 교내 활동 횟수 줄임. 학생들을 위한 활동이어서 학교에선 권장하지만 실제로는 많은 서류 제출 등 프로젝트에 집중하기 어려움	1. 타 대학 동아리와 합동 세미나를 통한 교육기회 확대(학생들에게 자극을 주기 위함) 2. 교내 및 공공기관의 보안 사고를 줄이기 위한 활동 증가, 현재 교내 정보통신부, 학생복지처와 함께 보안 사고를 줄이기 위한 활동 시작(재능기부)

5) 실행

(1) Action Plan

┃표 8-47┃ Action Plan 15

단계	할 일	세부 item	결과	일정
단기	졸업	학부 조기 졸업. 필요한 학점 취득	조기졸업	2015.08
	입학	자대 학/석사 연계 과정 입학. 생체 공학 연구실 석사로 입학	대학원(석사) 입학	2015.09
	자격증	한국사능력검정시험	한국사능력고급(1급) 취득	스펙 준비
		일본어능력검정시험	일본어 N3 취득	2015.07
	연구	석사 졸업 논문 실험 데이터 준비	2016년 석사 졸업 논문 실험 데이터	2015.09~
중기	대학원 수학	석사 졸업 논문 '토르마늄의 종류에 따른 효과'에 대한 졸업 논문 승인	졸업 논문 승인	~2016.12
	졸업	의공학 석사 졸업. 관련 연구 지속 및 취업 준비	석사 졸업. 공기업 취업 준비	2017.02
	자격증	토익(학원수강 및 자습)	950 이상 취득	~2016 상반기
		일본어능력검정시험	일본어 N1 취득	~2016 하반기
	취업	1차 공기업(국민건강보험공단/대한적십자사/한국관광공사) 2차 대기업(현대/토요타)	1차 공기업 취업 2차 대기업 취업	~2017 상반기
장기	결혼	결혼	결혼 → 육아	In 10 years
		차, 집 구입	결혼과 동시에 구입	In 10 years
	근무	자동차 회사 근무	인사과나 해외마케팅 부서에서 해외 순환 근무	During 20 years
			영어권 국가로 취업 이민	은퇴~
		한국관광공사에서 근무	해외 순환근무(지원)	~정년
		국민건강보험공단/대한적십자사	국내 근무(원주지역)	~정년
	퇴직	정년까지 근무 후 퇴직. 퇴직 후 준비 (제3의 인생)	정년까지 근무. 퇴직 후 준비	In 40years
	이민	이민	뉴질랜드로 이민	은퇴 이후

표 8-48 Action Plan 16

단계	할 일	세부 item	결과	일정
단기	전공 학점 4.0 만들기	도서관에서 공부, 수업 후 복습	학점 4.0 이상	2015.03~06.27
	토익 900점 만들기	영단기 강의 듣기, 다음 달 시험신청	TOEIC 900점	2015.03~07.01
	교수님과 진로상담	교수님과 면담	완료	2015.03.26
	대학원 학부생 참여하기	세포방으로 갈지 면역방으로 갈지 신중하게 선택하기	대학원 학부연구생 참여	2015.07~08.31
	세브란스 병원 실습가기	실습하면서 배울 내용 예습 (특히 혈청학)	병원 실습	2015.01~02.16
	학과에서 진행하는 국과수 수업 신청하기	국과수 부서, 하는 일	수강	2015 2학기
	토익스피킹 학원 다니기	영단기 학원(주말)	학원수강	2015.01.10~
중기	교환학생으로 미국 나가기	IBT점수, 학교 학점	교환학생(미국)	2014.12.27~
	군대갔다오기	군입대 신청	군 복무	2016.01
	세브란스 병원에 인턴으로 계약	면접, 공인영어 점수, 학점	인턴 실습	2020.01
	세브란스 병원 신경계파트 정직으로 취직	실기검사시험, 영어 공인영어점수	병원 취업	2022.01
	임상병리학회 매달 1회씩 참가. 발표 듣고 발표본 정리하기	임상병리사로 취직 중. 국제 자격증 필요	국제자격증 준비	2022~
장기	국제임상병리자격증(ASCPi) 취득	세포, 면역, 조직, 공부, 영어공부	자격증 취득	2026.07
	미국 UNC에서 임상병리사로 근무	선진화된 기술 배우기	미국 UNC 근무	2030.07~
	한국으로 돌아와 교수로 강의 시작	내가 아는 지식 공유, 자세한 수업	대학강의	2037.04~

CHAPTER **9**

연구회 사례

본 사례는 연구회 회원들이 작성한 내용으로 좀 더 구체적으로 작성된 사례들이다. 본 연구회는 자기경영계획을 만들기 위하여 선정된 지원자를 대상으로 6개월에 걸쳐서 정기적으로 모임을 갖고 교육 및 작성, 토의 및 피드백, 보완하는 과정을 거쳐서 완성된 결과물이다.

사례 연구 1

목차

① 나의 비전 & 미션

1.1 비전

- 인성을 갖춘 화장품 품질/IT 관련 전문가
- 은퇴 후에 SNS나 작은 회사를 차려 회사 생활과 야간 대학 혹은 직무 관련 교육으로 습득한 화장품에 대한 지식을 더 많은 사람들에게 알리는 것

1.2 미션

- 값싸지만 최고의 품질을 갖춘 화장품을 만들어 고객들에게 나누고 나의 재능을 후배들에게 나누어 주는 것
- 아름다움과 건강을 고객들에게 제공하는 것

1.3 나의 사명과 미션을 통해 바뀌었으면 하는 미래의 나의 모습

- 아모레퍼시픽 품질관리/생산관리 부서에 10년 이상을 근무하고 있는 직장인
- 스마트팩토리를 이용한 화장품 품질/IT 관련 전문가가 된다.
- 값싸고 품질 좋은 화장품을 고객들에게 제공한다.
- 나의 재능을 후배들에게 나누어 준다.

2.1 국내_서성환 회장

1) 가치관 & 인생관

당장의 우리 회사의 이익보다는 앞으로의 우리나라의 발전이 우선이다.

2) 업적

- 구 태평양화학(현 아모레퍼시픽)의 창시자
- 우수한 품질과 3대 원칙(방문판매, 정찰판매, 구역준수)을 갖춘 방문 판매 시작
- 한국의 전통 차 문화를 살리기 위한 녹차 사업 오설록 출시

3) 닮고 싶은 점

- 연이은 실패에도 끝까지 포기할 줄 모르는 점
- 10년, 20년 전에 세운 목표를 늦게라도 기어이 이루어 나간다.

4) 선정 사유

- 희망 기업인 아모레퍼시픽의 역사에 대해 알아보던 중 서성환 회장의 신념과 목표가 뜻깊은 것을 발견하고 선정함

5) 내가 되고 싶은 모습, 하고 싶은 일과 어떻게 매칭할 건지

- 화장품에 대한 끊임 없는 애정을 갖는 것
- 어떻게 하면 고객들이 더 만족할 제품을 만들지 계속 고민하고 연구하는 것

2.2 해외_플로렌스 나이팅게일

1) 가치관 & 인생관

간호사가 되어 병들고 다친 이들을 돌봐주는 것을 자신 인생의 신앙적 사명이라는 믿음

2) 업적

- 위생 개념을 처음 실행하고 도입함

- 최초의 근대식 간호 학교인 세인트 토마스 병원을 설립함
- 장미 도표라는 통계 자료를 분석하고 정보를 직관적으로 시각화 함
- 영국 왕립 통계학회 최초의 여성 회원으로 선출됨

3) 닮고 싶은 점

- 나이팅게일은 상류층의 딸이었음에도 병들고 다친 사람들을 구하겠다는 사명감 하나로 당시 굉장히 하대 받던 간호사라는 직업을 선택한 점
- 원하는 것이 있다면 끝까지 요구하고 추진하는 점
- 자신에게 도움이 될 많은 인맥을 쌓은 점
- 현 상황에서 가장 큰 문제점이 무엇인지, 필요한 것이 무엇인지 캐치하고 해결할 줄 아는 능력

4) 선정 사유

- 당시에 상류층 여성이 하기에는 쉽지 않았을 업적들을 쌓은 모습이 존경스러움
- 현대 간호학의 기틀을 잡고 발전시켰음

5) 내가 되고 싶은 모습, 하고 싶은 일과 어떻게 매칭할 건지

- 나 자신만의 이익보다는 더 많은 사람에게 득이 될 수 있는 일을 하는 모습
- 나와 뜻이 맞는 사람들과 같은 목표를 갖고 나아가는 모습
- 현재 존재하는 것들이 아닌 우리의 삶을 더 윤택하게 만들 수 있는 것들을 만들어내는 모습

③ 전략

3.1 SWOT 분석 및 전략

▌ 표 9-1 ▌ SWOT 사례 1

		내부역량분석	
		강점(S)	약점(W)
		1. 화장품에 관심 및 목표 2. 품질에 관심 및 목표 3. 스마트팩토리에 관심 및 목표	1. 강박, 스트레스에 취약 2. 외국어 점수 낮음
외부환경분석	기회 (O) 1. IT 산업 발전 2. 대외활동 증가 3. 화학공학과 복수전공 4. 스마트팩토리 활성화 5. 화장품 수요 증가	**SO전략** 1. 화장품 회사 품질관리 2. 화장품/품질관리/스마트팩토리 접목 3. 화장품 회사 지원 4. 화장품 분야 공부, 전공수강(계면활성 공학), 인턴 5. 화장품 회사 취업 6. 화장품 회사 경력	**WO전략** 1. 외국어 점수 향상을 위한 학원/자습
	위협 (T) 1. 일자리 감소 2. 경력직 선호 3. 기계/로봇 대체 4. 대기업의 상시 채용	**ST전략** 1. 기계/로봇이 대체할 수 없는 일자리 찾기 2. 새로 생길 직업 찾기 3. 상시 채용에 지원할 수 있도록 준비해두기 4. 다양한 경험 쌓기	**WT전략** 1. 시간 낭비 없이 미래를 위한 노력하기

3.2 ERRC Model(일주일 단위)

┃ 표 9-2 ┃ ERRC Model 1

구분	Task	시간	시간(주)
Eliminate	할 일을 미루는 습관	15시간	36시간
Eliminate	스마트 기기 사용	14시간	36시간
Reduce	사소한 시간 낭비	7시간	36시간
Reduce	건강에 안 좋은 음식 섭취		36시간
Raise	시간 아껴 쓰기		36시간
Raise	전공/자격증 공부	10시간	36시간
Raise	독서	3시간	36시간
Raise	걷기		36시간
Raise	요리 실력		36시간
Create	토익 850점	6시간	36시간
Create	품질경영산업기사	6시간	36시간
Create	화학분석기능사	6시간	36시간
Create	인턴		36시간
Create	가벼운 운동	1.5시간	36시간
Create	취미	1.5시간	36시간
Create	유기견/결식아동 봉사	2시간	36시간

4 실행

4.1 Action Plan

┃ 표 9-3 ┃ Action Plan 1

단계	할 일	세부 item	결과(목표)	일정
단기	문학 독서 1) 노르웨이의 숲 2) 이어령의 마지막 수업 3) 기분이 태도가 되지 않으려면	자기 전에 독서	한 달에 한 권 이상 독서	2022.05 2022.07 2022.08
	자격증 취득 1) ADsP 2) 품질경영기사 3) 화학분석기사 4) 토익 850 5) 정보처리기사 6) SQL	독학 독학 독학+인강 독학+인강 독학 독학	자격증/토익 취득	2022.02 2022.12~2023.08 2023.03~09 2022.06~08 2023.09~12 2022.08~09
	봉사활동 1) '생명공감' 유기견 봉사활동 2) NGO 결식아동 기부 봉사활동	격주 봉사활동 경제적 상황이 될 때마다	한 달에 한 번 이상 봉사활동 하기	2022.08~
	화장품 회사 품질 관련 직무지원 1) 학점 4점대 2) 토익 850 3) 자격증 4) 인턴	수업+독학 독학+인강 독학+인강	화장품 품질/생산 관련 직무 취업	2023.12~
	전공 과목 수강 1) 품질 수강: 산업자료관리, 통계적품 질관리, 실험계획법	전공 수강	이수(A) 이수(A+)	1학기

	미수강: 신뢰성 공학, 6시그마, 품질경영, 통계자료분석연구		미이수(A)	2학기
	2) 정보시스템 수강: 프로그래밍 응용		이수(A)	2학기
	3) 빅데이터 분석 수강: 산업자료관리, 통계적품질관리, 실험계획법응용		이수(A)	1학기
	미수강: 데이터마이닝		미이수(A)	1학기
	4) 화학공학 수강: 화공열역학, 화공유체역학, 공업유기화학1, 고분자공학	부전공 수강	이수(B+)	2학기
	미수강: 화공기초실험1/2, 화공실험및설계, 공업유기화학2, 계면공학, 나노소재		미이수(A)	2학기
중기	화장품 회사 근무	화장품 품질부서 근무, 화장품 제조부서 근무	화장품 실무지식 배양	2024.02~2040.01
	화장품 수업 듣기	야간 대학원, 사내교육	화장품 관련 전문지식 획득	2024.01~2029.07
	미래 직업 준비	퇴직 준비(2040), 인강 듣기	컨설턴트를 위한 지식 획득	2030.01~2040.01
장기	노후 대비 1) 뷰티 크리에이터 2) 뷰티 컨설턴트 3) 직업 컨설턴트	독학+학원	퇴직 후 새 직업 찾기	2041.01~2049.12

사례 연구 2

목차

1.1 비전

데이터 분석가로 취업하여 사람들에게 산업이나 미래의 트렌드를 분석해주고 싶고, 이후에는 스타트업을 하는 청년들에게 데이터 분석을 통해 도움을 주고 데이터 분석 강사로 일하면서 더 많은 사람들이 접할 수 있도록 데이터 분석전문가로 기여하고 싶다.

1.2 미션

맡은 일은 끝까지 책임지고 어떤 일이든 성공적으로 끝낸다는 마음가짐을 가지고 카카오 응용 분석팀에 입사하여 고객의 니즈를 만족시킬 수 있는 방안을 모색하여 좋은 성과를 이루어 내고 싶다. 또한 입사 후에도 꾸준한 자격증 공부, 프로그래밍 공부를 통해 뒤처지지 않는 사람이 될 것이다.

1.3 나의 사명과 미션을 통해 바뀌었으면 하는 미래의 나의 모습

미래에 나의 모습은 어디서나 필요로 하는 사람, 업무에 있어서 없어서는 안 될 사람이 되고 꾸준히 발전된 모습을 가지는 사람이 되고 싶다. 그리고 업무에 있어서도 팀원들과 의사소통이 잘 되고, 팀을 이끌어 나가는 리더가 되고 싶다.

② Role Model 설정

2.1 국내_정주영 회장

1) 가치관 & 인생관

시련은 있어도 실패는 없다.

2) 업적 또는 배울 점

- 60년대 중반 경부고속도로를 가장 짧은 기간에 적은 비용으로 건설하였다.
- '포니'라는 자동차를 만들어 생산하여 우리나라의 자동차 시장을 석권하였고, 이후 미국 소형차 시장에서 판매 1위를 기록하기도 하였다.
- 토목기술상 어려운 서산 천수만 방조제 공사를 건축학에는 없는 유조선 공법을 사용하여 공사비 절감을 하고 성공적으로 공사를 끝냈다.
- 뿐만 아니라 정주영 회장님의 명언들을 보면 "길이 없으면 길을 찾아야 하며, 찾아도 없으면 길을 닦아 나가야 한다.", "무슨 일을 시작하든 된다는 확신 90%와 반드시 되게 할 수 있다는 자신감 10% 외에 안될 수 있다는 불안은 단 1%도 갖지 않는다", "우리가 뒤떨어져 있는 분야라고 해서 주저한다든지, 미지의 분야라 두려워 한다든지, 힘들다고 피하면 패배주의자 마인드다."의 명언들이 있다. 정주영 회장님의 마인드는 내가 삶을 살면서 가지고 가고 싶은 삶의 가치관과 비슷하다고 생각이 들었고, 자신감을 가지면 무슨 일든 해나가는 점을 배우고 싶다고 생각했다.

3) 닮고 싶은 점

나는 나에게 어렵고 못하는 분야라고 생각이 되면 그 분야를 공부하기보다 잘하는 분야를 더 많이 공부하려고 하는 모습을 보였던 것 같다. 정주영 회장님의 명언 중 "뒤떨어진 분야라고 해서 힘들다고 피하면 패배주의자다."라는 문장이 크게 와닿았고 먼저 부딪혀 보고 노력하는 부분을 닮고 싶다고 생각했다.
또한 지금하는 일에 확신이 들지 않아 두려움과 불안함을 가지고 있는데, 이러한 상황에서 공부든 내가 하고 싶은 일이든 확신을 가지고 해나가는 점을 배우고 싶다.

2.2 해외_버락 오바마

1) 가치관 & 인생관

yes, we can(우리는 할 수 있다)

2) 업적 또는 배울 점

- 미국 최초의 유색인종 대통령으로 당선되었다.
- 노벨평화상을 수상하였다.
- IT 산업의 발달과 제조업 회귀가 오바마 정권 들어서 궤도에 오르게 했다.
- 오바마의 명언 중에 "다른 사람이 가져오는 변화나 더 좋은 시기를 기다리기만 한다면 결국 변화는 오지 않을 것이다. 우리 자신이 바로 우리가 기다리던 사람들이다. 우리 자신이 바로 우리가 찾는 변화다."라는 말이 있다. 좋은 사람이나 좋은 변화를 원한다면 그것을 기다리기보다는 내가 그 사람이 되어야겠다는 것을 배우고 싶다.
- "당신이 당신 뿐만 아니라 다른 사람을 돕는다는 것은 대단한 능력을 가지고 있다는 것이다."라는 문장에서도 나만 발전시키고 돕는 것을 넘어서 다른 사람에게도 좋은 영향을 주고 도움을 줄 수 있는 사람이 되고 싶다.

3) 닮고 싶은 점

오바마 대통령은 8년이라는 기간 동안 대통령직을 맡고 수행할 수 있었다. 오바마 대통령의 정책을 수행하는 능력과 사람들에게 쌓인 믿음이 있었기에 대통령직은 2번이나 연속으로 할 수 있던 것이 아닐까 생각이 들었다. 이처럼 다른 사람들에게 신뢰를 쌓는 것이 중요하다고 생각하게 되었고, 사람들에게 강한 신뢰를 얻은 것과 자신이 맡은 일은 잘 처리하는 능력, 또한 유색인종이어서 차별을 받았지만 차별을 이겨내고 미국을 대표하는 대통령직에 오른 모습 등을 보면서 차별에 있어서도 할 수 있다라는 마인드를 닮고 싶다.

전략

3.1 SWOT 분석 및 전략

▌표 9-4▐ SWOT 사례 2

			내부역량분석	
			강점(S)	약점(W)
			1. 통계학적 지식 2. 책임감과 리더십 3. sw 봉사단 참여	1. 자격증 미소지, 어학성적 2. 다양한 분야에 관심이 있음
외부환경분석	기회(O)	1. 소프트웨어 중심 대학 특강 및 비교과 수강 2. 학교 외에서 프로그래밍 관련 수업 수강 기회 많음 3. 학과 관련 adsp, 데이터 분석전문가, sw 테스트 전문가, 품질경영기사, 컴활1급 자격증 취득 4. 방학 기간 중 현장 실습	**SO전략** 1. 프로그래밍 전문가 c언어, 파이썬 수업, 딥러닝 수업 수강 2. 데이터분석 전문가 자격증 취득, 데이터분석 준전문가, sw테스트 전문가, 품질경영기사 등의 자격 취득 3. 스마트팩토리 전문가 스마트팩토리개론 수업과 스마트제조경영 연구회 심화과정을 통해서 스마트제조쪽의 공부를 함으로써 다양한 분야의 지식을 가지고 있음	**WO전략** 1. 학기 중과 방학 기간 동안 자격증 공부를 하며 자격증 소지 2. 다양한 분야를 경험해 보면서 나에게 맞는 분야를 찾을 수 있음
	위협(T)	1. 더 좋은 스펙의 경쟁자들 2. 다른 전공의 사람들도 IT에 관심을 가짐	**ST전략** 1. 전공성적과 관련 자격증 획득을 통해 경쟁자들을 대비 2. 본 전공에 시간과 노력을 기울여 타전공의 사람들보다 강점 부각	**WT전략** 1. 자격증 취득을 목표로 하여 취업에 원활하도록 함 2. 높은 어학성적과 다양한 경험을 통해 다른 사람들과의 차이점을 만들어 냄

3.2 ERRC Model(일주일 단위)

┃ 표 9-5 ┃ ERRC Model 2

Eliminate(제거할 일)

1. 아침에 일어나자마자 핸드폰 하는 것
   (하루에 1시간 일주일 7시간)
2. 쓸데없는 시간 낭비
   (일주일에 5시간)

총 12시간

Create(새롭게 할 일)

1. 공강과 주말을 활용하여 자격증 공부
   (데이터 준전문가(2), 물류관리사(2),
   컴활1급(3), sw 테스트 전문가(3))
   (2일/주 +10시간)
2. sw 봉사단 활동 (일주일에 +5시간)
   → 매달 3~4번의 봉사활동을 나감
3. 연구회 과제 (일주일에 +4시간)
   → 연구회를 하면서 해야 할 과제하기

총 18시간

나

Reduce(줄여야 할 일)

1. 정해진 수면시간 맞추기
   하루 7시간 수면을 목표로 하고, 약
   하루 1~2시간을 줄일 수 있음/일주일
   10시간)
2. 사교적인 모임, 즉흥적인 외출
   (방학 기준 주 3~4번 4시간씩 약 16시
   간)

총 26시간

Raise(증가할 일)

1. 어학 관련 공부하기 (토익 850점 목표)
   +4시간
2. 일주일에 3번 이상 운동하기
   (하루에 2시간씩 → 일주일에 6시간)
3. 파이썬 알고리즘 독학공부
   (일주일에 한번 +2시간)
4. 전공 공부 (일주일에 4시간씩 증가)

총 18시간

4 실행

4.1 Action Plan

│ 표 9-6 │ Action Plan 2

단계	할 일	세부 item	결과(목표)	일정
	자격증 취득	학원		2023.01
	컴퓨터활용능력 1급	독학		2023.01
	물류관리사 ADsP(데이터분석준전문가)	독학	자격증 취득	2023.02
	sw테스트 전문가	독학		2023.03
	빅데이터 전문가 1급	독학		2022.12
	코딩지도사	독학		2022.12
	SWAT 봉사단 활동	월3~4회(5시간)	봉사 확인증	2022.09~ 2023.02
단기	2학기 1) 원가재무 및 공학 2) 6시그마 3) 생산계획	전공과목	학점 4.5 학점 4.5	2학기
	1학기 1) 생산통제 2) 스마트팩토리개론 3) 품질경영 4) 인공지능개론 5) 기계학습과 딥러닝	전공과목 컴퓨터공학 컴퓨터공학	학점 4.5 학점 4.0 학점 4.0	1학기
	2학기 1) 신뢰성공학 2) 시뮬레이션실습 3) 기술경영론 4) ai데이터베이스	컴퓨터공학	학점 3.5 학점 4.5	2학기
	개별학습 1) 파이썬 프로그래밍 2) 인공지능 기초	컴퓨터공학		1학기

	토플	학원	토플 70점	2023.02	
	토익	독학＋학원	토익 850점	2023.01~	
	독서 6권 1) 삶의 격 2) 총균쇠 3) 12가지 인생 법칙 4) 차이나는 클라스- 인문편 5) 파우스트 6) 포스트 휴먼이 몰려온다	밀리의 서재 어플	인문 인문 인문 철학 철학 자본	2022.08 2022.09 2022.10 2022.11 2022.12 2023.01	
	겨울방학 현장실습	현장실습 참여	실무에 대한 경력	2023.01~02	
	어학연수	해외연수 참여	어학연수 경험	2023~2024	
중기	대학원 병행. 빅데이터 대학원 자기소개서, 학업계획서, 심층면접 준비	회사의 지원을 받으면서 빅데이터 관련 공부	대학원 학위	2028.03~	
	파이썬 프로그래밍(머닝러신) JABA 프로그래밍언어 공부 데이터분석 전문가 CPIM 정보처리기사	인강 인강 독학 학원 학원	자격증 취득	2025~ 2025~ 2027~ 2028~ 2027~	
	중소기업 취업	데이터 분석, 머닝러닝 분야	프로젝트 경험	~2030	
	프로젝트, 데이터 분석 관련 블로그 운영	공부한 내용 작성	나만의 프로세스, 포트폴리오	2026~	
	취업	카카오 빅데이터 분석팀	경력	2031~2045	
장기	지역아동 센터에 방문해서 교육 봉사하기	두 달에 한번 교육봉사	봉사활동 인증서	2045~	
	유튜브에 데이터분석 관련 정보 공유	정보 공유	인지도와 전문성	2035~	
	데이터분석 강사로 강의	주 3일	강사 경력	2050~	
	실무업무 프로세스 일지 작성	하는 업무 기록	업무일지	2037~	

사례 연구 3

목차

① 나의 비전 & 미션

1.1 비전

현재 문제점으로 대두되는 시스템 반도체 부족 문제를 해결하여 반도체 산업에 안정을 가져다주고, 단순히 해결하는 데에 그치는 것이 아니라 본 전공인 산업공학을 활용하여 더 나은 품질의 시스템 반도체를 생산하고, 반도체 생산이 가능한 스마트팩토리 등을 개발할 수 있는 스마트팩토리 전문가로 성장한다.

1.2 미션

• 반도체 Foundry 전문 회사인 DB하이텍의 IT 부서로 입사함
• 해당 분야의 전문가라고 불리울 수 있을 만한 전문지식과 경험을 쌓기 위해 총 3가지 주요 분야에 대한 공부를 병행함(스마트팩토리, IT, Data 분석)
• 4차 산업혁명에 발맞춰 새롭게 각광받고 있는 NPU 등의 시스템 반도체 시장에서 우리나라 기업들이 성장할 수 있도록 기반을 세움
• 다른 나라에 비해 비교적 부족한 반도체 인재들을 육성할 수 있도록 관련 교육 프로그램이나 실습 환경 등을 구축함

1.3 나의 사명과 미션을 통해 바뀌었으면 하는 미래의 나의 모습

비전과 미션을 통해 최종적으로 4차 산업혁명에 필요한 전문 인력으로 성장하고, 내가 좋아하는 일을 하는 동시에 기술 발전에도 큰 역할을 하는 미래의 내가 되었으면 함

2.1 국내_이국종

1) 가치관 & 인생관

• 환자는 돈 낸 만큼 치료를 받는 것이 아니라 아픈 만큼 치료를 받아야 한다.
• 어떠한 상황에서도 휘둘리지 않고 자신이 해야 할 일을 하는 것이 진정한 정의이다.

2) 업적

• 아덴만 여명 작전의 석해균 선장 치료
• 2017년 판문점 귀순 총격 사건의 피해자였던 북한군 치료
• 대한민국에 '손상 통제 수술'을 최초로 도입
• 중증외상이라는 다소 생소한 분야를 언론을 통해 알리고 전국 거점에 권역외상센터를 설립하는 등 의료 분야 발전에 기여

3) 닮고 싶은 점

• 자본주의 사회에서 환자보다 돈이 더 우선시 되는 현실을 비판할 줄 알고, 이를 해결하기 위한 해결책을 직접 세우는 실행력
• 죽어가는 많은 사람들을 살리고 그들에게 희망을 줄 수 있는 능력
• 타인을 존중하고 배려할 줄 아는 훌륭한 인성
• 어떤 중요한 사안을 결정할 때, 자신이 옳다고 여기는 것을 확실하게 밀고 나갈 수 있는 결단력과 또 그에 따르는 결과에 책임을 질 수 있는 책임감

4) 선정 사유

자신의 직업을 사랑할 줄 알고, 환자를 살리기 위해 자신을 희생하는 모습이 인상 깊었고 배울 점이 많다고 생각했기 때문

2.2 해외_니콜라 테슬라

1) 가치관 & 인생관

대가를 바라지 않고 자신의 발명품이 세상에 널리 보급되어야 한다는 가치관을 가지고 평생을 살아감

2) 업적

- 오늘날 광범위하게 사용되고 있는 전기 전달 시스템인 교류 시스템을 개발하여 인류 문명 발전에 기반을 세움
- 교류 시스템뿐만 아니라 무선 방전 램프, 원격 조정 장치, 레이더 등 수많은 발명품들을 남김

3) 닮고 싶은 점

- 다른 사람들이 쉽게 생각하지 못했던 획기적이고 독보적인 발명 아이디어를 고안하여 오늘날 인류의 삶을 더 쉽게 만들어 줄 수 있었던 독창성과 창의성
- 다양한 발명을 가능케 했던 풍부한 과학적 지식
- 발명 초기에는 각광받지 못했던 자신의 발명을 포기하지 않고 결국엔 그 성과를 인정받을 것이라는 자신에 대한 믿음과 주위 사람들의 비난에도 불구하고 포기하지 않는 굳은 의지와 인내심
- 사람들의 삶을 더욱 윤택하게 만들어 주고 그로 하여금 많은 사람들로부터 인정을 받는 등의 큰 영향력을 끼칠 수 있는 인물

4) 선정 사유

니콜라 테슬라처럼 나의 노력이 나에게만 이익을 주는 것으로 끝나는 것이 아니라 다른 사람들에게까지 선한 영향력을 끼치고 싶은 나의 목표와 부합하기 때문

3.1 SWOT 분석 및 전략

▌표 9-7 ▌ SWOT 사례 3

			내부역량분석	
			강점(S)	약점(W)
			1. 학점이 높음 2. 어학성적이 높음 3. 산업공학 전공 4. 계획성 뛰어남	1. 반도체에 대한 전문성 부족 2. 실행력, 의지 부족
외부환경분석	기회 (O)	1. 4차 산업혁명에 의한 시스템 반도체 중요성 증가 2. 상대적으로 시작 단계인 NPU 산업 3. 정부의 적극적인 반도체 전문인력 육성 계획	**SO전략** 1. 산업공학을 전공하면서 배운 지식들을 활용하여 반도체 관련 공모전에 도전하고, NPU에 특화된 공정이나 스마트팩토리를 개발하기 위해 필요한 역량들을 미리 파악하여 준비하기 2. 향후 반도체 품질 개선 기술을 개발하기 위해 필요한 산업공학, 스마트팩토리, 프로그래밍, 반도체, 데이터 분석에 대하여 공부하기	**WO전략** 1. 반도체 지식을 쌓기 위해 관련 자격증을 취득하거나, 반도체 관련 온라인 강의 등을 활용하여 부족한 전문성을 채우고 그 과정에서 실행력과 끈기를 기름
	위협 (T)	1. 일자리 감소 2. 반도체 빅사이클로 인한 안정성 감소	**ST전략** 1. 향후에 필요한 스펙들을 미리 쌓고 교환학생이나 해외유학을 통해 해외 반도체 기업의 사례들을 경험하고, 이러한 차별화된 스펙을 최대한 활용하여 취업 시장에서 우위를 점함	**WT전략** 1. 앞선 전략들로 어느 정도 반도체 전문성을 기르고, 반도체 빅사이클의 전반적인 흐름을 파악하여 불황기에 손실을 최소화할 수 있는 방안을 모색하고 이를 여러 기업들에게 어필함

3.2 ERRC Model(일주일 단위)

표 9-8 ERRC Model 3

구분	Task	시간	합계	시간(주)
Eliminate	TV 시청시간	7	28시간	51시간
Eliminate	유튜브 시청시간	14	28시간	51시간
Eliminate	무의미하게 보내는 시간	7	28시간	51시간
Reduce	핸드폰 보는 시간	9	23시간	51시간
Reduce	수면시간	14	23시간	51시간
Raise	독서시간	7	31시간	51시간
Raise	운동시간	8	31시간	51시간
Raise	봉사활동시간	2	31시간	51시간
Raise	전공공부시간	14	31시간	51시간
Create	컴퓨터활용능력 1급 자격증 공부시간	7	20시간	51시간
Create	토플 공부시간	6	20시간	51시간
Create	반도체 관련 공부시간	7	20시간	51시간

④ 실행

4.1 Action Plan

┃ 표 9-9 ┃ Action Plan 3

단계	할 일		세부 item	결과(목표)	일정
단기	봉사활동(봉사단체 ASEZ 진행 참여)		길거리 정화 봉사	한달에 한번 길거리 정화 봉사	2022.03~12
	전공 수강	공학통계 통계적 품질 관리 프로그래밍 응용	전공과목 수강	졸업학점 4점대	2학기
		경영과학 데이터마이닝 실험계획법 응용			1학기
		의사결정분석 원가 및 재무공학 신뢰성공학			2학기
		품질경영 생산물류 인간공학 및 실험			1학기
	자격증 공부	품질경영기사	독학	자격증 취득	2024.01~06
		산업안전기사			2024.06~12
		컴퓨터활용능력 1급			2023.12~ 2024.01
		워드프로세서			2024.02~03
	외국어 스펙 준비	토플	TestGlider 사이트 활용	90점 이상 달성	2022.03~12
		토스	독학	AL 등급 달성	2024.06~08
		교환학생	토플점수 획득으로 자격 요건 충족		2023.09~12

		우리의 불행은 당연하지 않습니다	책 대여	독후감 작성 및 제출	2022.08
	인문학 책 독서	사피엔스	책 대여		2022.09
		국가란 무엇인가	책 대여		2022.10
		자존감 수업	책 대여		2022.11
		공정하다는 착각	책 대여		2022.12
	반도체 관련 공부	회로이론 1,2	반도체 관련 과목 수강		1학기
		기초전자회로			
		반도체 소자 공학			2학기
		아날로그 회로 설계			
	국내 반도체 기업 인턴		HR 체험형 인턴으로 활동		2024.07~11
중기	반도체 기업 입사(해당 기업에서 한 인턴 활동과 해외 경험을 살려서 입사)	입사	IT사업부 입사, 새로운 생산 기술을 연구하고 개발. 향후 새롭게 개발할 NPU 생산 기술의 도안을 미리 계획함. 스마트팩토리 실무경험 쌓기		~2030
장기	반도체 기업 입사	이직	전공 공부를 하며 배운 지식을 토대로 시스템반도체를 생산하는 데에 최적화된 스마트팩토리를 설계함		2030~2050
	반도체 전문 강사로 활동		인재 육성을 위해 교육 프로그램을 개설하고 양질의 교육을 제공하면서 남들에게 재능 기부를 함		2050~

사례 연구 4

목차

① 나의 비전 & 미션

1.1 비전

데이터 사이언티스트가 되어 전문성을 기른 인재로 성장하며, SW교육 등의 봉사 활동을 통해 도움을 주며 더불어 살아가는 인성이 좋은 사람이 된다.

1.2 미션

데이터 사이언티스트가 된다. 데이터 사이언티스트는 데이터 분석 결과를 가지고 설명, 설득하는 힘이 필요하기 때문에 이러한 능력을 키우고, 데이터 분석 분야의 전문가가 되어 미래 인재들에게 도움을 준다.

1.3 나의 사명과 미션을 통해 바뀌었으면 하는 미래의 나의 모습

10년 후 회사에 취업하여 데이터사이언스 분야의 전문가가 되어 있고, 학생들 가르치는 봉사활동을 하며 기여하는 삶을 산다.

20년 후에는 그동안 쌓은 경험과 지식을 통해 이 분야의 권위자가 되고, 다른 사람들에게 조언을 해주며 교육하고 도움을 주는 삶을 산다.

② Role Model 설정

2.1 국내_박지성

1) 가치관 & 인생관

최선을 다하고 쓰러질지언정 쉽게 포기하지 않는다.

2) 업적 또는 배울 점

- 업적: 2002년 월드컵 4위, 잉글랜드 프리미어리그 우승 5회, 챔피언스리그 우승 1회 등
- 배울 점: 끝까지 포기하지 않는 모습, 경기할 때 누구보다 팀을 위해 헌신하는 모습, 자신의 무릎이 다 닳을 때까지 끊임없이 노력하고 끝까지 뛰는 모습

3) 닮고 싶은 점

- 선정 사유: 박지성 선수는 어렸을 때부터 나의 롤 모델이었다. 소속팀에서 보여주는 정신력과 투지, 공을 향한 집념, 슬럼프가 왔을 때도 포기하지 않는 근성, 팀을 위한 헌신, 팀을 이끄는 리더십 등의 모습을 보고 반해 롤 모델로 선정하였다.
- 되고 싶은 모습: 박지성 선수의 끊임없는 노력은 전 국민이 알 것이다. 박지성 선수는 힘들어도 절대 포기하지 않고 끊임없이 노력하여 기록도 많이 세웠다. 나도 박지성 선수의 끊임없는 노력과 포기하지 않는 정신을 본받아 끝까지 하여 성공을 이루어 낼 것이다.

2.2 해외_일론 머스크

1) 가치관 & 인생관

실패를 두려워 하지 않음, '돈을 벌 수 있는 최고의 방법이 무엇인가'라는 관점이 아닌 '인류의 미래에 지대한 영향을 줄 수 있는 문제'에 대해 접근하는 삶, 끈기 있게 포기하지 않고 도전함

2) 업적 또는 배울 점

• 업적: 'ZIP2' 창업, '엑스닷컴'과 '콘피니티'를 합작하여 '페이팔' 창업, '스페이스 X' 창업, '테슬라' 창업

• 배울 점: 실패를 두려워하지 않는 모습과 자신이 열정을 쏟을 수 있는 일을 하고, 자신의 재능을 찾아 그 분야에 매달리는 모습, 분명한 시장이 존재하는 분야에 뛰어드는 모습을 배울 수 있다.

3) 닮고 싶은 점

• 선정 사유: 많은 사람들이 일론 머스크를 괴짜라 하지만 스페이스 x가 처음으로 호핑에 성공하고, 페어링을 처음으로 재사용에 성공하고, 민간 유인 우주 탐사 시대를 열었다. 자신이 잘하고 좋아하고 열정을 쏟을 수 있는 일을 하는 것을 보고 반하여 롤 모델로 선정하였다.

• 되고 싶은 모습: 일론 머스크는 누군가는 몽상가, 괴짜라고 부른다. 그러나 그는 자신이 옳다고 생각하는 것은 실패를 두려워하지 않고 열정을 쏟는다. 그리고 누구도 안 될 거라 생각하는 것들도 일론 머스크는 끈기 있게 포기하지 않는다. 그리고 돈을 많이 벌기 위해 행하는 것이 아닌 인류에게 좋은 영향을 주기 위해서 행동한다. 나 역시도 앞으로 어려운 일이 있을지라도 끈기 있게 포기하지 않고 일론 머스크처럼 많은 사람들에게 선한 영향을 주는 사람으로 성장하고 싶다.

③ 전략

3.1 SWOT 분석 및 전략

┃표 9-10┃ SWOT 사례 4

		내부역량분석	
		강점(S)	약점(W)
		1. 길을 다양하게 생각함 2. 계획을 잘 세움 3. 전공 공부하는 게 즐거움	1. 일을 시작하기까지 오래 걸림 2. 고집스러움 성격
외 부 환 경 분 석	기회 (O) 1. 빅데이터 분야 활성 화 2. 트랙제도 활용 3. 스마트팩 토리 공부 기회 4. 이커머스 분 야 성장	**SO전략** 1. 전공 공부 계획을 잘 세워 트랙 제도 2가지 다 이수 2. 데이터 분석 자격증 취득 3. 컴퓨터 관련 자격증 취득 4. 전공 관련 수업 중 프로그래밍 을 더 심화하여 공부(파이썬 R언어 등 → 인터넷 문제풀이 사이트를 통해 생각하는 방법 공부) 5. 다양한 데이터 사이언티스트 분야 중 스마트팩토리와 연관 되어 데이터 분석을 하는 회사 취업(우아한 형제들, 마켓컬 리, 쿠팡 등)	**WO전략** 1. 빅데이터 분야 활성화가 되고 있는 만큼 시작을 빨리하여 스 펙 쌓기 2. 교수님, 선배들의 조언을 잘 듣고 잘 활용하기
	위협 (T) 1. 일자리 감소 2. 코로나	**ST전략** 1. 일자리가 감소하였으나, 길을 다양하게 생각하여 블루오션 찾기 2. 코로나로 힘든 상황이지만 전 공 학점 챙기는 것과 동시에 다양한 활동을 통해 나만의 장 점 만들기	**WT전략** 1. 일자리가 감소하는 추세이기 때문에 게으른 습관을 버리고 누구보다 먼저 움직여 나의 길 만들기

3.2 ERRC Model(일주일 단위)

표 9-11 ERRC Model 4

Eliminate(제거할 일)	Create(새롭게 할 일)
1. 침대에 누워서 가만히 있는 시간 (7h) 2. 늦잠 자는 시간 (10h)	1. 자격증 공부 시간(독학을 통해 컴퓨터 활용능력 1급, ADSP, 품질경영기사, 빅데이터분석기사) (4h) 2. 봉사활동 시간(SW 교육봉사인 SWAT 봉사단을 통해 교육봉사) (2h) 3. 프로그래밍 독학(인터넷 문제풀이 사이트를 활용, 프로그래밍 분야의 생각하는 힘을 키우기) (4h) 4. 영어 공부시간 (2h)
Reduce(줄여야 할 일)	Raise(증가할 일)
1. 핸드폰 하는 시간 (5h) 2. 게임하는 시간 　 (3h) 3. TV 보는 시간 　 (5h) 4. 잠자는 시간 　 (5h)	1. 전공 공부 시간 　 (스마트팩토리, 프로그래밍 등) (14h) 2. 책 읽는 시간 (2h) 3. 운동하는 시간 (7h)

나

4 실행

4.1 Action plan

│표 9-12│ Action Plan 4

단계	할 일		세부 item	결과(목표)	일정
단기	독서	소유의 종말	주말 아침 09시 ~11시	인문학적 지식 키우기	2022.10
		미움받을 용기			2022.11
		시간의 역사			2022.12
		정의란 무엇인가			2023.01
	봉사활동 (SWAT 봉사단)		공강 시간을 활용하여 봉사	SW교육 봉사활동을 통해 SW 실력을 키우고 가르쳐 주면서 설명, 설득하는 힘도 키우기	2022.09~ 2023.02
	자격증따기	컴퓨터활용능력 1급	목요일, 주말 오후 시간을 활용하여 공부	데이터 분야 취업을 위하여 다양한 컴퓨터 활용 능력을 키우고, 다른 전공 공부도 틈틈이 하여 전공 능력 키우기	2022.12
		ADsP			2023.08
		품질경영기사			2024.08
		빅데이터분석기사			2025.02
		데이터분석전문가			2025.08
	어학능력		토익 800점 이상	대학원 입학을 위한 영어 실력 키우기	2024.12
	전공 수강		전공과목 1) 생산계획 2) 통계적품질관리 3) 공학통계	4.0 이상 4.0 이상	2학기
			4) 프로그래밍 응용 5) 데이터마이닝 6) 시스템분석 및 설계 7) 생산통제 8) 스마트팩토리개론	4.5 4.0 이상	1학기

구분	항목	세부		기준	기간
		컴퓨터공학부 1) 머신러닝		4.0 이상	1학기
		융합데이터공학전공 1) r을 이용한 자료처리		4.0 이상	1학기
		전공과목 1) 기술경영론		4.5	2학기
중기	대학원(데이터사이언스 대학원)	1학기	데이터사이언스 기초		1학기
			데이터 분석언어		
			빅데이터처리		
		4학기	논문연구		4학기
			데이터사이언스 특론		
			캡스톤 프로젝트		
	취업 준비	데이터 분석 공모전		대학원 프로젝트 등으로 데이터분석 공모전 준비	~2027
	회사 취업	우아한 형제들/쿠팡 등		입사	~정년퇴임
	봉사	SW 교육봉사		강사로서 SW분야의 지식을 길러 도움이 필요한 사람들을 위해 지식 나눔 봉사활동하기	한 달에 두 번
장기	강사 활동	데이터사이언스 강사 & 컨설팅		회사에서 얻은 실무 경험을 바탕으로 현실적으로 도움이 될 수 있는 SW 능력을 학생들에게 가르치기	정년퇴임 후
	책 쓰기	SW 관련 책 쓰기		회사에서 얻은 실무 경험을 바탕으로 많은 사람들에게 도움을 줄 수 있는 책 쓰기	정년퇴임 후

사례 연구 5

목차

(1) 나의 비전 & 미션

1.1 비전

물리적 거리보다 심리적 거리감이 더 크게 존재하는 문화 간 공유를 활성화시키기 위한 온라인 문화 플랫폼을 통해 그 간극을 줄이는 문화적 벤처기업 개발자 및 기업가가 된다.

1.2 미션

- 온라인 플랫폼 전문가가 되어 자본, 금전적 능력과 직결되어 있는 문화적 다양성을 경험하고 이용자들의 문화생활 질 향상을 가능하게 하는 온라인 문화 플랫폼을 창업함
- 이를 통하여 새로운 경험과 지식을 계속 채우며, 서비스 이용자들과 문화적 다양성을 공유하고자 함

1.3 나의 사명과 미션을 통해 바뀌었으면 하는 미래의 나의 모습

- 나의 사명과 미션을 통해 미래의 나는 스포티파이의 신입사원 채용을 위한 Graduate Program에 참여하고 이를 통해 UX/UI 디자인 직무 혹은 개발자로 근무함
- 창업 이후에는 해당 서비스를 다양한 국가, 연령의 사람들이 문화 교류, 교육 서비스를 일상적으로 무료로 이용하며, 다양한 문화적 경험을 일상적으로 얻을 수 있게 함

② Role Model 설정

2.1 국내_조승연 작가

1) 가치관 & 인생관

작위적인 인간 기분의 다양성을 인정하지 않는 행복은 이상형, 신기루와 같이 존재하지 않는다. 따라서 행복한 인생보다는 행복한 하루를 추구하자

2) 업적 또는 배울 점

자신의 관심사를 끊임없이 찾아 나서며, 그 과정에서 열정을 잃지 않는 점. 따라서 인사이트를 끊임없이 찾고 어떻게든 내 삶에 조화시키려는 개방적인 시각을 배우고 싶음

3) 닮고 싶은 점

• 다양한 분야에 관심이 많지만 하나를 오래 깊게 파고들지 못하는 자신의 성향을 인정하고 자신에게 맞는 삶의 방식을 찾아낸 점
• 최고의 노후 준비는 다양한 체험이라고 생각하는 만큼 새로운 정보와 시각을 넓히기 위해 끊임없이 노력하는 점. 나는 나이가 들어서도 열정을 잃지 않고자 하는 그의 정신을 닮아가고, 다시 시작해야 하거나 실패하지도 모른다는 두려움 때문에 야망을 포기하지 않는 사람이 되고 싶음

2.2 해외_일론 머스크

1) 가치관 & 인생관

"올바른 의문을 품고 이를 이해하려는 노력이 가장 중요하다.", "우주 여행은 미래가 기다려지게 하고, 사람들의 모험심을 불러일으킨다."

2) 업적 또는 배울 점

민간인도 우주를 여행할 수 있는 세상을 만들고 인간의 한계를 넘는 화성으로의 이주를 성공시키고 싶다는 일념으로 모두가 불가능이라고 외치던 사업을 성공시킴

3) 닮고 싶은 점

자신의 지인들, 주위 사람들 모두가 내 일에 대해 비관적일 때조차 세상의 눈치를 보는 대신 믿음을 갖고 사업을 성공의 궤도에 올려놓는 자기 자신에 대한 믿음과 이를 뒷받침해주는 비전을 갖고 싶음

3.1 SWOT 분석 및 전략

표 9-13 ▌ SWOT 사례 5

			내부역량분석	
			강점(S)	약점(W)
			1. 다양한 분야의 관심사를 갖고 있음 2. 다양한 관심사를 자기계발에 사용하고자 함 3. 새로운 도전을 꺼리지 않음 4. 나와 다른 가치관과 문화, 새로운 정보를 개방적으로 받아들임 5. 새로움을 찾으려 함	1. 다양한 관심사에 비해 그 깊이가 얕음. 새로운 관계에 적응이 늦음 2. 실패에 대한 두려움이 때때로 도전을 방해함 3. 무리한 계획을 세움 4. 중기/단기계획을 장기계획과의 연결고리를 명확하게 찾아내지 못할 경우 중단기 계획의 수립과 실행을 어려워 함 6. 새로운 것을 찾으려 함
외부환경분석	기회(O)	1. 산업경영공학과의 다양성 2. 복수전공을 통한 프로그래밍 실력 향상 가능 3. 비대면 문화 발달로 인한 시간적, 공간적 제약 없어짐	**SO전략** 1. 컴퓨터공학과 복수전공을 통해 융합적인 전문성을 얻도록 함 2. 전공을 통해 프로그래밍 실력과 소비자, 공급자 양측의 관점을 융합적으로 갖고 사용자 경험을 구현하는 UX/UI 디자인부터 경영자로서의 시각을 넓힘 3. 비즈니스 스쿨로의 교환학생 경험을 통해 글로벌 경영인의 자질을 갖춰 나감	**WO전략** 1. 다양해진 비대면 활동을 이용해 실패에 대한 두려움을 줄이고 도전하는 연습을 하도록 함

		1. 채용감소 2. 해외 교류 제약 3. 국제적 대외 변수로 인한 미래의 불확실성이 높아짐 4. 변수 증가로 구체적인 미래 계획의 대비가 어려움 5. 과학기술 산업의 호황으로 취업, 창업 희망 산업이 이미 레드오션에 들어감	**ST전략** 1. 너무 한 목표에만 몰두해 있기보다 언제 찾아올지 모르는 기회를 잡기 위해 기존 계획을 앞당겨 대비하도록 함 2. 갑작스럽게 발전되고 보편화된 온라인 학습 문화를 이용해 외부 상황에 큰 영향을 받지 않고 미래 준비를 하도록 함	**WT전략** 1. 불확실성이 높은 미래를 대비하기 위해 단기적인 준비의 중요성을 깨닫고 촘촘하게 짜임 있는 미래 계획을 설계하도록 함 2. 달성 가능한 수준의 계획을 구체적으로 세우고, 동일한 목표를 가진 사람들과 함께 달성하며 계획을 관리하도록 함
외부 환경 분석	위협 (T)			

3.2 ERRC Model(일주일 단위)

┃표 9-14┃ ERRC Model 5

구분	Task	시간	시간(주)
Eliminate	낭비하는 시간	4시간	
Reduce	중요도가 낮은 취미생활	3시간	25시간
	이동시간	6시간	
	과제 해결 시간	6시간	
	효율적으로 활용되지 못하는 우주공강	6시간	
Raise	새로운 관심 분야 계발	1시간	25시간
	이동시간에 e-book 혹은 팟캐스트 듣기	4시간	
	프랑스어 공부	2시간	
	컴퓨터활용능력 2급 실기 준비	2시간	
	겨울방학 토익 공부 계획 설정	1시간	
	독서	2시간	
	겨울방학/교환학생 계획	1시간	
Create	과제 이외의 전공 공부	4시간	
	프로그래밍 응용 기말 프로젝트 및 코딩 연습	5시간	
	운동	2시간	
	일간, 경제 신문 읽기	1시간	

4.1 Action Plan

┃표 9-15┃ Action Plan 5

단계	분류	할 일	세부 item	결과(목표)	일정
단기	자격증	토익	인터넷 강의, 기출 문제집 활용	950점 합격	2022.12.01 ~2023.05.01
		토익 스피킹	토익과 병행	테스트 후 레벨 7 혹은 8 취득	2023.02.15~09.01
		컴퓨터활용능력	2급은 독학/1급은 인터넷 강의 활용	1급 필기 → 2급 실기 → 1급 실기 순서로 취득	2022.12.26 ~2023.06.15
		프랑스어 DELF C1	팟캐스트와 영화, 인터넷 강의 병행	B1 → B2 → C1 순서로 취득	2022.12.26 ~2023.12.26
	개인 공부	어플리케이션 개발	Flutter 이용해 채팅 어플리케이션 개발	직접 주제 정해서 튜토리얼 없이 개발하기	2022.07.01 ~2025.01.01
		코딩	C언어, 파이썬 문제 은행으로 연습	문제 막힘 없이 풀이 가능한 실력	2021.06.01 ~2023.02.01
		자바	교재 이용, 독학	컴퓨터공학과 자바 선수 과목 없이 연계 강의 수강 가능한 실력	2023.01.01 ~2024.01.01
		포토샵, 일러스트 공부	인터넷 강의 활용	독학이 어려울 경우 자격증 취득을 목표로 준비	2023.01.01 ~2024.01.01
	교환 학생	교환학생	다양한 문화적 경험, 인사이트 얻고 경영 지식 늘리기	창업 계획의 방향성 수립	2023.06~ 12
		경영 공부	프랑스 Business school에서 경영학 집중	귀국 후 경영 부전공 없이도 경영 지식 습득	2023.06~ 12
	전공 수강	통계적품질관리	전공과목	3.5 이상	2학기
		프로그래밍 응용	전공과목	4.5	2학기

		서비스경영	전공과목	4.0 이상	1학기
		데이터마이닝	전공과목		
		의사결정분석	전공과목	4.0 이상	2학기
		SCM	전공과목		
		객체지향 프로그래밍	컴퓨터공학과 복수전공	지능정보 트랙	2학기
		데이터베이스	컴퓨터공학과 복수전공		
교양 수강		외국어영역	대학영어3	4.0 이상	2학기
		공학윤리	필수교양	4.0 이상	1학기
봉사		번역 봉사활동	어린이 동화 번역 혹은 굿네이버스 편지 번역	장기 봉사	2학기
		온라인 교육 보조	중장년층 스마트폰 및 온라인 사용교육 보조	단기 봉사	2학기
독서		인간 관계론 (데일카네기)	소장중	경영인, 동업자, 선후배 인간관계 공부하기	2022.05~10
		돈의 심리학 (모건 하우절)	서점 구입	돈의 흐름을 바꾸는 방법 찾기	2022.08~09
		사피엔스 (유발 하라리)	소장중	인문학적 지식, 인간 문화의 기원 알아보기	2022.07~10
		시간의 역사 (스티븐 호킹)	소장중	시간과 우주의 본질과 개념 알고, 우주의 역사와 미래까지 이해하기	2022.10~12
		21세기를 위한 21가지 제언 (유발 하라리)	소장중	나의 삶에 반영하고 목표와 연관 짓기	2022.10~12
		더 골1 당신의 목표는 무엇인가 (엘리 골드렛)	소장중	산업경영공학적 문제 해결 방법 이해	2022.07~11

중기	취업	취업 준비	전문 직무와 전공과의 연결고리를 찾아 타 지원자들과 차별화	어학능력, 컴퓨터활용능력 자격증 등 해당 기업이 요구하는 포트폴리오준비	2023.01.01 ~
		취업	외국계기업/Graduate Program 지원	빅데이터, UX/UI 디자인, 기획 직무 혹은 벤처기업 취업	2025~
	창업 준비 및 구체화	창업 준비 및 구체화	자본금 마련, 창업 아이템 설정	실패 감당 가능한 자본금 마련	~2030
		스타트업 창업	머신러닝을 활용한 문화적 교류, 교육 서비스 개발	성장 가능성 확인	2029~
장기		퇴사	제작한 서비스가 발전 가능성이 보일 때	2031년 이전 창업 후 퇴사 목표	2029~2031
		창업 및 기업 운영	레고와 같이 다양한 사람이 즐길 수 있는 '온라인 문화 놀이 서비스' 제공	15개국 이상 서비스 가능	2029~
		신규 목표 설정	커리어 외의 내 목표를 새롭게 설정함	새로운 관심사를 서비스에 반영	2040~
		퇴직 준비 및 봉사	투자 공부 등 대비책 마련	서비스 라이센스를 포기하고, 오픈 SW로의 전환	2029~

📖 참고문헌

Anders K. Ericsson, Ralf Th. Krampe, and Clemens Tesch-Römer, 1993, 'The Role of Deliberate Practice in the Acquisition of Expert Performance', Psychological Review.

Andrew D. Carson, 2012, 'Expertise', Oxford University Press.

Daniel J. Levitin, 2007, 'This Is Your Brain on Music', Plume.

Edwin A. Locke, Gary P. Latham, 1990, 'A Theory of Goal Setting & Task Performance', Prentice Hall.

공병호, 2006, 『10년 법칙』, 21세기북스.

구본형, 2012, 『구본형의 필살기』, 다산북스.

그랜트 오스본, 전광규 옮김, 2005, 『요한복음』, 성서유니온선교회.

김종원, 2014, 『삼성의 임원은 어떻게 일하는가』, 넥서스BIZ.

데르스 에릭슨 외, 강혜정 옮김, 2016, 『1만 시간의 재발견』, 비즈니스북스.

드나 르보 외, 김도연 옮김, 2008, 『생각정리의 기술』, 지형.

로널드 M. 샤피로 외, 신선해 옮김, 2012, 『준비의 힘』, 한언.

리처드 레스탁, 임종원 번역, 2007, 『새로운 뇌』, 휘슬러.

릭 웨렌, 고성삼 번역, 2010, 『목적이 이끄는 삶』, 디모데.

말로 토마스, 김소연 번역, 2003, 『나를 바꾼 그때 그 한마디』, 여백미디어.

말콤 글래드웰, 노정태 번역, 2019, 『아웃라이어』, 김영사.

박윤희, 2013, 『진로탐색 및 직업선택』, 시그마프레스.

백기복, 2021, 『조직행동연구』, 창민사.

브라이언 트레이시, 정범진 번역, 2003, 『그 성취의 기술(원제: goals)』, 김영사.

브라이언 트레이시, 홍성화 옮김, 2007, 『성공시스템』, 씨앗을 뿌리는 사람들.

송재용 외 1, 2013, 『이건희 경영학 SAMSUNG WAY』, 21세기북스.

스티븐 코비, 김경섭 번역, 2003, 『성공하는 사람들의 7가지 습관』, 김영사.

심현식, 2022, 『실전경영학 개정판』, 박영사.

워크넷(www.work.go.kr), 성인용 직업적성검사 결과표.

워크넷(www.work.go.kr), 직업가치관검사 결과표.

워크넷(www.work.go.kr), 직업선호도검사(S형) 길잡이.

워크넷(www.work.go.kr), 직업심리검사 가이드북.

유성은, 2007, 『명품인생을 창조하는 목표관리와 자아실현』, 중앙경제평론사.

이케가야 유우지, 김민성 번역, 2003, 『뇌, 기억력을 키우다』, 지상사.

조신영, 2012, 『성공하는 한국인의 7가지 습관(루트 앤 윙)』, 한스미디어.

존 놀테, 안의태 외 번역, 2004, 『임상신경해부학』, 범문사.

톨스토이, 이상원 번역, 2025, 『살아갈 날들을 위한 공부』, 위즈덤하우스.

톨스토이, 남창현 외 번역, 2002, 『삶과 지혜의 명상』, 한글.

하워드 가드너, 임재서 번역, 2004, 『열정과 기질』, 북스넛.

황매향, 2006, 『진로탐색과 생애설계』, 학지사.

玄岩 심현식

지능형제조경영 학자로 연세대학교에서 산업공학을 전공하여 공학박사 학위를 받았다. 경기대학교 산업시스템공학전공 교수로 또한 작가로서 강의하면서 4차 산업 및 자기경영과 관련된 다수의 책을 저술하였다. 한국반도체디스플레이기술학회 편집이사 및 지능형제조경영연구회 회장으로 활동하고 있으며, 대학생 및 직장인들을 대상으로 AI 지능형제조경영아카데미를 진행하고 있다.

삼성반도체 재직 중에는 지능형제조라인 구현으로 삼성그룹 "자랑스러운 삼성인상 기술상"을 수상하였고, 그 후 경영에 관심을 갖고 대학에서 경영학을 강의하면서 '자기경영의 설계 및 체계'를 정립하였다.

관심 분야는 자율생산 및 AI, 지능형제조, 디지털경영 및 자기경영으로, 기업에서 경험한 생산 및 경영노하우와 학교에서 연구하고 강의한 것을 바탕으로 책을 저술하고 이를 통하여 사회에 공헌한다.

또한 연구회 및 아카데미를 통하여, 4차 산업시대의 기술과 경영을 접목시켜 기업이 나아갈 방향을 제시하고, 학생과 직장인들이 자기경영을 실천하여 차별화된 전문가로 성장해 나가도록 도와준다.

주요 저서로는 "스마트생산운영(2023)", "실전경영학(개정판, 2022)", "스마트제조시스템(2020)", "실전경영학(2018)", "벤처창업경영론(공저, 2017)" 외 다수가 있다.

이메일: simhyunsik7@naver.com

대학생 필독서

숨겨진 나만의 진로 찾기

초판발행	2025년 2월 28일
지은이	심현식
펴낸이	안종만·안상준
편 집	조보나
기획/마케팅	정연환
표지디자인	BEN STORY
제 작	고철민·김원표
펴낸곳	(주)**박영사**
	서울특별시 금천구 가산디지털2로 53, 210호(가산동, 한라시그마밸리)
	등록 1959. 3. 11. 제300-1959-1호(倫)
전 화	02)733-6771
f a x	02)736-4818
e-mail	pys@pybook.co.kr
homepage	www.pybook.co.kr
ISBN	979-11-303-2254-4 93320

copyright©심현식, 2025, Printed in Korea

정 가   19,000원